数字化创新人才培育体系的构建与应用

李泉慧 编著

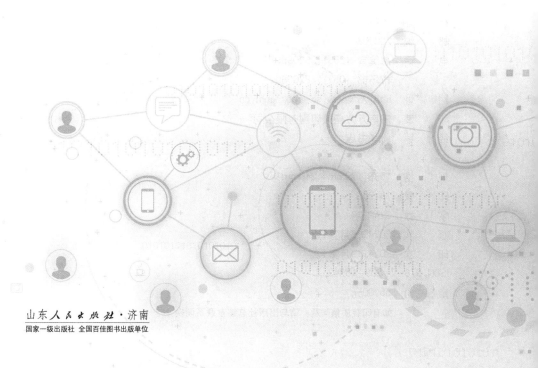

山东人民出版社·济南

国家一级出版社 全国百佳图书出版单位

图书在版编目（CIP）数据

数字化创新人才培育体系的构建与应用 / 李泉慧著.
济南：山东人民出版社，2024. 9. -- ISBN 978-7-209
-15362-1

Ⅰ. C961-39

中国国家版本馆 CIP 数据核字第 2024JE6650 号

责任编辑：隋小山

数字化创新人才培育体系的构建与应用

李泉慧　著

主管单位　山东出版传媒股份有限公司
出版发行　山东人民出版社
出 版 人　胡长青
社　　址　济南市市中区舜耕路517号
邮　　编　250003
电　　话　总编室（0531）82098914
　　　　　市场部（0531）82098027
网　　址　http://www.sd-book.com.cn
印　　装　济南万方盛景印刷有限公司
经　　销　新华书店

规　　格　16开（170mm×240mm）
印　　张　18.25
字　　数　224千字
版　　次　2024年9月第1版
印　　次　2024年9月第1次
ISBN 978-7-209-15362-1
定　　价　55.00元

如有印装质量问题，请与出版社总编室联系调换。

本书编撰人员

主　　编　李泉慧

副 主 编　杨　梅

参编人员　（按姓氏笔画为序）

申小翠　刘玉琴　纪暖暖

许　鑫　何　玥

序　言

随着全球数字经济的迅猛崛起，数字化创新已经成为引领新一轮科技革命和产业变革的重要引擎。中国作为全球数字经济的重要参与者和贡献者，正积极抢抓数字化转型的机遇，推动经济高质量发展。而数字化创新人才作为数字经济的核心要素，对推动数字经济高质量发展起着关键的作用。

党的二十大报告明确指出，必须坚持科技是第一生产力、人才是第一资源、创新是第一动力。习近平总书记也曾强调，数字经济事关国家发展大局，我们要加强数字人才的培养，确保数字人才队伍的建设跟上国家数字经济发展要求。近年来，国家在积极推进数字经济发展的同时，也非常重视数字化人才队伍的培养与建设。2021—2023 年，国务院相继发布了《"十四五"数字经济发展规划》《关于加强数字政府建设的指导意见》《数字中国建设整体布局规划》等一系列推动数字经济发展的文件，这些文件都强调要加强数字化人才队伍建设。2024 年 4 月，人力资源社会保障部等九部门发布《加快数字人才培育支撑数字经济发展行动方案（2024—2026 年）》，旨在发挥数字化人才支撑数字经济的基础性作用，加快推进形成新质生产力，为高质量发展赋能蓄力。

当前，随着各产业数字化转型的深入推进，大量数字化、智能化的岗位相继涌现，相关行业对数字化创新人才的需求与日俱增，据测算我国数字人才缺口在 2500 万至 3000 万，而且这个数据还在不断增长。数字化创新人才数量不足、人才素质与产业相关岗位需求不匹配、关键核心领域创新能力不强等问题日益凸显，这成为制约数字经济发展的瓶颈，不仅限制了企业数字化转型的进程，也影响了整个数字经济的创新能力和竞争力。因此，培育数字化创新人才已成为刻不容缓的任务，数字化创新人才的培育，不仅是一个亟待解决的现实问题，更是一个影响深远的战略课题。

随着云计算、大数据、人工智能等数字技术日益普及应用，传统的人才培养模式已无法满足新时代对数字化创新人才培养的需求。数字化创新人才不仅需要具备数字化创新思维，还要能推动组织数字化转型和处理数字化转型所带来的问题和挑战。因此，亟须重塑数字化创新人才培养的理念、方法和模式，构建符合数字化时代特征的数字化创新人才培育体系，以适应并引领数字化时代的发展潮流。

由李泉慧同志主编的《数字化创新人才培育体系的构建与应用》学术著作，正是基于上述时代背景和政策要求，对数字化创新人才培育体系的构建与应用进行了深入研究和探讨。该书以数字化创新人才培育体系的构建为研究对象，在梳理基本概念与支撑理论的基础上，借鉴国内外数字化创新人才培育的经验和措施，构建科学化、合理化、动态化、系统化、智能化、协同化的数字化创新人才培育体系，进一步明确数字化创新人才培育的目标、模式，数字化创新人才考核评价的内容和方法，提出了数字化创新人才培育体系的分类实施路径、方法和对策建议，为我国数字化创新人才的培育提供理论支撑和实施策略。该书力求从新的视角、新的理念、新的体系来分析和研究问题，所提出的数字化创新人才培育体系和对策建议，相信会对政府相关部门、高等学校、教育培育机构等单位提供重要的参考和借鉴。

帅相志

2024 年 5 月于济南

目　录

第一章　数字化创新人才培育的背景

　　数字化是指将信息、数据、业务流程和各种活动转换为数字形式或以数字为基础进行管理和处理的过程，对于促进经济增长、提高就业率、优化资源配置、改善人民生活水平具有重要意义。其速度之快、辐射范围之广、影响程度之深，正推动生产方式、生活方式和治理方式发生深刻变革，成为重组全球要素资源、重塑全球经济结构、改变全球竞争格局的关键力量。随着数字化浪潮席卷全球，社会经济的方方面面都正经历着前所未有的变革。这一变革背后，离不开数字化创新人才的推动。因此，对数字化创新人才的培育已经成为当今教育和社会发展的重要议题，但数字化创新人才的培育在具有光明前景的同时也伴随着巨大挑战，如何克服这些难题，培养出符合数字化经济发展的创新型人才，是高等教育在数字化转型潮流中必须把握的关键所在。

　　随着科技的飞速发展，数字化转型已经成为当代社会和经济发展的核心议题。在深刻把握数字化潮流的过程中推动转型升级，是当前各行各业追寻更高层次发展水平的必由之路。数字化转型不仅是技术层面上一次重大的革新和突破，也是社会结构的纵深变革和优化。对于高等教育而言，数字化转型不仅是顺应新时代教育的必然选择，更是提升教育质量、优化学生体验的关键举措，丰富优质的数字教育资源是纵深推进教育信息化发展的关键所在。

第一节　数字化转型的背景和挑战

数字化转型是指企业全面提升自身数据管理和数据应用综合实力的产业活动。"十四五"时期，我国深入实施数字经济发展战略，不断完善数字基础设施，加快培育新业态新模式，推进数字产业化和产业数字化取得积极成效。2023年，我国数字经济核心产业增加值占国内生产总值（GDP）比重达到10%，数字经济为经济社会持续健康发展提供了强大动力。在此过程中，产业转型升级造就人才需求结构发生了重大变化，产业数字化、数字产业化催生"新业态"人才需求，而高等教育、职业教育体系培养的人才不能满足数字经济发展的用人需求，复合型数字人才匮乏已成为制约经济数字化转型的关键短板，急需借助先进的信息技术，对传统教育进行全面深刻的数字化改造，以提升教育质量和效率。可以说，产业转型是推动教育数字化转型的主要源动力之一。

一、数字化转型的背景

现阶段，全球范围内正在大力推进教育现代化，数字技术已经成为实现教育现代化的关键手段之一。新的教育技术、在线教学、远程教育等新兴领域对于教育工作者的专业素养和技能水平都提出了更高的要求。面对这种趋势，教育机构和相关行业需要积极调整教育内容和教学模式，加强师资队伍的培训和引进，提升教师们在数字化教学方面的能力和水平。同时，还需要更加注重培养学生的信息技术素养，使其具备适应未来社会发展需求的能力。

推动高等教育的数字化转型是一个系统的复杂的长期工程，高校要深刻认识到高质量推进教育数字化转型的重大意义，数字化转型发展不仅是推进教育本身的变革，更是通过职业教育数字化转型破解社会发展中的重大问题；也要明白高等教育数字化并不仅仅是简单地将数字技术应用于教育教学，而是实现技术与教育、技术与教学的深度融合，探索"师—机—生"三元一体的数字化教育新模式，构建与当前社会生产、生活和学习相适应的高等教育新生态，而这一共识的形成和实践需要高等教育的各利益相关方协同努力、系统推进。

二、数字化转型面临的挑战

在当今世界，新一轮科技革命和产业变革加速推进，数字化转型正在重塑社会、劳动力市场和未来发展形态。相较于企业的数字化转型，教育领域的数字化转型不仅体现为技术层面的创新，而且成为引领高等教育发展变革的重要引擎，更深刻触及教育体系及策略的根本性变革。深入推进高等教育数字化转型，不仅是抢抓新领域，新赛道，在关键窗口期实现弯道超车的战略基点，更是在全球科技竞争中永葆竞争力，从源头上提高人才竞争力，挺立数字化时代潮流的必由之路。作为提升高校人才培养质量的关键所在，高等教育数字化转型涉及诸多方面，所具有的内涵也在随着时代的发展不断地更新丰富。可以说数字化转型是高等教育发展到一定阶段的产物，也是助推教育质量不断提高的反哺措施。立足我国当前的实际，转型的重点就是要进一步在高等教育领域落实立德树人的根本任务，紧紧围绕全面提升人才培养能力，全面推进教育理念、教育资源、教育环境、教育模式等全方位、深层次变革，以教育数字化转型驱动高校人才培养改革向纵深推进，助力构建中国特色人才自主培养新范式。

数字技术日新月异的发展为高等教育改革带来了前所未有的机遇，这些机遇不仅源于政策层面的明确指引、技术进步的强大推动力，也源于社会对教育创新的迫切需求。从技术动力上看，数字技术的发展演变快速推动着生产方式转型、产业结构重构、治理方式变革，给人类和社会带来了一系列革命性的变革。科技革命必然与教育发展深度交织、融通互促，数字技术的深度融入、数字基础设施的逐步完善和数字技术应用水平的日益成熟，正重塑着新时代的教育特别是高等教育形态，为高等教育数字化转型夯实底座基础，为高等教育内涵的纵深发展、模式的扩面拓新、质量的高效提升注入强劲动力。从现实需求上看，时代之变对人才培养提出新的更高要求，数字化已成为高等教育新发展格局的迫切需要。传统"同质化""流水线"的高等教育模式已难以满足新时代对复合型人才的培养需求，亟须借助数字化推动知识传授型教育向能力培养型教育转变。随着高等教育进入普及化阶段，教育质量标准趋于多样化、学习形式趋于终身化、人才培养趋于个性化、治理需求更加现代化。因此，利用数字化手段促进教育理念更新、教育模式变革，成为赋能高等教育高质量发展的关键。

在数字化背景下，由于知识的传播方式和人际交往方式发生了变化，为了培养出适应信息时代发展的优秀人才，高等教育的人才培养理念、教育教学方式也相适应地进行深刻变革，因此，高等教育的数字化转型势在必行。但目前数字化技术在专业教学中的应用还存在诸多问题，面临着一系列复杂且多维的挑战，至少有三个方面的准备尚不充分：

一是数字化思维和能力有待提升。数字化与教育的结合不仅仅是技术层面的简单叠加，更是教育理念与模式的全面重构和创新、教育生态系统根本重塑的过程。数字技术发展日新月异，数字化思维的缺乏以及对传统路径的依赖将直接制约和阻滞高等教育数字化的进一步发展，很多高校管理人员和教师数字化素养不高，还难以快速改变固有视野与惯性思维模式，难以熟练运用新兴数字技术，并依托其打造新的教育教学范式。解决这一挑战需要高校管理者和教师加强数字化教育的培训和学习，提升他们对数字技术的理解和应用能力。同时，高校还需建立支持数字化教学的基础设施和资源，并鼓励教师积极探索和尝试利用新技术来创新教学方法。在这一过程中，也需要注重培养学生的数字化素养，使他们适应并充分利用数字化教学环境。

二是数字化基础设施仍需升级。数字化基础设施是推动高等教育数字化发展的先决条件，直接决定高等教育数字化的发展水平。近年来，我国持续加快数字化基础设施布局建设，但是仍存在关键核心技术受制于人，数据要素质量不高、共享不畅，区域、城乡、校际数字基础设施发展不平衡不充分等问题，高等教育数字化的基础底座仍不坚实。只有通过升级数字化基础设施，才能为高等教育的数字化发展奠定坚实的基础，提高数字化教学和管理的效率和质量。

三是数字化制度机制亟须健全。新兴数字技术的全面渗透使得生活方式、学习方式、教学方式发生颠覆性变革，也直接导致了当前的制度机制边际失效，很多以往可行的制度在数字化时代已经出现不匹配、不适应的问题。围绕推进高等教育数字化转型，新制度新机制还相对缺乏，直接影响高等教育数字化的深度与广度，限制高等教育数字化的安全有序发展。为了解决这些挑战，需要建立和健全适应数字化时代需求的新制度和新机制。首先，需要借鉴国际经验，加强对数字化时代制度机制变革的研究和总结，形成适用于高等教育领域的新的制度框架和规范。其次，需要通过立法和政策的调整，推动高等教育机构和相关部门适应数字化转型的需要，营造良好的政策环境和法规基础。此外，还需要加强对数字化制度的监管和评估，确保新制度的有效执行和持续改进。

正如教育部副部长吴岩曾强调："高等教育数字化不是一般的策略问题，而是影响甚至决定高等教育高质量发展的战略性问题，是实现高等教育学习革命、质量革命和高质量发展的战略选择。"伴随着数字科技的兴起和成熟，高等教育转型已是势在必行，在这样的背景下，高校要及时跟进市场需求变化和行业发展趋势，优化课程设置，加强信息技术、数据分析等课程的比重，提高学生的数字化素养；同时加强与企业的合作，与企业共同开展数字化技术研究和应用，通过校企合作，为学生提供实践机会和就业渠道，提高人才培养的质量和适应性。

第二节　国内外数字化创新人才培育的发展历程及现状

数字化创新人才培育的发展历程可以追溯到信息技术的逐步普及和发展。随着互联网、移动通信和其他数字技术的飞速发展，社会对具备数字化技能和创新能力的人才需求不断增加，推动了数字化创新人才培育体系的建立与完善。

一、国内数字化创新人才培育的发展历程及现状

随着中国经济的快速发展和科技的不断进步，数字化创新人才的需求日益旺盛。国内数字化创新人才培育的发展历程可以大致划分为三个阶段。

（一）起步阶段（2000 年以前）

在 2000 年以前，中国的数字化创新人才培育处于起步阶段。这个阶段的培育主要集中在计算机科学和工程领域，目的是培养掌握计算机基础知识和技能的人才，以满足当时国内计算机产业的发展需求。一些高校开始设立计算机科学与技术专业，并开设相关课程，如计算机原理、编程语言、数据结构等。

（二）发展阶段（2000 年—2010 年）

进入 21 世纪后，随着互联网的迅速普及和信息技术的广泛应用，数

字化创新人才培育进入发展阶段。这个阶段的培养重点不仅包括计算机科学和工程，还包括了信息技术、电子商务、数字媒体等领域。高校不断扩大相关专业招生规模，增加课程设置，以满足市场对数字化人才的需求。同时，政府也出台了一系列政策措施，鼓励和支持数字化创新人才的培养。

（三）深化阶段（2010年至今）

随着移动互联网、大数据、人工智能等新兴技术的崛起，数字化创新人才培育进入深化阶段。这个阶段的培养重点更加广泛，涉及多个交叉学科领域，如数据分析、机器学习、物联网等。高校开始加强与企业的合作，推动产学研一体化发展，提高数字化创新人才的实践能力和创新能力。同时，政府也加大对数字化创新人才培育的投入，推动高等教育改革，提高人才培养质量。

目前，中国的数字化创新人才培育已经取得了一定的成果。据统计，全国已有数百所高校开设了与数字化相关的专业和课程，培养了大量掌握数字化技能的人才。同时，越来越多的企业开始注重与高校的合作，共同培养符合市场需求的高素质数字化创新人才。政府也在不断优化政策环境，为数字化创新人才的培养提供有力支持。

表1-1　中国高等教育数字化举措一览表

维度	时间（年）	相关举措	高等教育数字化方面重点部署
育人方式	2015	发布《关于加强高等学校在线开放课程建设应用与管理的意见》	建设一批以大规模在线开放课程为代表、课程应用与教学服务相融通的优质在线开放课程
	2018	发布《教育信息化2.0行动计划》	提出到2022年基本实现教学应用覆盖全体教师、学习应用覆盖全体适龄学生、数字校园建设覆盖全体学校，信息化应用水平和师生信息素养普遍提高，建成"互联网+教育"大平台的发展目标

（续表）

维度	时间（年）	相关举措	高等教育数字化方面重点部署
育人方式	2020	发布《慕课发展北京宣言》	成立世界慕课与在线教育联盟，并推出8门全球公开课
	2022	"国家高等教育智慧教育平台"上线	打造中国高等教育永远在线的"金课堂"
办学模式	2017	发布《新一代人工智能发展规划》	提出"智能教育"，强调利用智能技术加快推动人才培养模式、混合式教学模式改革，构建包含智能学习、交互式学习的新型教育体系
	2019	发布《教育部关于一流本科课程建设的实施意见》	提出实施一流本科课程"双万计划"，认定万门左右国家级一流本科课程和万门左右省级一流本科课程，包括线上一流课程、线下一流课程、线上线下混合式一流课程、虚拟仿真实验教学一流课程和社会实践一流课程
	2021	发布《中华人民共和国国民经济和社会发展第十四个五年规划和2035年远景目标纲要》	推动社会化高质量在线课程资源纳入公共教学体系、发展场景式、体验式学习和智能化教育管理评价，以扩展数字信息资源
管理体制	2018	发布《网络学习空间建设与应用指南》	推进"互联网+"行动，切实加快教育信息化进程，以教育信息化支撑和引领教育现代化，服务教育强国建设
	2021	发布《5G应用"扬帆"行动计划（2021—2023年）》	提出大力推动5G在教育管理、学生综合评价等场景的应用
	2021	发布《中华人民共和国数据安全法》	建立数据分类分级保护制度
保障机制	2022	发布《关于加强普通高等学校在线开放课程教学管理的若干意见》	针对在线开放课程的课程质量、学风认定、考试规范、教师教学活动、平台监督机制等进一步提出明确要求

展望 2035 年，我国数字经济将迈向繁荣成熟期，力争形成统一公平、竞争有序、成熟完备的数字经济现代市场体系，数字经济发展基础、产业体系发展水平位居世界前列。面对这一目标，中国的数字化创新人才培育仍然存在一些挑战和问题。首先，培养模式相对单一，缺乏个性化的培养方案，难以满足学生的多样化需求。其次，实践教学环节相对薄弱，学生缺乏实际操作和项目经验，难以适应市场需求。此外，师资力量不足也是制约数字化创新人才培养的一个重要因素。

二、国外数字化创新人才培育的发展历程及现状

国外的数字化创新人才培育起步较早，发展历程和现状与中国有所不同。以下是一些主要发达国家的数字化创新人才培育情况。

面对数字化浪潮，世界各国结合自身特点和实际，不断强化顶层设计，对高等教育数字化进行了系统性、前瞻性的战略规划和布局。美国高度重视数字技术在教育中的应用，1996 年至 2017 年间先后发布 6 轮《国家教育科技计划》，持续推动高等教育数字化转型迅速发展。欧盟鼓励高等教育机构推广数字化教育，在 2018 年发布《数字教育行动计划 2018》。英国高等教育数字化发展水平处于世界领先地位，制定了《JISC 2010—2012 战略》等一系列顶层规划。德国在 2016 年推出了"数字型知识社会"的教育战略，并于 2019 年制定了"数字公约"来规划学校数字化转型政策。近年来，我国也初步探索出了一条具有中国特色的教育数字化发展之路，党的二十大首次将"推进教育数字化"写入报告；教育部在 2022 年全国教育工作会议上提出"实施国家教育数字化战略行动"，建设国家智慧教育公共服务平台、深化教育大数据应用、加快完善教育信息化基础设施、加强智慧教育开放合作，不断推动我国教育数字化实现跨越式发展。在教育数字化的新赛道上，中国高等教育已实现优质资源从少到多、学习规模

从小到大、应用水平由浅入深的发展新格局，在提高教育质量、促进学习革命、应对疫情挑战等方面取得显著成效。

（一）美国

美国的数字化创新人才培育具有较高的水平和发展规模。美国高校普遍开设了计算机科学、信息技术、数据科学等相关专业，并注重培养学生的实践能力和创新能力。同时，美国政府也出台了一系列政策措施，鼓励高校与企业合作，推动产学研一体化发展。美国的数字化创新人才培养已经形成了较为完善的体系，为美国的经济和社会发展提供了重要支持。

（二）法国

法国通过《高等教育与研究法》，以法律形式精简高等教育机构、明确政府部门职责，为高等教育数字化发展提供制度保障；要求高等教育在公共培训服务方面逐步迈入数字化。启动"法国数字大学城"项目，旨在利用该平台整合全国各类高等教育机构的教育资源，为全法乃至世界各地的人们学习多样且高质量的课程提供便利。2020年出台《疫情背景下教育数据使用的伦理问题》，提出开展对于各类在线教育参与者的信息技术与信息化公民素养培训，包括数据隐私保护意识、数字主权维护意识以及道德培养等相关内容。

（三）加拿大

加拿大在联邦政府层面推出数字战略，培养数字公民，推动教育数字化改革，通过互联互通、安全保护、经济机会、数字政府和强化内容等手段抓住数字时代机遇，投入3.05亿加元，推动高速互联网等基础设施建设。制定《加拿大数字宪章计划》，为加快基础设施建设、更可靠和可负担的高速网络接入及优质在线教育资源提供蓝图；推出《数字化运营战略计划（2021—2024）》，对数字政府建设作出进一步部署；发布《数字素养教育框架》，提出学生应具备的数字能力和数字素养。

（四）亚洲

亚洲发达国家数字化创新人才培育体系发展迅速，尤其是新加坡、韩国和日本等国家。这些国家的高校普遍开设了与数字化相关的专业和课程，并注重培养学生的实践能力和创新能力。同时，这些国家也出台了一系列政策措施，鼓励高校与企业合作，推动产学研一体化发展。亚洲的数字化创新人才培养已经成为推动亚洲经济和社会发展的重要力量之一。

通过对比国外数字化创新人才培育的发展历程及现状，可以发现以下几点值得我们借鉴：

1. 教育体系协同发展

一是注重学校、企业、政府和社会各界的合作，形成多方参与的发展模式。学校与企业合作，将课程内容与实际岗位需求相结合，政府通过政策引导和支持鼓励数字化教育发展，社会各界提供资源和支持，形成良性的合作共赢格局。二是注重各类资源的跨界整合，包括学术资源、技术资源、人才资源等。这种整合使得数字化教育更加全面和多元，有利于培养学生的综合能力和创新精神。三是教育体系追求国际化，加强与国际的合作和交流，吸收国际先进理念和技术，提高教育水平和影响力。国外在数字化创新人才培育方面注重高校与企业、科研机构的合作，实现了教育体系的协同发展。这一点值得国内借鉴，促进高校与行业的深度融合，推动产学研合作，促进理论与实践的结合，以培养更加符合市场需求的数字化人才。

2. 实践与项目驱动的教学模式

国外一些先进的高校采用项目驱动的教学模式，注重学生实际应用能力的培养。这种教学模式强调学生在真实项目中的实际操作和实践经验积累，为其未来的职业发展奠定了坚实的基础。我们可以从中借鉴，推动高校教学模式的转变，注重实践能力和创新精神的培养。

3. 跨学科融合的人才培养

数字化创新涉及多个学科领域，包括计算机科学、人工智能、数据科学等，因此需要重视跨学科的融合培养。国外在此方面有较为成熟的经验，可以通过跨学科项目、课程设置以及研究中心建设等方式培养具备广泛知识背景的数字化创新人才。国内可以借鉴这种跨学科融合的思路，促进不同学科的交叉培养，打破学科壁垒，培养更具综合能力的数字化人才。

4. 社会参与开放创新

国外数字化创新人才的培养十分注重学生的社会参与和开放创新，很多高校都鼓励学生积极参与创客活动、创业比赛等，在社会实践中掌握数字化知识，强化数字化思维，拓宽数字化视野，提升数字化素养，通过这样的方式来刺激学生发展创新精神，培养团队合作能力。国内可以学习这种开放的人才培养模式，促进学生的自主创新和实践能力的培养，引导学生更好地融入数字化创新的社会实践中。

5. 政策支持

国外政策对数字化的支持取决于各国的具体情况和发展战略。一般来说，许多国家都意识到数字化对于经济增长、社会发展和国际竞争力的重要性，因此积极制定支持数字化发展的政策。其中一些国家通过提供资金支持、税收优惠等方式来鼓励数字化投资，以促进创新和技术发展。在教育方面，各国政府也带头引导，通过积极制定政策，以确保数字技术在学校教育中得到充分运用，从而培养具备数字技能的未来劳动力。此外，部分发达国家还通过立法和监管手段来确保数字化的安全和隐私保护，以提高公众对数字化技术的信任度。总之，由于数字化能够带来诸多经济和社会利益，因此许多国家都采取了积极的政策举措来支持数字化发展，并且随着技术的不断进步，这些政策也在不断调整和完善。

6. 持续学习

一是建立了丰富的在线学习平台，这些平台提供了大量免费或付费的数字化课程，覆盖了各数字技术领域，个人可以根据自己的需求选择合适的课程进行学习。二是一些国外高等教育机构与知名企业合作设立了数字化专业的认证课程，这些课程由企业提供支持，并赋予专业认证，有利于与实际就业需要相符合。三是针对数字化领域不断变化的需求，动态调整课程设置，包括增加新兴技术的学习内容、重新设计已有课程，以保持与行业发展同步。四是鼓励学生进行跨学科的学习，如将数字化技术与商业、医疗、艺术等领域相结合，培养更全面的数字化人才。技术的快速发展要求数字化人才具备持续学习的能力。结合国外经验，我国可以进一步完善数字化持续学习的体系，高校也应引导学生树立终身学习的观念，培养他们自主学习的能力，从而提高数字化人才培养的质量和效率。

7. 人才引进

一是大力引进全球范围内的高素质数字人才；完善引才引智制度，制定数字人才引进规划和需求清单，不断扩大高素质数字人才引进规模。建立面向全球的引才网络平台，扶持本土猎头机构，鼓励其引进国内急需的高素质数字人才。优化数字人才引进结构，重点引进全球优秀青年数字人才、关键核心数字技术人才、实用型数字人才。二是加大对数字人才的激励力度。深化数字人才"引育留用"体制机制改革，激励更多相关学科人才到数字技术和数字经济领域发展。

总体来说，国外的数字化创新人才培育已经形成了较为完善的体系，政府不断地出台相关政策措施，从资源、政策、环境方面鼓励和支持数字化创新人才的培养；高校和企业也形成了着重培养学生实践能力和创新能力的共识，在未来的发展中，国外的数字化创新人才培育将继续注重交叉学科领域的发展和个性化培养方案的制定，以此满足市场多样化的需求变化。

第三节 数字化创新人才培育的重要性和意义

中国在全球经济发展中提高数字化水平，塑造竞争优势的关键在于要把数字化人才的培养同新阶段的实际需要紧密结合。目前，我国在国家层面不断推动"人才强国战略"提档升级，地方政府也积极响应中央号召，大力推行数字化人才政策，但依旧处于一种方向尚不明晰，力度尚不充分，结构尚不完备，政策尚不完善的摸索阶段，由此产生了许多待解决的重大问题。数字经济的发展需要什么样的人才在整个"人才强国战略"的大框架中并未说明；数字化人才的储备情况、结构存在怎样的优势和短板，也没有真正深刻的认知和研究，究其原因就是对于数字化人才培育的实质和重要性缺乏深刻而透彻的认知。在制定数字人才战略时必须对数字人才的现状和需求有一个明确、全面地认识和了解，只有深刻地认识到数字化人才培育的重要性，才能稳步推动数字化人才战略落地。

一、数字化创新人才培育的重要性

（一）满足市场需求

当前，市场对于数字化人才的需求量极大。无论是互联网、大数据、人工智能还是物联网等领域，都需要大量的高素质专业人才，数字化创新人才的培育能够直接满足市场的需求，为这些新兴领域提供必要的人才支持。

（二）推动科技创新

数字化技术的不断创新和发展是推动社会进步的重要力量。而数字化创新人才的培育则是推动科技创新的关键。只有拥有足够的创新人才，才能够不断推动数字化技术的突破和发展，进而推动整个社会的科技进步。

（三）提高国际竞争力

在全球化的背景下，各国的科技实力和人才储备成为决定其国际竞争力的重要因素。数字化创新人才的培育能够提高国家的科技实力，进而提升其国际竞争力。

数字化转型已经成为推动全球发展的重要动力，各个国家地区，各行各业都要积极应对数字化转型的挑战和机遇，加强数字化建设，聚焦数字化人才的培养，以不断提高自身的数字化能力，适应日益激烈的国际竞争。唯有如此，才能在数字化转型过程中永葆旺盛的生命力和持续发展的活力，才能在激烈的国际竞争中加快形成"数字中国"的新格局，在数字化竞争中立于不败之地。

二、数字化创新人才培育的意义

随着科技的飞速发展，数字化已经渗透到我们生活的方方面面，成为当今世界发展的重要趋势。数字化创新人才培育的意义愈发深刻，它不仅关乎个人的职业发展，更关乎国家、社会的未来，其意义不仅在于满足当前市场的需求，更在于推动未来的科技发展和经济增长。

（一）促进经济增长

数字化技术在当今社会已经成为推动经济增长的重要驱动力之一。随着数字化技术的不断普及和应用，数字化人才也日益成为各行各业急需的紧缺人才。数字化人才的培养能够提高企业的生产效率和竞争力。随着互联网＋等新兴技术的不断发展，企业对于数字化人才的需求越来越大，只有具备一定的数字化技能和知识的员工才能适应和应对不断变化的市场需求和技术发展，从而提高企业的生产效率和竞争力。数字化人才的引进能够促进新的经济增长点的形成。随着数字化技术在各个领域的深入应用，各行各业都正在进行数字化转型，数字化人才的引进能够帮助企业更好地应对数字化转型的挑战，同时也能够促进新的经济增长点的形成，从而推动经济的快速增长。数字化人才的培养和引进将为整个国家乃至全球经济的发展带来新的机遇和动力。随着数字化经济的不断发展，数字化人才的需求将持续增长，数字化人才的培养和引进将为整个国家乃至全球经济的发展带来新的机遇和动力，从而推动经济实现可持续增长。

（二）提升社会福祉

数字化创新人才培育有助于推动数字化技术在医疗、教育、交通等领域的广泛应用，提高社会服务水平，提升人民的生活质量。例如，通过大数据和人工智能技术，可以实现精准医疗和个性化教育，让人们享受到更好的医疗和教育服务。

（三）培养创新精神

数字化创新人才的培育不仅仅是技术的培养，更重要的是创新精神的培养。通过鼓励和引导学生进行创新实践，可以培养他们的创新思维和创新能力，为未来的科技创新和社会进步提供源源不断的动力。

（四）增强国际交流与合作

数字化创新人才的培育有助于增强国际交流与合作。通过与国际先进的教育机构和企业合作，可以引进先进的课程和资源，提升学生的国际视野和跨文化交流能力。同时，培育出的数字化创新人才也可以为国际交流与合作提供人才支持，推动国家间的科技合作与发展。

（五）引领未来发展

数字化创新人才培育对于引领未来发展具有重要意义。随着科技的快速发展，未来的社会将更加依赖数字化技术。数字化创新人才能够预见并引领未来的发展趋势，推动社会的数字化转型和升级。他们的创新成果将为社会带来更多的惊喜和变革，引领人类进入更加美好的未来。

在数字化潮流中要想挺立潮头就必须把握数字化人才培养这一关键因

素，一个国家的数字化技术水平直接关系到国家的竞争力和发展潜力。因此，提早培养，并且培养一批优秀的数字化人才，将有助于国家在数字时代尽早地形成优势，走在数字化时代的前沿。高校和企业应该加强数字化技术的教育，鼓励学生和职场人士不断提高自己的数字化技能，以适应未来的发展需要。只有这样，才能推动数字化时代的发展，实现国家的繁荣和个人的成功。

综上所述，数字化创新人才培育的重要性和意义不言而喻。它不仅关乎个人的职业发展和社会地位的提升，更关乎国家、社会的未来。只有重视和加强数字化创新人才的培育，我们才能应对未来数字化发展带来的挑战和机遇。此外，我们还需要加大对数字化创新人才培育的投入，完善教育体系，培养更多的高素质数字化创新人才。同时，政府、企业和社会各界也应共同参与，为数字化创新人才的培养提供支持和保障，共同推动人类社会的进步和发展。

第二章 数字化创新人才概述

第一节 数字化创新人才的概念

一、数字化人才的概念与分类

关于数字化人才的定义，目前学术界尚未形成统一的定论。大多数研究机构从广义上将数字化人才定义为具有数字化思维，数字素养以及数字化知识技能、业务能力和发展潜能，能够满足数字经济发展需要的各类人才；从狭义上将数字化人才定义为拥有 ICT（Information and Communications Technology，信息与通信技术）专业技能和补充技能的人才，而且更倾向于 ICT 补充技能的价值实现——拥有数据化思维，有能力对多样化的海量数据进行管理和使用，进而在特定领域转化成为有价值的信息和知识的跨领域专业型人才。也有学者提出数字化人才是具备数字化战略、数字化思维、数字化执行和数字化创新的综合人才。

关于数字化人才的分类，北京大数据研究院副院长蔡红宇按照数字化技术领域不同，将数字化人才划分为研究性、创新型、复合型、应用型数字化人才四种类型。艾瑞咨询将企业数字化转型所需的数字化人才分为数字化管理人才、数字化应用人才和数字化技术人才。

数字化管理人才是数字化转型的领导力量，组织数字化战略的落地与实施。数字化管理人才需要深入理解数字化的商业价值，并将数字化内化为经营理念和方法，在转型过程中塑造成为数字化变革的领导力。数字化应用人才是数字化转型的创新力量，企业的数字化转型归根到底是要服务于业务增长，需要数字时代的业务管理者及业务骨干加强跨领域的数字化应用能力创新与培养，围绕客户价值推动业务价值链重构。数字化技术人才是数字化转型的支撑力量，能助力企业建立领先的数字化平台，支撑企业数字化转型的实现。

人瑞人才根据对数字化人才能力要求的差异和应用场景的不同将数字化人才分为四类：数字化战略领军人才、数字化管理人才、数字化应用人才和数字化专业人才（表2-1）。数字化战略领军人才扮演领导者的角色，是数字化转型的领导者、数字化商业模式战略引导者、数字化解决方案规划师、数字战略顾问等。数字化管理人才是数字化转型的中流砥柱，是通过应用新技术助力数字化转型的核心骨干人才，是善于利用数字化手段推动企业变革的管理者。他们通常负责制定战略、组织资源和协调各部门的工作。数字化应用人才是数字化转型的基础，主要负责运营和数字化营销，利用新技术手段提高业务效率和价值的人才。他们通常具备丰富的行业经验，能够深入了解业务需求，将数字化技术与业务相结合，为企业创造更大价值。数字化专业人才是数字化转型的基座，聚焦专业技术能力的打造，支撑数字化转型的实现。他们通常具备深厚的技术功底，熟悉各种数字化技术和工具，负责数字化系统的研发、运维和优化。

表 2-1　数字化人才的分类

数字化战略领军人才	数字化管理人才	数字化专业人才		数字化应用人才	
数字战略管理	深度分析	产品研发	先进制造	数字化运营	数字营销
数字化转型领导者	商业智能专家	产品经理	工业实践专家	数字产品运营人员	营销自动化专家
数字化商业模型战略引导者	数据科学家	软件开发人员	先进制造工程师	质量检测/保证专员	社交媒体营销专员
数字化解决方案规划师	大数据分析师	视觉设计师	机器人与自动化工程师	数字技术支持	电子商务营销人员
数字战略顾问	……	算法工程师	硬件工程师	……	……
……		系统工程师	……		
		……			

资料来源：《产业数字人才研究与发展报告（2023）》

二、数字化创新人才的概念

数字化转型不只是技术转型，从根本上说，是创新人才的转型。为此，要重新定义数字化创新人才，数字化创新人才的本质特征已经不能用专业知识与专门技能来反映了，数字化创新人才的核心本质要素不是专的问题，而是跨领域、跨学科。

当前学术界尚未有关于数字化创新人才清晰的界定，本书中数字化创新人才是指具有数字化创新思维，具备数字战略管理、数据深度分析、数字产品研发、数字化运营和营销能力的创新人才，他们能进行组织数字化战略规划、推动组织数字化转型和处理数字化转型所带来的问题和挑战。

第二节　数字化创新人才的特征与能力要求

一、数字化创新人才的特征

数字化创新人才主要包括以下四个方面特征：

（一）具备数字化创新思维

数字化创新人才拥有数字化时代的世界观和方法论，能够理解和适应数字化时代的变化和创新。企业数字化转型过程中，能够根据企业的业务特征，利用先进的技术对企业业务模式进行变革，在数字化环境下进行思考和决策，利用数字技术和数据分析手段，快速获取、整合和分析信息，更加有效地解决问题和推动创新。

（二）具备业务思维

数字化创新人才能够理解企业的业务特征，利用先进的技术对企业业务模式进行变革，实现技术创新和业务创新的结合。

（三）具备客户思维

在企业的数字化转型过程中，技术最终还是要回归业务，回归到消费者的体感。所以数字化创新人才要具备客户导向、客户视角、客户思维，能够站在客户角度看到客户的需求，有敏锐的客户感知。

（四）具备数字化综合技术

数字化创新人才的一大特征是"复合型"。数字化本身是一种技能，但数字化技术必须应用到一个具体的场景，这个场景的运用就需要学习和掌握与数字化相关的技术。数字经济的本质是数字技术与产业、场景、业务深度融合，往往需要数字化创新人才不只局限于具备某种技术，而是要尽可能地掌握更多的技术，如数字化运营、数字化营销，成为复合型人才，这也是未来数字化创新人才发展的趋势。

二、数字化创新人才的能力要求

（一）创新能力

创新能力指的是在技术和各种实践活动领域中，不断提供具有经济价值、社会价值、生态价值的新思想、新理论、新方法和新发明的能力。数字化创新人才能够发现市场变化和客户需求，提出新的商业模式和解决方案，包括从用户需求、市场需求、技术需求等不同角度出发，寻找解决问题的新思路，同时，需要从不同领域，将不同的思维方式和方法融合在一起，形成自己独特的思维方式和解决问题的方法。

（二）数据思维能力

数据思维能力是指具备应用数据的意识且有方法依据数据使数据应用落地，这是数字化创新人才应具备的核心能力之一。他们应该能够从数据中发现价值，用数据驱动决策，实现业务增长。

（三）数字业务能力

数字业务能力指的是在某些行业、垂直领域和业务流程上的特长。数字化创新人才首先要对行业、领域和流程有广度的认识，理解整体业务价值链和市场，了解业务领域发展趋势；其次是对行业、领域和流程有深度的认识，熟悉业务流程和产品技术、内部业务流程等。

（四）掌握数字技术

数字技术的核心在于将现实世界的信息转化为数字形式，从而实现信息的标准化、规范化和自动化。它主要包括数字存储、数字处理、数字传输和数字展示等方面。数字化创新人才首先对数字技术有广度的掌握，比如熟悉物联网、大数据、人工智能、区块链、云计算的基本概念和理论，掌握数据分析与可视化工具的使用；其次是对数字技术有深度的掌握，如深入了解数字化技术使用、编程、数据分析等。

（五）团队协作能力

团队协作能力是指团队成员在共同工作中展现的能力，包括有效沟通、合作精神、协调能力和问题解决能力等，通过团队成员之间的互动和协作，达成共同的目标。数字化创新人才应具备团队协作能力，能够与不同领域的人才合作，共同推动企业的发展。

（六）持续学习能力

随着数字化技术的不断发展和创新，数字化创新人才需要具备持续学习的能力，不断更新自己的知识和技能，跟上数字化时代的发展步伐。

（七）领导力

对于数字化创新人才来说，领导力也是一项重要的能力要求。他们需要在数字化项目中发挥领导作用，带领团队完成任务，确保项目目标的顺利实现。

第三节　数字化创新人才的供需分析

一、数字化创新人才供需矛盾分析

当前，数字经济产业作为全球经济增长与科技进步的新引擎，正在改变我国的人才需求结构。尽管各类高校已经注意到了数字化创新人才的培养，各地政府也高度重视数字化创新人才队伍的建设，但数字化创新人才仍然跟不上数字经济发展的需要。有研究报告显示，当前数字化创新人才缺口达到 2500 万至 3000 万，随着全行业的数字化推进，这一缺口将持续放大，针对 2023 届高校毕业生的职位中，人工智能、智能制造等专业的人才需求数量增速较快。从人才流动的趋势，可洞悉数字经济蓬勃向上的发展态势，数字经济的发展需要更多的数字化创新人才，所以数字化创新人才的培养迫在眉睫，加快数字化创新人才队伍建设是一项重要而紧迫的任务。

（一）数字经济发展迅猛，形成巨大的人才需求

根据中国信息通信研究院预测，到 2025 年，我国数字经济规模预计将突破 60 万亿元，数字经济投入产出的效率将提升至 3.5。到 2032 年，将超过 100 万亿，十年间增长将超过 50 万亿元（图 2-1）。

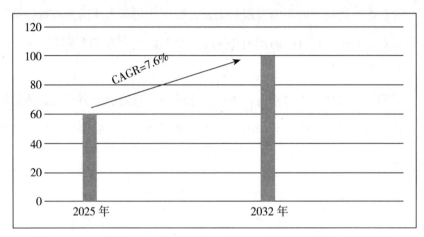

图 2-1 2025 年至 2032 年中国数字经济规模预测（单位：万亿元）

导致数字化创新人才需求迅猛增长的原因主要有以下三个方面：

一是新兴产业、新兴业态发展。AI、产业互联网、新基建、自动驾驶、半导体、物联网、5G、区块链等新技术走向商用，带动了大量新兴产业和新兴业态的发展，这些新产业和新业态对高素质的数字化创新人才产生了巨大需求。

二是传统产业、行业的数字化转型。国家在顶层设计上大力支持数字经济发展，制造业、农业、服务业、交通、物流、银行、保险、电力、文化、旅游、城市管理等传统行业传统部门数字化转型，对数字化创新人才的需要不断增加。

三是传统职业的数字化提升。随着数字化转型的推进，人力资源管理、财务管理、行政管理等传统职业，也对数字化能力提出了明确要求，很多岗位需要有数字化技术相关背景的复合型人才。根据有关机构的统计分析，数字产业化领域招聘人数，占总招聘人数比重为24.2%，数字经济贡献了近四分之一的就业岗位。

（二）数字化创新人才供给相对滞后，难以满足市场需求

随着我国高等教育的快速发展，近几年每年1000万以上的高校毕业生，是一个非常庞大的数量，但是培养的人才结构与市场的需求结构不完全一致。面对市场对数字化创新人才的强烈需求，高校也加大了对数字化创新人才的培养力度，但教育体系对数字化创新人才培养周期较长，培训内容更新迟缓，高素质人才的培养效率与数字经济快速演进的形势不相称，这就使得数字化创新人才供给明显不足，需求断层越来越明显。一是学校作为数字化创新人才的培养单位，市场人才需求的变化传导到高等院校，再到调整人才的培养有一个过程。二是高等院校人才培养结构的调整有滞后性，高校人才培养结构是在四年前招生时确定的，现在调整招生结构，四年后才能毕业，很难像工业产品生产那样及时调整产品结构满足市场需求。三是高校的院系和专业的设置以及课程设置，受到教师结构和知识结构的制约，即使确定增加数字化创新人才的培养，相关的师资队伍和数字化课程建设也需要一个过程。

（三）数字化创新人才分布和利用不足，进一步加剧了人才供需矛盾

由于我国市场经济发展时间还比较短，市场对资源配置还不完善，数字化创新人才配置还存在一些问题。一是人才资源没有得到充分利用，由于信息不对称及其他原因，一些毕业生并没有从事与专业相关的工作，这对数字化创新人才造成极大的浪费。二是目前就业的环境使一部分毕业生处于就业的观望状态，一些毕业生过高的、不切实际的就业要求，增加了

待就业状态的人员数量，造成了一定数量的数字化创新人才的闲置。三是由于一、二线城市具有更多的发展机会，数字化创新人才加速向一、二线城市和热门行业流动，呈现数字化创新人才地域分布的马太效应，这使得本来就尖锐的需求与供给矛盾进一步加剧。

二、数字化创新人才供给分析

（一）数字化创新人才供给渠道

1. 高等教育

高校作为数字化创新人才培养的重要基地，通过开设与数字化技术相关的专业和课程，如数据科学、人工智能、网络安全、软件开发等，不断更新和优化教学内容，确保它们与当前的数字化技术和行业趋势保持同步，培养具备数字化技能和知识的专业人才。鼓励跨学科课程设计，融合不同领域的知识，如计算机科学与商业、艺术与科技等，以培养学生的综合思维和创新能力。加强与企业和行业的合作，建立紧密的校企合作关系，共同培养数字化创新人才。

2. 职业教育和培训机构

职业教育和培训机构通常提供短期的、针对性的技能培训课程，这些课程通常注重实际操作和实践应用，使学习者能够在短时间内掌握关键技能，如数据分析、编程语言、网络安全等，对于那些希望快速进入数字化行业或提升现有技能的人来说是非常有吸引力的。许多职业教育和培训机构提供认证课程，这些课程在完成后会给予学习者正式的认证或资格证书，这些证书可以作为求职者或在职人员技能水平的证明，增强他们在就业市场上的竞争力。随着传统行业的数字化转型，许多在职人员需要学习新的技能来实现职业转型，职业教育和培训机构提供职业转型课程，帮助这些人员了解新的行业趋势和技术，并提供必要的培训和指导，使他们能够顺利过渡到新的职业领域。

3. 企业内部培训

随着数字化转型的推进，越来越多的企业开始重视内部数字化人才的培养。随着技术的快速发展和市场的不断变化，企业需要不断更新和提升自己的技能和知识，以适应新的商业环境和客户需求。企业通过设立专门的培训机构、制定培训计划、开展在线课程等方式，为员工提供数字化技能的培训和发展机会，以满足企业自身的业务需求。

4. 人才招聘

在全球化和数字化的大背景下，企业和组织可以通过招聘的方式，从全球范围内吸引优秀的数字化创新人才。随着数字化技术的普及和远程工作的兴起，人才的地域限制逐渐减弱，企业和组织通过在线招聘平台、社交媒体、专业人才猎头公司等渠道，寻找和吸引合适的数字化创新人才。

（二）数字化创新人才供给现状分析

1. 近年数字化创新人才主要集中在互联网行业

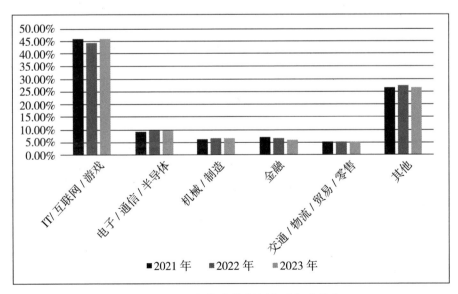

图 2-2　近三年数字化创新人才行业分布

从近三年的数据看，数字化创新人才主要集中在IT、互联网、游戏行业，且占比每一年都达到40%以上，近三年数字化创新人才在各行业没有明显的波动，各个行业占比相对稳定。

2. 数字化创新人才城市聚集效应显著

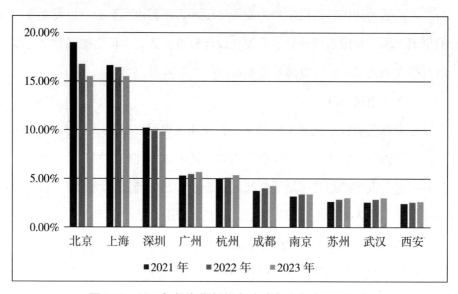

图2-3　近三年数字化创新人才城市分布（TOP10）

从近三年数字化创新人才城市分布看，数字化创新人才的分布与城市数字经济发展水平高度一致，十大城市数字化创新人才合计占全国数字化创新人才的70%左右。在十大城市中，数字化创新人才主要集中在北京、上海、深圳综合引领型城市，这些城市是具有全球影响力的数字经济发展高地，但北京、上海、深圳数字化创新人才占比出现一定的下降趋势，广州、杭州、成都、南京、苏州、武汉、西安近三年逐年增长，这些城市成为特色追赶型城市，是我国数字经济发展的中坚力量。

三、数字化创新人才需求分析

（一）数字化创新人才需求特征

数字化创新人才的市场需求呈现出持续增长和多样化的趋势。随着数字经济的蓬勃发展，企业和组织对数字化创新人才的需求越来越迫切，需求规模也在不断扩大。

首先，从行业分布来看，数字化创新人才的市场需求主要集中在信息技术、互联网、电子商务、金融、制造等领域。这些行业在数字化转型过程中需要大量具备数字化技能和经验的人才来推动业务创新和发展。

其次，从职位类型来看，数字化创新人才的市场需求包括数据分析师、人工智能工程师、云计算专家、网络安全专家、数字化营销人才等。这些职位需要具备不同的技能和知识，如数据分析、机器学习、云计算、网络安全、市场营销等，以满足企业和组织在数字化转型过程中的不同需求。

目前，数字化创新人才的市场需求呈现出以下几个特征：

1.持续增长

随着企业和组织逐渐认识到数字化转型的重要性，越来越多的企业开始投入资源进行数字化转型。这种转型不仅需要技术层面的支持，更需要具备创新思维和数字化技能的人才来引领和实施。因此，数字化创新人才的需求将持续增长，以满足企业在数字化转型过程中的需求。新兴行业如人工智能、大数据、云计算、物联网等领域的发展，为数字化创新人才提供了更广阔的发展空间，随着这些行业的快速发展，对具备数字相关技能和经验的人才的需求也将不断增加。技术创新是推动数字化创新人才需求持续增长的重要因素之一，随着技术的不断进步和创新，企业和组织需要更多的数字化创新人才来应用新技术、开发新产品和服务，以保持竞争优势。

2.高端人才需求增加

随着数字化转型的深入，企业和组织对高端数字化创新人才的需求不断增加。这些人才通常具备深厚的技术功底、丰富的实践经验和创新能力，能够为企业和组织带来重大的商业价值。在人工智能、大数据、云计算等前沿技术领域，技术创新的速度非常快，企业和组织需要高端数字化创新人才来跟踪这些技术的最新进展，并将其应用于实际业务中，以保持竞争优势。此外，数字化转型过程中会遇到各种复杂的技术和业务问题，需要高端数字化创新人才提出并实施解决方案，这些人才通常具备强大的分析和解决问题的能力，能够应对各种挑战。高端数字化创新人才不仅具备技术能力，还具备商业视野和创新思维，他们能够帮助企业和组织发现新的商业模式和增长机会，推动业务的持续发展。

3. 复合型人才需求提升

数字化创新往往需要跨界融合的能力，因此企业和组织对复合型人才的需求也在提升，这些人才需要具备跨学科、跨领域的综合能力，能够将不同领域的知识和技能进行融合创新。随着技术的发展和融合，单一的技术领域已经很难满足业务需求。例如，人工智能需要与大数据、云计算等技术结合，才能发挥最大的价值，因此，具备跨学科、跨领域技能的复合型人才成为市场上的热门。在数字化转型过程中，企业和组织需要打破传统的业务模式和框架，寻找新的增长点，这需要具备创新思维和跨界融合能力的复合型人才来推动。复合型人才具备多种技能和经验，能够更快地适应新环境和新任务，提高工作效率，这对于企业和组织来说，是一种重要的竞争优势。

4. 远程工作需求增加

（1）数字化创新人才通常具备高度的技术能力和创新思维，他们更倾向于选择能够提供灵活性和自由度的工作环境。远程工作允许他们在家中或其他舒适的环境中工作，减少了通勤时间和压力，从而能够更好地平衡工作和生活。这种灵活性不仅提高了他们的工作效率，还有助于激发他们的创新精神和创造力。

（2）随着数字技术的不断发展和普及，远程工作变得更加容易和高效。数字化创新人才可以利用先进的协作工具和技术平台，与团队成员进行实时沟通和协作，确保项目的顺利进行。这种技术支撑使得远程工作不再受到地域和时间的限制，为数字化创新人才提供了更多的发展机会和空间。

（3）远程工作对于数字化创新人才来说，也有助于他们更好地应对全球化竞争。通过远程工作，他们可以与来自不同国家和地区的人才进行合作和交流，拓展自己的视野和思维方式。这种跨文化的合作有助于培养数字化创新人才的全球意识和跨文化沟通能力，提升他们在全球竞争中的优势。

（二）数字化创新人才需求现状分析

1. 互联网行业需求最旺盛，新型行业需求明显增加

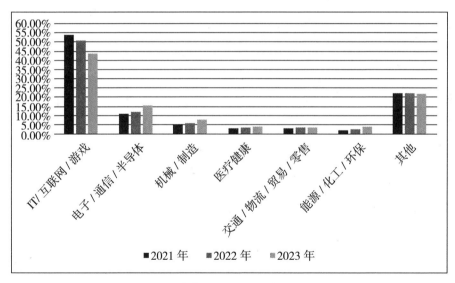

图2-4 近三年数字化创新人才需求行业分布

互联网行业作为数字化浪潮的领跑者，一直在不断地创新和变革。从社交媒体、电子商务到云计算、大数据等领域，互联网行业提供了丰富的应用场景和广阔的市场空间。这些领域的发展需要大量的数字化创新人才

来支持，包括软件工程师、数据科学家、产品经理等。

从各企业发布的职位数据看，IT、互联网、游戏行业招聘数字化创新人才数量最多，需求最旺盛，但随着近几年IT、互联网、游戏行业发展势力下滑，这些行业数字化创新人才需求逐年减少，而国家战略新兴行业电子、通信、半导体，机械、制造，医疗健康，能源、化工、环保等数字化创新人才需求逐年在增加。

2. 数字化创新人才需求的集中度高

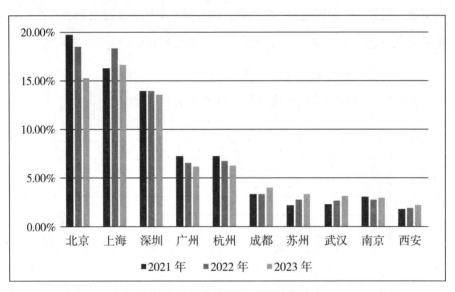

图2-5 近三年数字经济发布职位需求城市分布（TOP10）

从近三年数字经济发布职位需求城市分布看，一线城市对数字化创新人才需求突出，新一线城市对数字化人才需求越来越迫切。当前，北京数字化创新人才需求已被上海超越，这与上海产业数字化建设日益健全、国际人才高地加快构筑、产业对外开放走在全国最前列等各种因素息息相关。成都、苏州、武汉、西安等新一线城市经济加速发展，数字化创新人才需求逐年增加。

第三章 数字化创新人才培育的理论基础

第一节 创新人才培育的相关理论

一、胜任力模型理论

（一）胜任力模型的含义

胜任力模型（competence model）是针对特定职位表现优异要求组合起来的胜任力结构，是一系列人力资源管理与开发实践（如工作分析、招聘、选拔、培训与开发、绩效管理等）的重要基础。麦克利兰认为胜任力模型是，"一组相关的知识、态度和技能，它们影响个人工作的主要部分、与工作绩效相关、能够用可靠标准测量和通过培训和开发而改善"。吉尔福德（Guiford）则认为，"胜任力模型描绘了能够鉴别绩效优异者与绩效一般者的动机、特质、技能和能力，以及特定工作岗位或层级所要求的一组行为特征"。胜任力模型的具体内容可以因不同的工作角色而异，但通常会涵盖技术能力、沟通能力、团队合作、领导力、解决问题的能力、自我管理几个方面。

技术能力是指一个人在特定领域或行业中所需的专业知识和技能，主要包括学术背景、专业认证和工作经验等方面；沟通能力是指一个人有效地传达和理解信息的能力，主要包括口头和书面沟通、倾听技巧、表达清晰和有效的想法等方面；团队合作是指一个人与他人合作的能力，主要包括合作、协调、解决冲突、建立互信和支持他人等方面；领导力是指一个人在组织中激励和指导他人的能力，主要包括目标设定、决策制定、激励团队、管理变革等方面；解决问题的能力是指一个人分析和解决问题的能力，主要包括批判性思维、创新能力、决策制定和问题解决方法等方面；自我管理是指一个人管理自己的时间、任务和情绪的能力，主要包括目标设定、优先级管理、自我激励和灵活适应变化等方面。

通过评估一个人在这些核心能力和行为指标上的表现，胜任力模型可以帮助组织更好地了解员工的能力和潜力，为招聘、晋升、培训和发展提供指导。同时，个人也可以利用胜任力模型来识别自己的发展需求，并制定提升计划。

（二）胜任力模型与创新人才培育之间的联系

胜任力模型与创新人才培育之间存在一定的联系。虽然创新是一个广泛的概念，但培育创新人才通常需要具备一定的胜任力。在胜任力模型中，一些核心能力和行为指标与创新密切相关。比如创造力与创新思维、批判性思维与问题解决能力、学习能力与适应性、沟通与合作能力、领导力与影响力几个指标与创新都是密切相关的。

首先，创新人才需要具备开放的思维方式和创造性的思考能力，他们能够提出新的观点、独特的解决方案和创新的想法，以推动组织的创新发展。其次，创新人才需要具备批判性思维和解决问题的能力，他们能够分析和评估现有的问题，并提出改进和创新的解决方案。创新人才需要具备快速学习和适应变化的能力。他们能够主动获取新的知识和技能，并将其应用于创新实践中。再次，创新人才需要具备良好的沟通和合作能力，他们能够与不同的利益相关者进行有效的沟通，并在团队中合作推动创新项目的实施。最后，创新人才需要具备领导力和影响力，能够在组织内部或行业中推动创新的实施，他们能够激励他人、建立合作关系，并为创新项目赢得支持和资源。

通过胜任力模型的评估和培养，组织可以识别和发展具备创新能力的人才。胜任力模型提供了一个框架，用于识别和培养创新人才所需的核心能力和行为指标。胜任力模型可以帮助组织在招聘、晋升和培训时更有针对性地选拔和培养创新人才，以推动组织的创新发展。

二、人的全面发展理论

（一）人的全面发展理论的内涵

人的全面发展理论是一种教育理论或心理学理论，强调人的全面成长和发展，包括认知、情感、社交、身体和道德等多个方面。这一理论主张，为了实现个体的全面发展，教育和社会环境应提供支持和机会，促使个体在各个领域实现潜能的最大化。具有代表性的人的全面发展理论有马斯洛的需求层次理论、维果茨基的发展理论等。

1. 马斯洛的需求层次理论

需求层次理论由心理学家亚伯拉罕·马斯洛提出，该理论认为人的需求可以分为五个层次，由低到高分别是：生理需求、安全需求、社交需求、尊重需求和自我实现需求。个体在满足低层次需求后，才能追求更高层次的需求，实现个体的全面发展。生理需求是最基础、最原始的需求，它涵盖了人们对于食物、水、睡眠、衣物等基本生存条件的渴望。只有当这些生理需求得到满足后，人们才能开始关注更高层次的需求。自我实现需求是需求层次理论中的最高层次，它指的是人们追求自我完善、实现个人潜能和发挥创造力的需求。当人们在其他四个层次的需求都得到满足后，他们会开始追求自我实现，努力实现自己的价值和目标。

2. 维果茨基的发展理论

发展理论由心理学家列夫·维果茨基提出，该理论强调社会文化环境对个体发展的重要性。该理论认为，人的成长并非孤立进行，而是通过与他人的交往、合作以及社会文化工具（如语言、符号系统）的运用，逐步构建和完善自己的认知结构和知识体系。因此，教育和社会环境在个体发展中扮演着至关重要的角色，它们需要提供适宜的支持和挑战，以激发个体的潜能，推动其全面发展。

（二）人的全面发展理论与创新人才培育之间的联系

人的全面发展与创新人才培育之间存在紧密的联系。全面发展是指个体在多个方面，包括知识、技能、价值观等方面的全面提升和成长。而创新人才培育则强调培养具备创新能力和创新精神的人才，他们能够在不同领域中带来新的思维模式、解决问题的方法和创新的成果。

全面发展为创新人才培育提供了坚实的基础。一个全面发展的个体具备广泛的知识储备和多样化的技能，这使得他们在创新过程中能够从不同的领域和角度获得启发，并能够将不同领域的知识进行整合和运用。此外，全面发展还培养了个体的批判思维、沟通能力、领导力等综合素养，这些都是创新人才所需要的基本素质。

同时，创新人才培育也促进了个体的全面发展。创新要求个体在解决问题、应对挑战时能够灵活运用知识和技能，具备创造性思维和实践能力。通过创新人才培育，个体将接触到创新的方法和工具，学会解决问题的不同途径，并在实践中不断探索、尝试和改进。这种创新过程本身就是个体全面发展的一部分，促使其在认知、情感、行为等方面得到进一步提升。

因此，全面发展与创新人才培育相辅相成，相互促进。全面发展为创新人才提供了丰富的素材和基础，而创新人才培育则通过培养创新能力和创新意识，促进了个体的全面成长和发展。这种联系使得个体能够在不断变化的社会环境中适应和创新，为社会的进步和发展做出贡献。

三、现代教育教学理论

（一）现代教育教学主要理论

现代教育教学理论主要以提高学生的学习效果和教育质量为目的，注重知识的综合性和实用性，强调以学生为中心的教学理念，重视创新和创造性思维的培养，以及学习的互动性和社会性；同时，现代教育也倡导多元评价，不仅关注学生的学业成绩，还注重学生的创造性、综合能力和社会责任感等方面的评价。主要包括建构主义教学理论、多元智能理论、范例教学理论、合作教学理论、发展性教育理论等。

建构主义认为学习是一个主动建构知识的过程，学生不是被动地接受知识，而是基于自己的经验背景，通过与外界的互动来建构新的知识。这一理论强调学生在学习中的主动性和创造性，以及教师的引导和支持作用。多元智能理论认为人的智能是多元化的，包括语言智能、数学逻辑智能、空间智能、身体运动智能、音乐智能、人际智能和自我认知智能等多种类型，强调教育应针对每个学生的智能特点进行因材施教，以促进其全面发展。范例教学理论主张通过精选具有本质意义的、基础性的和范例性的知识进行教学，使学生能举一反三，触类旁通，从而掌握科学知识和科学方法。合作教学理论强调学生之间、师生之间的合作与互动，通过共同完成任务、分享知识和经验，来促进学生的学习和成长。这一理论有助于培养学生的团队精神和协作能力。发展性教育理论强调教育应该促进学生的全面发展，注重培养学生的创新精神和实践能力，关注学生的个性差异和潜力发掘，提倡因材施教和多样化的教学方式。

（二）现代教育教学理论与创新人才培育之间的联系

现代教育教学理论与创新人才培育之间存在密切的联系。比如现代教育教学理论强调学生主体性和创造性、提倡多元化的学习方式、强调合作与社交互动、注重实践与应用能力培养、鼓励批判思维与创新思维等都与创新人才培育有着一定的联系。

首先,现代教育教学理论强调学生的主体性和积极参与,培养学生的创造性思维和解决问题的能力。这与创新人才培育的目标是相契合的,创新需要个体具备主动思考、探索和创造的能力。其次,现代教育教学理论强调多元智能和个别化教学,尊重学生的差异和多样性,提供多种学习方式和途径。这有助于培养创新人才的多元思维和多样化的解决问题的能力。再次,现代教育教学理论强调学生之间的合作与社交互动,认为学习是通过与他人共同构建知识和理解来实现的。这与创新人才培育的需要是相符的,创新往往需要团队的合作与协作。最后,现代教育教学理论鼓励对学生进行批判性思维和创新性思维的培养,使学生能够质疑现有观念、挑战传统思维模式,提出新的见解和解决方案。

四、三螺旋理论

(一)三螺旋理论的概念和内涵

三螺旋概念是在 20 世纪 50 年代初最先出现于生物学研究领域。90 年代中期,纽约州立大学的社会学家亨利·埃茨科威兹和阿姆斯特丹科技学院的罗伊特·雷德斯多夫教授在三螺旋概念基础上提出了著名的官、产、学三螺旋理论,来分析在知识经济时代政府、产业和大学之间的新型互动关系。即政府、企业与大学是知识经济社会内部创新制度环境的三大要素,它们根据市场要求而联结起来,形成了三种力量交叉影响的三螺旋关系,这就是所谓的三螺旋理论。被学界认为开创了一个创新研究的新领域、新范式。

三螺旋理论不刻意强调谁是主体,而是强调政府、产业和大学的合作关系，强调这些群体的共同利益是给他们所处在其中的社会创造价值，政府、产业和大学三方都可以成为动态体系中的领导者、组织者和参与者，每个机构范围在运行过程中除保持自身的特有作用外，可以部分起到其他机构范围的作用，三者相互作用、互惠互利，彼此重叠。

（二）三螺旋理论与创新人才培育之间的联系

三螺旋理论通常指的是政府、企业、高校之间形成一种彼此扶持的互动关系，这三大组成部分相互作用、彼此重叠，形成交叉，在交叉区域内，需要政府、企业、高校三方共同发力来推动其发展。创新人才的培育恰好正处于该三方交叉区域内，创新人才的培育首先需要的是政府在政策上的支持，需要政府加大对社会的引导，发挥政府的引力作用，为创新人才的培育营造一种宽松的环境与浓厚的创新文化氛围；企业需要积极发挥助力作用，为创新人才的培育提供实践的平台、技术互通的平台、信息交流的平台等，同时为创新人才提供风险投资等；高校需要发挥支力作用，为创新人才的培育提供制度支持，同时着力培养大学生的创新意识、创新能力等。此外，大学生通过开展创新活动也能够促进高校不同学科之间的互动与发展，能够积极带动不同领域之间的互动与技术的革新，这也会促进企业进行创新，高校与企业之间的良性互动也会带动社会经济水平的提高与社会创新文化氛围的形成，从而有助于打造创新型区域或创新型国家。

五、心理学理论

（一）心理学理论的概念和内涵

心理学是研究人类思维、行为和情感过程的科学领域。在心理学中，有许多不同的理论和观点，用于解释人类心理活动的各个方面。心理学中常见的几个理论主要有行为主义理论、认知理论、发展理论、心理动力学理论、人本主义理论等。

行为主义理论强调外部行为和环境之间的关系，根据行为主义者的观点，人类行为是通过对刺激做出反应和获得奖励来形成的，这个理论认为，学习和行为是通过条件反射和习惯形成的。认知理论关注人类思维和信息处理的过程，该理论认为人类的思维活动涉及注意、记忆、问题解决和语言等认知过程，认知理论强调人类对信息的主动处理和构造。发展理论研究人类在不同阶段的生命周期中的心理和行为变化，这些理论试图解释个体在生理、认知、情感和社会方面的成长和发展。心理动力学理论是由弗洛伊德等人发展起来的，强调潜意识和个人经历对行为和思维的影响，它认为个体的行为和心理问题可以通过对潜意识冲突和过去经历的解析来理解。人本主义理论强调个体的自我实现和个人成长的重要性，它关注人类的主观经验、自我意识和自我价值感，并提倡人们追求个人目标和价值观。

（二）心理学与创新人才培育之间的联系

心理学不仅为我们理解创新人才提供了理论支持，还为创新人才培育提供了实践指导和工具方法。心理学与创新人才培育之间存在着紧密的联系，主要体现在以下两个方面：

1. 理解个体差异

心理学在深入探索人类心理活动时，尤其关注个体的认知差异、情感波动、动机倾向以及行为模式。这些方面的研究使我们能够更精准地把握不同个体在创新过程中的独特表现。例如，有的人可能擅长逻辑思维，善于从多个角度分析问题，而另一些人则可能更富有直觉和想象力，能够提出突破性的新想法。理解这些差异，有助于我们精准地识别出那些具有创新潜力的个体，并根据他们的个人特质和需求，提供定制化的培训和支持。这样，我们不仅能充分发挥他们的优势，还能针对性地帮助他们克服潜在的困难，从而更好地促进创新人才的成长和发展。

2. 提供指导

心理学在创新人才培育过程中发挥着指导作用。在人才的成长道路上，不可避免地会遇到各种挑战和困难，这些可能会成为他们创新道路上的绊脚石。应用心理学原理和方法，我们能够深入分析这些挑战和困难的本质，了解它们对创新人才心理状态和行为的影响。通过心理咨询和辅导，可以帮助创新人才有效地缓解压力，增强他们的自信心，使他们在面对困难时更加从容不迫。同时，心理学还可以指导他们优化学习策略，提高学习效率，从而更快地掌握新知识、新技能。这些个性化的支持和帮助，能够极大地促进创新人才的全面发展，使他们更好地应对未来的挑战。

第二节　数字化教育的理论框架

数字化教育的理论框架涉及多个方面：构造主义理论、社交认知理论、多元智能理论、情感认知理论等，这些理论提供了指导数字化教育设计和实施的原则，可以帮助教育者更好地理解学生的学习过程，并提供有效的教学策略和资源。

一、构造主义理论

构造主义理论是由瑞士心理学家让·皮亚杰（Jean Piaget）和美国教育学家杰罗姆·布鲁纳（Jerome Bruner）等人提出的一种学习理论。该理论强调学习是通过个体与外部环境之间的互动和建构新知识和理解的过程。

根据构造主义理论，学习者在探索和互动的过程中主动建构知识，而不是被动地接受事先准备好的知识。学习者通过观察、实验、提出问题、思考、推理和与他人合作等方式，从经验中建立自己的知识结构。这个过程中，学习者通过不断调整和重建自己的认知框架与新知识相融合，形成更深入的理解。构造主义理论强调以下几个关键观点：

（一）主动性

构造主义理论强调学习者的主动性。这一观点认为，学习者并不是被动地接受知识，而是拥有内在的驱动力，对知识充满好奇，愿意主动探索和学习。他们具备自我规划、自我监控和自我评估的能力，能够根据自己的兴趣和需求，有效地构建知识。每个学习者的背景、经验和兴趣都是独特的，这导致他们在构建知识时的方式和路径也各不相同。正是这种主动性，使得学习者能够在创新过程中发挥独特的作用，提出新颖的观点和解决方案。

（二）建构知识

构造主义理论强调知识的建构性。学习者在构建知识时，会依赖于他们已有的经验作为起点。这些经验帮助学习者理解新的信息和概念，将它们与已有的知识框架相联系。知识不是孤立存在的，而是与特定的情境紧密相连。因此，学习者在真实的或模拟的情境中学习，更容易将新知识与实际情境相联系，形成深刻的理解和记忆。此外，知识是不断发展和变化的。随着学习者经验的增加和认知的深化，他们对知识的理解也会发生变化。这种动态性和变化性，使得学习者能够不断适应新的情境和需求，提出创新的解决方案。

（三）框架调整

构造主义理论强调框架调整的重要性。学习者的认知框架不是一成不变的，而是根据新的信息和经验进行调整和修改。在面对复杂或矛盾的信息时，学习者能够灵活地调整自己的认知框架，以适应新的情境和需求。这种灵活性和适应性，使得学习者能够在创新过程中保持开放的心态，接受新的观点和思维方式，从而推动知识的创新和发展。

（四）社会互动

构造主义理论强调社会互动在知识构建过程中的作用。学习者通过与他人的合作和互动，可以共同解决问题、分享经验和知识，从而促进知识的构建。不同的文化背景和社会经验会影响学习者的知识构建过程，通过社会互动，学习者可以接触到不同的观点和思维方式，从而丰富自己的认知结构。这种多样性和丰富性，为创新提供了源源不断的灵感和动力。

二、社交认知理论

社交认知理论是由美国心理学家阿尔伯特·班德拉（Albert Bandura）提出的一种学习理论。该理论认为学习是通过观察和模仿他人的行为、认知过程和情感反应来实现的。社交认知理论强调观察学习、模型行为、自我调节、动机和强化等几个关键观点。

社交认知理论认为，学习者可以通过观察他人的行为和结果来获取新的知识和技能，主要包括模仿他人的行为、注意他人的反应和结果，并从中获得反馈和经验；学习者更有可能模仿那些他们认为有权威和成功的人的行为，这些模型行为可以是现实中的人物，也可以是媒体中的角色；学习者通过观察和模仿他人的行为，并结合自己的认知过程和情感反应进行自我调节和控制，他们可以根据自己的目标、价值观和能力来选择和调整自己的行为；学习者的动机和强化对学习的效果和持久性有重要影响，他们可能受到内部动机（如自我效能感和成就感）和外部强化（如奖励和认可）的影响。

在数字化教育中，社交认知理论可以指导教育者在设计学习环境和活动时，注重学习者的社交交互和观察他人的行为和反应。教育者可以提供合适的模型行为，并鼓励学习者通过协作、讨论和共享来建立社交学习网络。在线协作工具和社交媒体平台可以促进学习者之间的互动和合作，从而增强社交认知的学习效果。此外，教育者还可以提供有效的反馈和激励，以支持学习者的自我调节和动机发展。

三、多元智能理论

多元智能理论是由美国心理学家霍华德·加德纳（Howard Gardner）提出的一种关于智能的理论。根据这一理论，智能不仅仅是通过智商（IQ）来衡量的，而是包括多种不同的智能类型，即多元智能。加德纳在其经典著作《智能的结构》中提出了九种主要的智能类型：语言智能（Linguistic Intelligence）、逻辑数学智能（Logical-Mathematical Intelligence）、空间智能（Spatial Intelligence）、音乐智能（Musical Intelligence）、身体运动智能（Bodily-Kinesthetic Intelligence）、人际智能（Interpersonal Intelligence）、内省智能（Intrapersonal Intelligence）、自然观察智能（Naturalist Intelligence）、存在智能（Existential Intelligence）。

多元智能理论认为，每个人在这些智能类型中有不同的强项和弱项，而且这些智能可以通过培养和发展得到提升。这一理论的应用在教育领域广泛被采纳，以帮助教育者更好地理解学生的不同智能类型，并根据其个体特点提供有针对性的教学方法和评估方式。

四、情感认知理论

情感认知理论是由美国心理学家理查德·拉扎鲁斯（Richard Lazarus）提出的一种心理学理论，解释情感与认知之间的相互关系。这一理论认为，情感和认知是紧密相连的，情感反应是通过对事件的认知评估而产生的。

情感认知理论强调了个体对事件的主观评估和解释对情感反应的重要性。根据拉扎鲁斯的理论，情感反应不是直接由事件本身引起的，而是由个体对事件的认知评估所引发的。这种认知评估包括评估事件的意义、评估应对资源两个主要因素。

个体会评估事件对自己具有一定的重要性、价值和意义，如果个体认为事件对自己的目标、需求或价值观具有显著影响，他们可能会产生强烈的情感反应。个体会评估自己应对事件所需的资源和能力，如果个体认为自己有足够的资源来应对事件，他们可能会产生积极的情感反应；相反，如果个体认为自己缺乏应对资源，他们可能会产生负面的情感反应。

情感认知理论还强调了情感和认知之间的互动关系。认知过程影响情感反应，而情感反应也可以影响认知。例如，情感可以影响个体的注意力、记忆和思考方式，进而影响对事件的认知评估。这一理论对于理解个体的情感体验和应对机制有重要的启示。它也在临床心理学和情绪调节的研究中得到广泛应用，为帮助个体应对情绪困扰和情感问题提供了理论基础。

第三节　数字化创新人才培育的原则、要素与环节

一、数字化人才培育的原则

数字化创新人才的培育是培养具备数字化创新能力的人才，需要运用数字化工具和方法，培养具备掌握和应用数字技术、善于创新和变革思维、能够在数字化环境中发现机遇并解决问题的人才。数字化创新人才培育需要遵循以下几个原则：

（一）多学科交叉

数字化创新涉及多个领域的知识和技能，因此培养数字化创新人才需要跨学科的教育和培训。这就要求我们培养人才应该注重整合不同学科的知识，例如计算机科学、数据分析、统计学等，并鼓励学生在不同领域之间建立联系和交流。

计算机科学和工程是数字化人才培育的核心学科，主要包括编程、算法、数据结构、软件工程和网络技术等方面，计算机科学和工程的知识是培养数字化人才的基础。数字化时代产生大量的数据，因此数据科学和分析是培养数字化人才的关键学科，主要涉及数据收集、清理、处理和分析的技术，以及机器学习和人工智能等领域。数学和统计学为数字化人才提供了数学建模、数据分析和预测的基础，数字化人才需要理解统计学原理和数学模型，以应对复杂的数据分析和决策问题。数字化人才还需要了解人机交互和用户体验设计的原理，主要包括如何设计易于使用的数字界面、用户测试和用户行为分析等。数字化人才需要了解商业和管理学的概念，以便将技术应用到实际业务场景中，需要了解市场需求、商业模型和项目管理等方面的知识。数字化人才应具备创新和创业精神，以推动技术的发展和应用，需要了解市场趋势、产品开发和商业化等方面的知识。数字化人才应该关注技术对社会、经济和伦理方面的影响，需要考虑数据隐私、信息安全、社会影响等方面的问题。

（二）实践导向

数字化创新是一个实践性强的领域，理论知识的学习必须与实际应用相结合。培养数字化创新人才需要提供充分的实践机会，例如项目实训、实习和参与创业活动等。通过实践，学生可以将所学知识应用到实际问题中，培养解决问题的能力和创新思维。这一原则要求我们重视问题导向、跨学科合作、实践性项目、创业思维、导师支持等几个方面。

数字化创新实践注重解决实际问题和挑战，学生通过面对真实的问题，应用他们的知识和技能来提出创新的解决方案。数字化创新涉及多个学科领域，因此跨学科合作是非常重要的，学生可以与来自不同学科背景的同学合作，共同解决复杂的数字化问题。数字化创新实践强调学生参与实践性项目，这些项目可以是学校与企业合作的实际项目，也可以是学生自主

发起的创新项目，通过实际项目，学生可以将他们的理论知识应用到实际
情境中。数字化创新实践鼓励学生培养创业思维，学生可以学习如何发现
机会、创造价值、构建商业模式，并将其应用到数字化创新中。数字化创
新实践通常会提供导师的支持，导师可以是学校的教师、行业专家或企业
导师，他们可以提供指导、建议和反馈，帮助学生更好地进行数字化创新
实践。

（三）团队合作

数字化创新通常需要跨学科的团队合作，因此培养人才应该注重培养
学生的团队合作能力。学生应该学会与不同背景和专业的人合作，共同解
决问题并实现创新。培养团队合作能力可以通过小组项目、协作学习和团
队挑战等方式进行。团队合作可以促进创新的产生和实施，提高数字化项
目的成功率。通过合作，团队成员可以共同解决复杂的问题，充分发挥各
自的优势，为数字化创新带来更多的创造力和价值。团队合作原则要求我
们重视多学科团队、共同愿景和目标、有效沟通和协作、分工与协作、创
新思维和开放性、相互支持和学习、适应性和灵活性几个方面。

数字化创新需要融合多个学科领域的专业知识和技能，组建多学科的
团队可以汇集不同背景和专长的人才，促进知识交流和创新思维的碰撞。
团队合作需要明确共同愿景和目标，团队成员应该共同理解和认同数字化
创新的目标，并在实践中保持一致性和协作性。团队成员之间需要建立有
效的沟通和协作机制，定期的团队会议、项目管理工具和在线协作平台可
以帮助团队成员共享信息、协调工作和解决问题。数字化创新团队需要根
据成员的专长和兴趣进行合理的分工，每个成员应清楚自己的角色和责任，
并积极参与团队的协作活动。

另外，数字化创新团队需要鼓励创新思维和开放性，应该鼓励成员提
出新的想法和观点，并对不同的意见持开放态度，以促进创新的产生和发

展。团队成员应该相互支持和学习，他们可以分享知识、经验和资源，互相帮助解决问题，并在团队中共同学习和成长。数字化创新是一个不断变化和发展的领域，团队成员需要具备适应性和灵活性，他们应对新技术和新需求保持敏感，并及时调整团队的方向和策略。

（四）持续学习

数字化创新是一个快速发展的领域，要培养的人才需要具备持续学习的能力。数字化创新人才培养应该注重培养学生的自主学习能力和学习兴趣，鼓励他们不断更新知识和技能，跟上技术和市场的发展。同时，提供终身学习的机会和资源，帮助人才保持竞争力。持续学习原则要求我们注重了解数字化技术、参与在线学习、建立学习网络、实践和应用、推动文化变革等几个方面。

首先，需要跟上数字化创新的步伐，了解当前流行的数字技术，如人工智能、大数据、云计算、物联网等，了解这些技术的原理、应用场景和潜在影响，可以帮助学生抓住机遇、应对挑战。其次，利用互联网和在线学习平台，参与相关的课程和培训，这些平台提供了广泛的学习资源，包括课程视频、在线论坛和实践项目等，通过在线学习，学生可以随时随地获取新知识，并与其他学习者交流。再次，与行业内的专家和同行建立联系，参加行业会议和研讨会，通过与他人的交流和合作，学生可以分享经验、学习最佳实践，并获得反馈和指导。此外，尝试将学到的知识应用到实际工作中，解决问题和创造价值，通过实践，学生可以不断调整和改进自己的学习方法和技能。数字化创新还需要组织和团队的支持，积极参与和推动组织内的数字化创新文化，鼓励和支持其他成员进行持续学习，与其他人分享学习心得和经验，共同推动组织的发展和创新。最后，数字化创新需要培养学生的创新思维和创造力。学生应该学会提出新的想法、解决复杂问题、发现机会，并将它们转化为创新的解决方案。

二、数字化创新人才培育的要素

数字化创新人才培育需要考虑多个要素：基础知识和技术、创新思维和问题解决能力、实践和项目经验、跨学科合作、终身学习和更新能力等。通过关注这些要素，数字化创新人才培育可以更全面地培养具备综合能力的人才，使他们能够适应数字化时代的需求和挑战。

（一）基础知识和技术

培养数字化创新人才的第一步是提供基础的知识和技术培训。在这个数字化日新月异的时代，学生们需要全面而深入地了解计算机科学、数据分析、编程、人工智能和物联网等领域的核心知识和技能。这些基础知识不仅是创新思维的基石，更是推动技术革新的动力源泉。学生们应当通过系统的学习，掌握计算机科学的基本原理，理解数据分析的逻辑框架，熟练掌握编程语言和技术工具，并对人工智能和物联网的应用有深入的了解。这样的知识储备将为他们日后的创新工作提供强有力的支撑，使他们能够在数字化领域游刃有余，不断推动科技进步和社会发展。

（二）创新思维和问题解决能力

数字化创新人才需要培养创新思维和问题解决能力。这不仅仅是对技术知识的简单应用，更是对批判性思维、创造性思维、系统思维和设计思维等多元思维能力的全面锻造。学生需要学会独立思考，勇于质疑现有的框架和理论，从多个角度审视问题，并提出独到的见解。同时，他们应能够灵活运用所学知识，创造性地寻找解决问题的新途径。面对复杂的数字化挑战，学生需要展现出坚韧不拔的精神和卓越的应变能力，以确保在不断变化的环境中立于不败之地。

（三）实践和项目经验

培养数字化创新人才还需要提供实践和项目经验的机会。学生不能仅仅停留在书本知识的层面，更需要亲身参与实际项目，将所学的知识和技能付诸实践。可以通过多种途径实现，如实习、实训、项目课程和创业活动等。在这些实践中，学生将有机会面对真实世界的挑战，运用所学知识解决实际问题。这些实践经历不仅能帮助学生将理论知识转化为实际应用能力，还能培养他们的团队合作和沟通能力。通过与其他团队成员的协作，学生能够学会如何有效沟通、分工合作，共同完成项目目标。

（四）跨学科合作

为了培养真正具备数字化创新能力的人才，我们不仅要专注于专业知识的教育，更要鼓励学生跨越学科的界限，与不同背景和专业的人进行深入合作。可以通过多种途径实现，如设计跨学科的课程项目，让学生有机会与来自不同领域的同学共同学习；在组建项目团队时，注重引入多元化的专业背景，以激发不同思维的碰撞；同时，鼓励合作学习，使学生学会在团队中有效沟通、协作，共同解决复杂问题。这样学生能够具备更广阔的视野和更全面的能力，为他们在数字化创新领域取得更大的成就奠定基础。

（五）终身学习和更新能力

在培养数字化创新人才的过程中，自主学习和持续学习能力是不可或缺的。随着技术的飞速发展，知识更新换代迅速，学生仅仅掌握当前的知识和技能是远远不够的。因此，我们需要着重培养学生的自主学习能力，让他们学会独立探索、自我驱动地学习新知识。同时，学生还需要具备敏锐的洞察力，时刻关注行业内的最新技术和趋势，不断更新自己的知识体系。这种持续学习的心态和能力，将使学生在未来的数字化创新道路上，不断适应变化、应对挑战，成为真正的领军人物。只有掌握了这些关键能力，学生才能在竞争激烈的数字化领域中立于不败之地。

三、数字化创新人才培育的环节

数字化创新人才的培育是一项复杂而重要的工程，数字化时代对企业和组织提出了新的挑战和机遇，需要有相关技能和知识的人才来应对这些变化。培育数字化创新人才需要多方面的努力和资源投入。

首先，教育和培训机构需要更新课程设置，以确保学生和专业人士获得与数字化相关的最新知识和技能。他们应该做好开设新的专业课程，例如数据分析、人工智能、机器学习等，以及提供实践经验和项目驱动的学习机会。

其次，企业和组织需要积极参与数字化创新人才的培养。需要他们与教育机构建立合作关系，提供实习和就业机会，以便学生能够在真实的工作环境中应用他们所学的知识。此外，企业还可以提供培训和发展计划，以帮助现有员工提升数字化技能。

同时，政府和社会各界也需要关注数字化创新人才的培育。政府需要出台相关政策和法规，推动数字化教育和培训的发展。社会各界积极组织各种活动和竞赛，促进数字化创新人才的交流和合作。

此外，数字化创新人才的培育还需要注重培养创新思维、团队合作和问题解决能力等软技能。这些技能对于数字化时代的人才来说同样重要。

总之，数字化创新人才的培育是一个需要多方共同努力的复杂工程。只有通过教育机构、企业、政府和社会各界的合作，才能够培养出适应数字化时代需求的人才，并推动社会的数字化创新发展。数字化创新人才培育的过程可以分为以下几个环节：

（一）前期准备

在数字化创新人才培育的前期准备阶段，需要进行需求分析和目标设定。包括确定培养人才的领域和方向，明确所需的知识和技能，以及制定培养计划和目标。

（二）知识与技能培训

培养数字化创新人才的第一步是提供必要的知识与技能培训。可以通过课堂教学、在线学习、工作坊等方式进行。培训内容可以包括计算机科学、数据分析、编程、人工智能、设计思维等相关领域的知识和技能。

（三）实践项目

实践项目是培养数字化创新人才的重要环节。学生需要参与实际的项目，应用所学知识和技能解决实际问题。可以通过实习、实训、项目课程、创业活动等方式实现。实践项目可以提供学生与真实场景接触的机会，培养解决问题和创新的能力。

（四）跨学科合作

数字化创新通常需要跨学科的合作。为了培养数字化创新人才，需要提供跨学科合作的机会和平台。可以通过跨学科的课程设置、项目团队的组建、合作学习等方式实现。学生需要与其他领域的人合作，共同解决复杂的问题。

（五）导师指导

指导和辅导对于数字化创新人才的培育至关重要。学生需要有经验丰富的导师进行指导，并提供反馈和建议。导师可以帮助学生理清思路、克服困难，并提供专业的指导和支持。

（六）终身学习和更新

数字化创新是一个快速发展的领域，数字化创新人才需要具备终身学习和更新能力。培养数字化创新人才应该注重培养学生的自主学习和持续学习能力。学生需要具备自我学习和独立获取新知识的能力，同时了解最新的技术和趋势，不断更新自己的知识和技能。

第四节　数字化创新人才培育的内容提要

数字化创新人才培育需要从多个方面综合考虑，涉及技术、思维、能力和态度等不同层面的内容。只有全面培养这些方面的能力，才能培养出具备数字化创新能力的人才，并适应数字化时代的需求。这需要政府、高校、企业、培训机构等合力共同完成。

一、政府数字化创新人才培育的内容

政府在数字化创新人才培育方面扮演着至关重要的角色。为了加强数字化人才队伍建设，政府可以从多个方面着手：

（一）制定相关政策，明确数字化创新人才培育的目标和规划，为人才培育提供指导和支持。可以颁布具体政策措施，鼓励企业、高校和研究机构加强合作，共同培育数字化创新人才。这种协作模式有助于促进跨界合作，促使资源共享，为数字化创新人才培育奠定基础。还可以设立奖励机制，激励各方参与培育计划，推动人才培育工作的持续发展。

（二）加大对数字化创新人才培育的专项投入，以构建全面且高效的培育机制。可以设立专项基金，用于资助数字化创新人才培育项目，确保这些项目有足够的资金支持，从而顺利推进。同时，政府还需提供场地保障，为数字化创新人才的实践训练提供适宜的场所，如实验室、创新中心等，以满足其实际操作需求。此外，资源整合也是关键环节，政府应积极协调各方资源，包括企业、高校、研究机构等，形成合力，共同推进数字化创新人才的培育。通过这些举措，政府不仅能够为数字化创新人才提供良好的培育环境，还能够有效促进数字化创新人才的培育与市场需求紧密结合，从而为我国数字化产业的快速发展提供有力的人才保障。

（三）构建一套完善的培育体系。这一体系需涵盖人才培育机制、课程设置以及教学方法等多个层面。政府应与企业、高校及培训机构等各方建立紧密的合作关系，共同研发与市场需求紧密对接的数字化创新课程。课程应兼具前瞻性与实用性，应为学生提供系统的数字化知识体系和技能框架。同时，政府还应积极推动教学方法的创新，鼓励学生参与实践项目，培养他们的实际操作能力和创新思维。通过理论与实践相结合，政府可以培养出更多具备高度实践能力和创新精神的数字化创新人才，为我国数字化产业的持续发展提供坚实的人才支撑。

（四）积极策划或资助举办一系列数字化创新相关的研讨会、论坛和竞赛活动，搭建专业化、高水平的交流展示平台，为数字化创新人才提供广阔的互动空间。这些活动不仅有助于加强人才之间的深入交流与合作，还能进一步推动数字化创新成果的转化与应用。通过研讨会和论坛，政府可以汇聚业界精英，共同探讨数字化创新的前沿动态和发展趋势，为政策制定和产业发展提供智力支持。而竞赛活动则可以激发人才的创新潜能，选拔出优秀的数字化创新人才和项目，提升他们的知名度和影响力。

二、高校数字化创新人才培育的内容

高校在数字化创新人才培育中扮演十分重要的角色。通过学科交叉和领域培养、提供实践经验、培养创新思维、跨学科合作、导师指导和终身学习支持，高校可以培养出具备数字化创新能力的人才，并为社会的数字化创新发展做出贡献。

（一）更新课程设置

随着科技的快速发展和数字化时代的到来，高校需要不断调整和更新课程，以培养适应未来社会需求的人才。可以从数字化基础知识、创新思维培养、人工智能与机器学习、大数据分析、云计算与物联网、前沿科技应用等几个方面进行课程设置的更新。

数字化基础知识主要包括计算机科学、编程、数据分析和处理等方面的课程。高校可以设置创新设计、创意思维培养等相关课程，以培养学生的创新意识和创造力。高校可以开设相关课程，如机器学习算法、人工智能应用和数据科学等内容，培养学生在这些领域的技能和知识。

另外，随着大数据的兴起，对于大数据的分析和处理能力变得越来越重要。高校可以设置相关课程，教授学生数据采集、数据分析和数据可视化等技能。同时，云计算和物联网技术为数字化创新提供了强大的支持，高校可以开设相关课程，介绍云计算和物联网的基本原理、应用和安全等方面的知识。此外，高校可以关注前沿科技领域的最新发展，并设置相关课程，如区块链、虚拟现实、增强现实等，以培养学生对新兴技术的了解和应用能力。

（二）实践教育

高校实践教育培养的目标是培养学生的实践能力、创新能力和团队协作能力。通过实践教育，学生可以接触到真实的工作环境和问题，了解专业实践的要求和挑战。这种实践经验可以帮助学生更好地理解专业知识，并培养解决问题和创新的能力。

高校实践教育培养可以采用多种形式，包括实习、实训、实验、社会调研、科研项目等。学生可以通过参与实践项目，与实际问题接触并解决，从而提高自己的实际操作能力和解决问题的能力。

高校实践教育培养的实施需要学校与企业、社会组织等外部机构合作，提供学生实践机会和资源支持。学校可以与企业合作开展实习项目，与社会组织合作进行社会实践活动，还可以组织学生参与科研项目等。

（三）培养创新思维和问题解决能力

培养创新思维和问题解决能力是高校数字化创新人才培育的重要目

标。高校可以采取设计思维培训、提供创新项目和实践机会、跨学科教育、问题导向学习等策略来培养学生的创新思维和问题解决能力。

首先，设计思维是一种创新的方法论，强调以用户为中心，通过观察、洞察和迭代等过程来解决问题。高校可以引入设计思维培训课程，教授学生如何应用这种方法来解决实际问题。

其次，高校可以提供创新项目和实践机会，让学生从头到尾地参与到解决实际问题的过程中。这些项目可以是课程项目、研究项目或与行业合作的项目，让学生在实践中锻炼创新思维和问题解决能力。

再次，数字化创新往往需要跨学科的合作和综合能力。高校可以开设跨学科的课程或项目，让学生从不同学科领域获取知识，并培养他们的综合思考和解决问题的能力。

最后，以问题为导向的学习可以培养学生解决实际问题的能力。高校可以设计具有挑战性的问题，引导学生进行研究和分析，并提供指导和反馈，帮助他们培养解决问题的能力。

（四）学科交叉和领域应用

高校可以鼓励学生进行学科交叉和跨领域的研究，使他们能够将数字化技术应用于不同领域，如医疗、教育、金融等，培养具备领域应用能力的数字化创新人才。通过高校学科交叉和领域应用培养，学生可以拓宽自己的知识领域，培养跨界思维和解决问题的能力，为未来的职业发展做好准备。这种培养方式有助于培养具备综合能力和创新能力的人才，能够适应复杂多变的社会需求。

学科交叉培养是指将不同学科领域的知识和方法相结合，培养学生在多个学科领域具备综合能力。这种培养形式能够拓宽学生的知识视野，使他们能够从不同角度去理解和解决问题。例如，在计算机科学和生物学交叉的领域中，学生需要掌握计算机科学和生物学的基础知识，同时还需要学习生物信息学等跨学科的知识，以应对生物领域的问题。

领域应用培养是指将学科知识应用于实际领域的培养方式。通过将学科知识与实际领域相结合，学生可以更好地理解学科知识在实际应用中的价值和意义，并培养解决实际问题的能力。例如，在工程领域的培养中，学生需要学习工程学科的基础知识，同时还需要了解工程设计、工程管理等实际应用方面的知识，以便将学科知识应用于解决实际工程问题。

高校学科交叉和领域应用培养可以通过多种方式实施。学校可以开设跨学科的课程，提供学生学习多个学科领域知识的机会。同时，学校还可以与企业、研究机构等合作，提供学生参与实际项目和实践的机会，将学科知识应用于实际领域。

（五）导师指导和支持

高校可以提供导师制度，为学生提供个性化的指导和支持。导师可以是教授、行业专家或企业代表，他们可以帮助学生规划职业发展，提供实践经验和行业洞察，并为学生搭建与企业合作的桥梁。

导师的指导和支持在高校数字化创新人才培育中起着至关重要的作用，可以通过学术指导、项目指导、职业发展指导、学术网络建立、心理支持、导师团队合作等方式来进行指导和支持。

第一，导师可以为学生提供学术指导，包括研究方向的选择、研究方法的指导以及论文写作等方面，可以通过分享自己的专业知识和经验，帮助学生在数字化创新领域深入研究和探索。第二，导师可以为学生提供项目指导，指导学生在数字化创新项目中的实践工作，可以通过提供项目的指导方向、方法和资源，帮助学生解决实际问题，培养解决问题的能力和创新思维。第三，导师可以为学生提供职业发展指导，帮助他们规划自己的职业道路和发展方向，可以通过分享行业内的经验和见解，提供职业建议和资源，帮助学生更好地适应数字化创新领域的就业市场。

第四，导师可以帮助学生建立学术网络，介绍他们认识的学者、专家或业界人士，有助于学生扩展他们的学术圈子，与其他领域的专业人士进行交流和合作，促进他们的学术成长和职业发展。第五，导师可以提供学生在学业和研究中的心理支持。数字化创新人才培育可能面临挑战和压力，导师需要倾听学生的困扰和问题，提供鼓励和支持，帮助他们克服困难，保持积极的学习态度。第六，在数字化创新人才培育中，可以组建由多个导师组成的团队，共同指导学生的学术研究和创新项目。多个导师组成的团队能够提供多样化的专业知识和资源，为学生提供全方位的指导和支持。

（六）学习和职业发展支持

高校可以通过课程设置、实践机会、导师指导、创新实验室、职业发展支持等方式，为学生提供全面的学习和职业发展支持，培养数字化创新人才，满足社会对于数字化技术的需求。

首先，高校应该设计和开设与数字化创新相关的课程，包括人工智能、大数据分析、物联网等领域的知识和技能培养。课程涵盖理论知识、实践技能和案例研究，帮助学生建立起数字化创新的基础。其次，应该提供实践机会，例如实习、项目实践和创新竞赛等，让学生能够将所学的知识和技能应用到实际问题中。此外，建立创新实验室和研究中心，为学生提供科研和创新项目的平台。实验室和研究中心能够提供先进的设备和技术支持，鼓励学生进行自主研究和创新实践。最后，为学生提供职业发展支持，例如职业指导、就业信息和校企合作等，可以与企业合作，为学生提供实习和就业机会，并举办职业招聘活动和技能培训课程，帮助学生顺利过渡到职业生涯。

三、企业数字化创新人才培育的内容

企业对于数字化创新人才的培育，可从以下几个方面着手：

（一）内部培训和教育

企业可以通过以下几个方面的内部培训和教育，提升员工的数字化能力和创新意识，为企业的数字化转型和创新发展提供有力的支持。

内部培训课程包括人工智能、数据分析、数字营销等领域的内容，能够帮助员工掌握新技术和工具。创新实践项目让员工有机会应用所学的知识和技能解决实际问题，可以培养员工的创新思维和解决问题的能力，并促进团队合作和跨部门协作。让具有丰富经验和专业知识的员工担任导师，指导和辅导其他员工。导师可以通过分享自己的经验和见解，帮助员工发展创新思维和技能，并提供实际项目的指导和支持。企业可以鼓励员工进行跨部门交流与合作，促进不同部门之间的知识共享和跨领域的合作。还可以建立数字化学习平台，提供在线学习资源和培训课程，让员工根据自己的需求和兴趣进行学习。这样灵活的学习方式和时间，能够帮助员工进行自主学习和知识更新。企业还可以设立创新奖励机制，鼓励员工提出新的创意和解决方案，并实施创新项目。奖励机制可以激发员工的创新热情和积极性，从而促进数字化创新的发展。

（二）外部培训和学习资源

企业在培育数字化创新人才方面，外部培训和学习资源同样起着至关重要的作用。这些资源不仅能够帮助企业提升员工的数字化技能，还能够推动企业的数字化创新进程。

首先，应选择优质的外部培训机构。企业可以寻找在数字化培训领域有丰富经验和良好口碑的外部培训机构。这些机构拥有专业的讲师团队和完善的培训体系，能够为企业提供定制化的培训方案，以满足企业不同的培训需求。

其次，可以利用在线学习平台。随着技术的发展，越来越多的在线学习平台开始涌现。这些平台提供了丰富的数字化学习资源，包括课程视频、在线测试、学习社区等。企业可以鼓励员工利用这些平台进行自主学习，提升数字化技能。

再次，与高校和研究机构合作。企业可以与高校和研究机构建立合作关系，共同开展数字化创新人才的培养项目。通过校企合作，企业可以获得高校和研究机构的智力支持，同时也可以为学生提供实践机会，实现产学研的深度融合。

最后，引入外部专家和顾问。企业可以邀请在数字化领域具有丰富经验和深厚造诣的专家和顾问，为企业提供指导和建议。这些专家和顾问能够帮助企业识别数字化创新的机会和挑战，提供解决方案和策略建议，推动企业的数字化转型和创新发展。

（三）跨部门合作和项目经验

企业在培育数字化创新人才时，应注重跨部门合作和项目经验的培育。通过设立跨部门项目组、建立沟通机制、提供实际项目机会以及实行导师制度等方式，企业可以有效地提升员工的数字化创新能力和团队协作能力，为企业的数字化转型和创新发展提供有力支持。

1.跨部门合作

首先，企业可以围绕特定的数字化创新项目，组建跨部门的项目组。项目组能够将不同部门、不同专业背景的员工聚集在一起，共同面对和解决数字化创新中的实际问题。其次，为了确保跨部门合作的顺利进行，企业需要建立有效的沟通机制。包括定期的会议、信息共享平台以及跨部门沟通渠道等，以确保信息的畅通和合作的高效。再次，企业应鼓励员工树立团队协作和共享的理念，打破部门壁垒，促进知识和经验的共享。通过团队建设活动、文化培训等方式，增强员工的团队意识和合作精神。

2. 项目经验

首先，企业应为员工提供参与实际数字化创新项目的机会，让员工在实践中学习和成长。通过参与项目，员工可以深入了解数字化技术的应用和业务流程的优化，积累宝贵的项目经验。其次，企业可以实行导师制度，让经验丰富的员工担任导师，指导新员工参与项目。导师可以为新员工提供具体的指导和建议，帮助他们快速融入项目团队，提升项目执行能力。再次，在项目结束后，企业应组织员工进行项目反思和总结。通过回顾项目的成功经验和不足之处，员工可以深入理解数字化创新的本质和规律，进一步提升自身的数字化创新能力。

（四）创新文化和环境营造

企业创新文化和环境营造是指组织在企业内部创造一种鼓励和支持创新的文化氛围和工作环境。创新文化和环境的营造是为了激发员工的创造力和创新潜力，促进企业持续创新和发展。可以通过领导支持和示范、开放沟通和合作、接受失败和学习、创新激励机制、资源投入和支持、鼓励多样性和包容性几个方面进行企业创新文化和环境的营造。

第一，公司高层领导要表现出对创新的重视和支持，积极参与创新活动，并为员工提供榜样。领导层的支持是塑造创新文化的关键，它能够鼓励员工主动提出新想法和尝试新方法。

第二，建立开放、互动和协作的沟通渠道，鼓励员工分享和交流创新思想。团队合作和知识共享能够促进创新的发生和传播，使不同部门和团队之间的合作更加紧密和高效。

第三，鼓励员工尝试新的想法和方法，同时也要接受失败和错误。将失败看作是学习的机会，从中吸取教训，快速调整和改进。这种容忍失败的文化能够鼓励员工勇于创新，不断尝试和改进。

第四，建立激励机制，如奖励和认可制度，以鼓励员工的创新行为。可以通过奖励与创新成果相关的绩效，提供晋升和发展机会，或者设立创新奖项来表彰杰出的创新成果。

第五，提供必要的资源和支持，如培训、技术设备、研发资金等，来促进员工的创新活动。为员工提供良好的工作环境和创新平台，让他们能够充分发挥自己的创造力和潜能。

第六，鼓励多元化的思维和观点，尊重和包容不同的意见和观点。多样性和包容性能够促进创新思维的碰撞和融合，激发出更多的创新想法和解决方案。

四、培训机构数字化创新人才培育的内容

培训机构在数字化创新人才的培育过程中也起着重要的作用，它们不仅提供专业的知识和技能培训，更重要的是通过实践项目、案例研究等多元化的教学方法，使学员能够全面深入地掌握数字化创新的精髓。培训机构在数字化创新人才培育方面可以从以下几方面进行：

首先，培训机构应围绕数字化技术的核心领域展开教学，比如数据分析、人工智能、云计算、大数据等关键技术。学员通过系统的课程学习，掌握这些技术的基本原理、应用方法和最佳实践。此外，培训机构还要关注数字化技术的最新动态和发展趋势，确保教学内容与时俱进，使学员能够紧跟行业的步伐。

其次，应注重培养学员的实践能力。实践是检验真理的唯一标准，也是提升数字化创新能力的重要途径。因此，培训机构需要设计一系列实践项目，让学员在实际操作中锻炼技能、解决问题。这些项目涉及企业数字化转型、智能产品开发、数据驱动的决策制定等多个方面，帮助学员将理论知识与实际工作相结合,提高他们在实际工作中应用数字化技术的能力。

除了技能和实践能力的培养，培训机构应重视创新思维和创业精神的培养。数字化创新不仅需要技术支撑，更需要创新的思维方式和敢于冒险的精神。培训机构可以通过案例分析、头脑风暴、团队协作等多种方式，激发学员的创新潜能，培养他们的创业意识。同时，培训机构还可以邀请行业内的专家、企业家等作为导师，为学员提供创业指导和资源支持，帮助他们将创新想法转化为实际项目。

此外，培训机构还应关注数字化创新人才的综合素质培养，包括沟通能力、团队协作能力、领导力等多个方面。在数字化时代，一个人的成功离不开与他人的合作和交流。因此，培训机构可以通过团队项目、角色扮演、模拟会议等活动，锻炼学员的沟通和协作能力，帮助他们更好地适应数字化时代的工作环境。

最后，培训机构还应该为学员提供职业规划和发展指导。数字化创新领域的发展日新月异，如何在这个领域找到自己的定位和发展方向是每一个数字化创新人才都需要思考的问题。培训机构可以通过职业咨询、行业分析等方式，帮助学员了解自己的优势和劣势，制定适合自己的职业规划和发展策略。

第四章 国内部分省市数字化创新 人才培育路径与启示

第一节 北京市数字化创新人才培育与启示

近年来，数字经济已成为推动我国经济实现高质量发展的核心引擎和动力源泉。作为中国的首都和全球性大都市，北京在数字经济领域的发展尤为突出，成效显著，积累了丰富的经验。北京市有着明显的数字经济和数字技术人才发展优势，为城市和国家经济的数字化转型和升级提供了坚实的基础。

北京作为中国的教育中心，汇聚了众多顶尖的高等学府和科研机构，如北京大学、清华大学和中国科学院等，这些世界一流的学府为学生提供了广阔的成长空间，也吸引了大量优秀的人才前来求学和研究，其中包括众多专注于数字经济和技术领域的研究者。北京汇聚了众多科技行业的领军企业，如阿里巴巴、百度、腾讯等，这些知名企业在数字技术领域取得了卓越成就，为北京市的数字经济发展注入了强大动力，它们不仅吸引了大量数字经济和技术领域的人才加入，更为北京市未来在数字领域的发展奠定了坚实的人才基础。作为国际化大都市的北京，与世界各国保持着紧密的联系和广泛的合作与交流，这种深厚的国际关系使得北京成为众多国际企业在中国设立研发中心或分支机构的理想之地，这些国际企业的加入为北京市的数字经济和数字技术产业带来了新的思想、理念和技术，同时也为北京市注入了新的活力，推动了数字经济产业的蓬勃发展。

一、北京市数字化创新人才培育的现状

（一）政策支持与引导

北京市"十四五"规划中指出要将北京建设成全球数字经济标杆城市，北京市政府高度重视数字化创新人才的培育和发展，出台了一系列相关政策和措施。

2022年8月，北京市为抓住以数字人为代表的互联网3.0创新应用产业机遇，充分发挥国际科技创新中心建设优势，打造数字人产业创新高地，助力全球数字经济标杆城市建设，制定了《北京市促进数字人产业创新发展行动计划（2022—2025年）》。2023年7月，北京市发布《北京市数字技术技能人才培养实施方案》，此方案聚焦数字城市建设的核心竞争力——数字化创新人才，着力培养数字技术技能人才，包括数字技术领军人才、数字技术人才和数字技能人才。其中，以产业数字化与数字产业化为核心，围绕人工智能、大数据、智能制造、区块链等数字技术技能领域，培养一定数量的数字技术领军人才，预计每年培养具有良好科学素养、精于实操应用、能够解决复杂问题的数字技术技能人才1万人，不断推动专业技术人员数字素养和技能提升。同时，此方案还提出了一系列的举措：培养数字技术领军人才；打造企业数字化竞争力；提升产业工人数字技能；强化技能人才培育；开展公共知识培训；创新人才评价机制。

此外，北京市各地区也出台了相关政策和措施加大数字化创新人才培养。比如，北京市朝阳区一直将人才工作放在数字经济建设的突出位置，组织实施"凤凰计划"等人才政策，打造数字经济人才强队，构建人才发

展与数字经济产业发展同频共振的新格局，形成数字人才高地，常态化举办多种数字经济活动。通过持续开展数字经济创新创业大赛等，拓展人才论坛、技能大赛、引才项目推介、人才成果展示等多种形式的活动，聚集高层次科技人才，选拔出一批与朝阳区数字经济发展联系紧密的数字化创新人才、创新团队、创新项目落户。通过线上线下等方式发布"英雄帖"，通过"揭榜挂帅"形式吸引国内外专家人才进行技术攻关、成果转化，解决制约产业链发展的"卡脖子"技术难题，对接、吸引契合度较大、科研实力较强的数字化创新人才团队集聚到朝阳区。

（二）高等教育与培训机构

北京市拥有众多知名高校和优质的教育资源，为数字化创新人才的培育提供了坚实的基础。许多高校开设了与数字化技术相关的专业和课程，如计算机科学、数据科学、人工智能等，旨在培养具备数字化思维和创新能力的专业人才。除了知名高校，北京市还拥有众多的教育培训机构，这些机构更加注重实践技能的培养和短期内技能的快速提升，它们提供了丰富多样的数字化技能培训课程，如大数据分析、云计算、软件开发等，满足了不同人群的学习需求，这些课程通常采用小班授课、案例分析、实践操作等方式，使学生能够在短时间内快速掌握数字化技术，并将其应用于实际工作中。此外，北京市的高等教育与培训机构还积极开展与企业、科研机构的合作，通过产学研一体化培养模式，为数字化创新人才提供更加广阔的实践平台和机会。这种合作模式不仅有助于提高学生的实践能力和创新能力，还能够推动数字化技术的研发和应用，促进北京市数字经济的持续发展。

清华大学在工程技术、计算机科学等领域具有卓越的声誉，学校注重培养学生的创新能力和实践能力，通过开设相关课程、组织科研项目和实践活动等方式，为培养数字化创新人才提供了良好的环境和资源。作为国内顶尖高校之一，北京大学在多个学科领域都具有较强的研究实力，在数字化创新方面，北京大学积极推动跨学科的研究与合作，培养具有创新精神和实践能力的人才。北京邮电大学在信息与通信技术领域，拥有众多与数字化创新相关的专业和研究机构，学校注重培养学生的实践能力和创新思维，通过与企业合作、开展科研项目等方式，为学生提供丰富的实践机会和资源。北京工商大学作为北京市重点建设的高水平研究型大学，把培养数字经济时代的创新型高水平人才作为首要任务，学校依托经管、商科专业的传统优势，通过信息技术赋能新商科跨专业融合，重构"数字技术＋经管理论"知识结构和课程体系，探索交叉融合、拔尖创新人才培养模式，培养具有数字时代商科特色的创新型人才。2023 年，北京市各高校进一步优化调整专业计划，新增数字经济、集成电路、智能建造、供应链管理、氢能科学与工程等多个新兴专业，为国家及行业发展所需培养数字化创新人才。北京交通大学的"詹天佑'3+5'本博直升试点班"继续高考直接招生，新增数字经济、金融科技、供应链管理、数据科学等 6 个招生专业以及 4 个双学士学位招生项目。对外经济贸易大学新增供应链管理、数字经济两个招生专业，为数字经济发展和供应链管理方面培养创新人才。

（三）企业内部培训

随着数字化转型的推进，北京市的众多企业认识到内部数字化创新人才培养的重要性，在企业内部纷纷设立专门的培训机构，这些机构负责制定详细的培训计划，并根据员工的实际需求和发展方向，设计了一系列针对性的数字化技能培训课程。这些课程涵盖数据分析、云计算、人工智能等多个领域，目的就是要帮助员工快速掌握前沿的数字化技能，提高工作效率和创新能力。除了设立专门的培训机构和制定培训计划，许多企业还积极利用在线课程等现代教育技术手段，为员工提供更加灵活多样的学习方式和资源，在线课程具有随时随地学习的特点，使员工能够根据自身的工作和生活安排，灵活选择学习时间和地点，实现工作与学习的平衡。同时，在线课程还提供了丰富的学习资源和互动平台，使员工能够与其他同行进行交流和分享，拓宽视野和知识面。此外，北京市还鼓励企业加强与高校、科研机构等的合作，共同开展研发项目、人才培养等活动，促进产学研深度融合。

在北京市，有许多知名企业都在积极培养数字化创新人才。作为中国领先的互联网科技公司，百度在人工智能、大数据、云计算等领域拥有深厚的技术积累。百度通过设立专门的研发机构和学院，为员工提供系统的数字化培训和实践机会，致力于培养具备创新思维和数字化技能的优秀人才。腾讯在社交、游戏、广告等多个领域具有领先优势，同时也在数字化创新方面投入大量资源，腾讯通过内部培训、项目实践以及与国际知名企业和研究机构的合作，不断提升员工的数字化素养和创新能力。作为中国最大的自营电商平台之一，京东在数字化转型方面取得了显著成果，京东注重员工的数字化技能培养，通过开设数字化课程、组织技术分享会等方式，帮助员工提升数字化素养，推动企业的创新发展。字节跳动在短视频、社交等领域拥有极高的市场份额，其强大的算法技术和数据处理能力是其成功的关键，字节跳动重视员工的数字化创新思维培养，通过项目实践、内部竞赛等方式激发员工的创新潜能。还有很多企业都在数字化创新人才培养方面投入了大量资源，通过提供实践机会、开展培训课程等方式，帮助员工提升数字化技能和创新能力。

（四）创新生态系统建设

北京市积极推动创新生态系统的建设，促进不同领域人才的交流与合作。例如，北京市建立了多个数字经济产业园区和创新中心，吸引大量数字化创新企业和人才。同时，北京市还积极举办各类数字化创新大赛、论坛等活动，为数字化创新人才提供了展示和交流的平台。"2023 数字人才发展峰会"在北京大兴经济开发区盛大举行，此次峰会由中国通信工业协会携手大兴区人民政府共同举办，大会紧扣数字人才发展战略这一主题，聚焦推动数字经济的高质量发展，深入探讨了符合中国特色的数字化创新人才发展路径。

二、北京市数字化创新人才培育的路径

北京市在数字化创新人才的培育方面采取了多项有力措施，构建了数字化人才培育体系，为城市的数字化转型和高质量发展提供坚实的人才支撑。

（一）发挥高校和研究机构在数字化创新人才培育中的重要作用

北京市高校和研究机构建立紧密的合作关系，共同开展了一系列富有成效的数字化创新人才培育项目。这些合作项目不仅推动了产学研的深度融合，更在实质上促进了教育、科研与产业之间的无缝对接。北京市注重发挥高校的学科优势和人才储备，通过共建实验室、联合培养研究生等方式，实现资源共享、优势互补，高校教授和科研团队将最新的数字化技术和研究成果引入课堂，使学生能够在学习过程中接触到最前沿的知识和技术。同时，学生也有机会参与实际项目，通过实践锻炼自己的数字化技能和创新能力。与研究机构的合作则更加注重科研创新和成果转化，北京市鼓励研究机构与企业开展联合研发，共同攻克数字化领域的技术难题，这种合作模式不仅加速了科研成果的转化和应用，也为企业提供了更多的技术支持和创新思路。

这些数字化创新人才培育项目不仅为学生提供了宝贵的实践机会，也为企业输送了大量具备数字化技能和创新能力的人才。学生通过参与项目，不仅能够积累丰富的实践经验，还能够提升自己的团队协作和沟通能力，而企业则可以通过这些项目，发现并培养潜在的数字化创新人才，为企业

的创新发展注入新的活力。

（二）鼓励企业参与数字化创新人才的培育

北京市很多知名企业设立了专门的研发机构和培训中心，致力于为员工打造一套系统且全面的数字化培训体系。这些机构不仅拥有先进的设备和技术，更聚集了一批在数字化领域具有深厚造诣的专家导师，他们共同为员工提供一站式的数字化学习与实践平台，这些企业深知数字化时代对人才的要求，因此通过内部培训的方式，将最新的数字化知识和技术传授给员工。培训内容涵盖了大数据分析、云计算、人工智能等多个领域，确保员工能够紧跟时代步伐，掌握前沿技术。同时，企业还注重实践环节的设计，通过模拟真实工作场景，让员工在实践中深化对数字化知识的理解与应用。除了内部培训，这些企业还积极开展项目实践，让员工在实际工作中锻炼数字化技能。员工们可以参与企业的重要项目，通过团队协作、问题解决等方式，不断提升自己的数字化素养和创新能力。此外，企业还定期举办技能竞赛，激发员工的学习热情和竞争意识，让他们在比赛中不断成长和进步。这些举措的实施，不仅提升了员工的数字化能力，更为企业的创新发展提供了有力的人才保障。具备数字化技能和创新能力的员工，能够为企业带来更多的创新点子和发展思路，推动企业不断向前发展。同时，这些人才也为企业赢得了更多的市场机会和竞争优势，为企业的长远发展奠定了坚实基础。通过设立研发机构和培训中心，为员工提供系统的数字化培训和实践机会，不仅提升了员工的数字化素养和创新能力，更为企业的创新发展注入了源源不断的动力。

（三）加大对数字化创新人才的政策扶持力度

北京市政府认识到数字化创新人才对于推动城市经济转型升级和高质量发展的重要性，因此出台了一系列政策措施，旨在吸引和留住更多的数字化创新人才。为了直接支持数字化人才的培养和发展，政府特别设立了数字化人才专项资金，这笔资金不仅用于资助数字化创新人才的培育项目，还为相关企业和机构提供资金支持，鼓励它们积极参与人才培育工作。通过专项资金的支持，数字化创新人才的培育得到了强有力的物质保障。此外，政府还提供了税收优惠和住房补贴等政策措施，以减轻数字化创新人才的经济压力，使他们能够更专注于工作和创新，这些优惠政策不仅降低了人才的生活成本，也提高了他们的工作满意度和归属感，从而有效吸引和留住更多优秀人才。为了科学评价数字化人才的能力和贡献，北京市还建立了数字化人才评价体系，该体系综合考虑人才的技能水平、创新能力、业绩贡献等多个方面，确保评价的客观性和公正性。通过评价体系的引导，数字化人才能够更加清晰地了解自身的优势和不足，从而有针对性地提升自己的能力和素质。同时，政府还建立了激励机制，对在数字化领域取得突出成绩的人才给予表彰和奖励，这些奖励不仅是对人才工作的肯定和鼓励，也进一步激发了他们的创新活力和工作热情。通过激励机制的推动，数字化创新人才能够更加积极地投身于数字化创新实践，为城市的数字化转型和高质量发展贡献更多智慧和力量。

（四）推动数字化创新人才的国际交流与合作

北京市一直致力于与国际数字化创新人才建立紧密的联系与合作关系，通过举办国际数字化人才论坛、积极参与国际数字化人才培育项目等方式，不断拓宽国际视野，汲取国际先进经验，为城市的数字化转型和创新发展注入强大的动力。

国际数字化人才论坛作为北京市与国际数字化创新人才交流的重要平台，汇聚了全球范围内的顶尖专家、学者和业界领袖。论坛上，与会者围绕数字化创新、人才培养等议题展开深入讨论，分享前沿技术和创新成果，共同探索数字化创新人才的培育模式和发展趋势。论坛的举办不仅加强了北京市与国际数字化创新人才的交流与合作，也为城市的数字化转型提供了更多的国际先进经验和创新思路。除了举办论坛，北京市还积极参与国际数字化人才培养项目，与国际知名高校、研究机构和企业开展深度合作。通过共同研发、联合培养等方式，北京市引进了一批国际顶尖的数字化创新人才，为城市的创新发展注入了新的活力。同时，这些合作项目也促进了北京市在数字化技术、产业和应用等方面的创新和发展，提升了城市的国际竞争力。通过与国际数字化创新人才的广泛联系和合作，北京市不仅获取了更多的国际先进经验和创新资源，也推动了城市的数字化转型和创新发展，这种合作模式不仅有助于提升北京市在数字化领域的整体水平，也为城市的可持续发展和国际合作提供了有力支撑。

三、北京市数字化创新人才培育的启示

（一）政策引领与支持

北京市政府通过出台一系列政策文件，明确了数字化创新人才培养的目标和方向，为高校、科研机构和企业提供了明确的指导和支持。这不仅有助于统一认识，形成合力，还能确保人才培育工作始终沿着正确的方向前进。同时，政府提供的政策支持和保障对于数字化创新人才培育至关重要，例如，通过设立专项资金、提供税收优惠等措施，政府为高校、科研机构和企业的人才培育工作提供了物质保障，降低了创新风险，激发了各方参与的积极性。

政府不断加强政策宣传和推广，确保政策文件能够得到有效执行。同时，政府建立健全数字化创新人才的评价和激励机制，激发人才的创新活力，促进人才成果的转化和应用。搭建数字化创新人才培育的协作平台，促进高校、科研机构和企业之间的深度合作。通过组织产学研对接活动、建立合作机制等方式，政府推动了各方资源共享、优势互补，形成合力，共同推动数字化创新人才的培养和发展。政府还关注数字化创新人才的国

际交流与合作，通过与国际先进水平的对接，引进国际优质教育资源，开展合作项目，可以拓宽人才的国际视野，提升他们的国际竞争力。同时，促进国内数字化创新技术与国际市场的融合，推动经济全球化的发展。加强数字化创新人才培养的监测与评估工作。通过定期评估人才培养的效果和进展，政府可以及时了解存在的问题和不足，并针对性地调整和优化政策措施。这有助于确保数字化创新人才培养工作的质量和效益，推动人才培养工作的持续改进和提升。

北京市政府在推动数字化创新人才培育方面的做法启示我们，政府应发挥重要作用，制定有针对性的政策，提供必要的支持和保障，为数字化创新人才的培育和发展创造良好的环境和条件。这将有助于提升我国数字化创新人才的整体素质和水平，为城市的数字化转型和高质量发展提供有力的人才保障。

（二）采取产学研结合的有效模式

北京市在数字化创新人才培育过程中，注重将产业、学术和研究紧密结合，通过深化校企合作、建设实训基地等方式，为人才提供实践机会和平台。这种产学研结合的模式，不仅促进了理论知识与实践技能的融合，还提高了学生的综合素质和创新能力，为城市的数字化转型和创新发展提供了有力的人才保障。

1.产学研结合有助于实现资源共享和优势互补。高校和科研机构拥有先进的科研设备、丰富的学术资源和优秀的人才队伍，而企业则更了解市场需求和产业发展趋势。通过深化校企合作，双方可以共享资源，共同推动数字化创新人才的培养和发展。

2.产学研结合为学生提供真实的实践环境和锻炼机会。通过参与企业的实际项目、在实训基地进行实践操作等方式，学生能够更深入地了解数字化技术的实际应用和产业发展趋势，提升解决实际问题的能力。这种实践经验的积累对于培养学生的综合素质和创新能力非常重要。

3.产学研结合还有助于推动科研成果的转化和应用。高校和科研机构的科研成果可以通过企业平台进行转化和推广，实现科研成果的商业化和社会价值。同时，企业也可以借助高校和科研机构的科研力量，解决技术难题，提升产品竞争力。

4.产学研结合有助于构建完善的数字化创新人才培养体系。通过整合产业、学术和研究的资源，形成一套从理论学习到实践应用、从基础研究到成果转化的完整人才培养链条。这种体系化的培养模式能够确保人才在数字化创新领域具备全面的知识和技能，更好地适应市场需求和产业发展。

5.产学研结合有助于培养具有市场敏锐度和创新思维的数字化创新人才。通过与企业的紧密合作，学生能够更深入地了解市场需求和行业动态，从而培养对市场变化的敏锐度和对创新机会的把握能力。同时，在实践中不断尝试和探索，也能够激发学生的创新思维和创业精神。

6.产学研结合能够促进教育链、人才链与产业链的深度融合。通过深化校企合作，高校、科研机构和企业之间可以形成紧密的人才培养和输送机制，确保数字化创新人才能够顺利进入产业领域并发挥重要作用。这种深度融合有助于推动教育资源的优化配置和人才培养质量的提升。

7.产学研结合还有助于提升数字化创新人才的国际竞争力。通过与国际先进企业和研究机构的合作与交流，可以引进国际先进的数字化创新技术和教育理念，提升国内数字化创新人才的培育水平。同时，也可以推动国内数字化创新技术与国际市场的对接和融合，提升我国在全球数字化创新领域的地位和影响力。

产学研结合是培养数字化创新人才的有效模式。通过深化校企合作、建设实训基地等方式，可以促进理论知识与实践技能的融合，提高学生的综合素质和创新能力，这种模式不仅有助于培养更多优秀的数字化创新人才，也为城市的数字化转型和创新发展提供有力的人才保障。因此，其他地区和城市在推动数字化创新人才培育时，可以借鉴北京市的经验做法，积极探索产学研结合的有效路径和模式。

（三）优化人才培养体系

北京市高校和科研机构在数字化创新人才培育过程中，通过调整课程设置、加强师资队伍建设等方式，不断优化培养体系，为人才的全面发展提供有力保障。

1.课程设置的科学性和实用性对于数字化创新人才培育至关重要。高校和科研机构应根据数字化技术的发展趋势和市场需求，及时调整课程设置，确保课程内容的前沿性和实用性。同时，还应注重跨学科知识的融合，培养学生的综合能力和创新思维。

2.加强师资队伍建设是提高数字化创新人才培养质量的重要保障。高校和科研机构应加大对教师的培训和引进力度，提升教师的专业素养和教学能力。同时，还应建立激励机制，鼓励教师积极参与科研和教学工作，为学生提供更好的学习指导和实践机会。

3.教学质量和效果也是衡量数字化创新人才培育体系优劣的重要指标。高校和科研机构应建立完善的教学质量评估体系，定期对教学工作进行检查和评估，及时发现问题并进行改进。同时，还应注重与企业的合作与交流，了解企业的需求和反馈，不断优化教学内容和方式。

4.实践环节的强化对数字化创新人才培育具有不可替代的作用。高校和科研机构应增加实践课程的比重，建立与产业发展紧密结合的实践教学基地，为学生提供更多的实践机会和平台。通过实践操作和项目实践，学生能够更深入地理解理论知识，提升解决实际问题的能力，培养创新精神和团队协作能力。

5.个性化培养方案的制定是优化数字化创新人才培育体系的重要举

措。每个学生都具有独特的才能和兴趣，高校和科研机构应根据学生的个体差异和发展需求，制定个性化的培养方案。通过提供多样化的课程选择、导师指导和实习机会，促进学生的个性化发展和创新潜能的充分释放。

6. 产学研用深度融合是优化数字化创新人才培育体系的重要途径。高校、科研机构和企业之间应建立紧密的合作关系，共同开展科研项目、联合培养人才。通过产学研用的深度融合，可以实现资源共享、优势互补，推动数字化创新技术的研发和应用，同时为学生提供广阔的实践舞台和就业机会。

7. 国际化视野的拓展也是优化数字化创新人才培育体系的重要方向。随着全球化的深入发展，数字化创新领域也呈现出国际化的趋势。高校和科研机构应积极引进国际先进的数字化创新教育资源，加强与国际一流高校和研究机构的交流与合作，提升学生的国际化水平和竞争力。

优化人才培养体系是培养数字化创新人才的关键。高校和科研机构应重视课程设置的科学性和实用性，加强师资队伍建设，提高教学质量和效果。通过不断完善培养体系，为数字化创新人才的成长和发展提供更好的环境和条件。

（四）加大投入与支持

北京市政府和相关部门在推动数字化创新人才培育的过程中，加大投入和支持力度，提供科研基金、建设实训基地等一系列支持措施，为数字化创新人才培育创造了良好的条件。

1. 资金是数字化创新人才培育的重要基础和保障。无论是高校和科研机构的科研活动，还是企业的技术创新和人才培养，都需要充足的资金支持。北京市政府通过设立科研基金等方式，为数字化创新人才培育提供了必要的资金保障，有助于推动各项工作的顺利开展。

2. 实训基地等实践平台的建设提升了数字化创新人才的实践能力。通过建设现代化的实训基地，为学生提供真实的实践环境和操作机会，有助于他们将理论知识与实际应用相结合，提升解决实际问题的能力。北京市政府在这方面的投入，为数字化创新人才的培育提供了有力的物质支持。

3. 政府和社会各界的支持对数字化创新人才培育起着重要作用。政府可以通过制定优惠政策、提供税收减免等方式，鼓励企业和社会力量参与数字化创新人才培育工作。同时，社会各界也可以通过捐赠资金、提供实践机会等方式，为数字化创新人才培育贡献更大的力量。

4. 政府在加大投入与支持的同时，还应加强监督和评估工作。通过定期对数字化创新人才培育工作进行检查和评估，了解资金和资源的使用情况，确保投入能够真正发挥作用。同时，对于存在的问题和不足，应及时进行调整和改进，以提高数字化创新人才培育的质量和效益。

加大投入与支持是培养数字化创新人才的必要条件。政府和社会各界应共同努力，为数字化创新人才的培育提供必要的资金和资源支持。通过加强投入和支持，我们可以为数字化创新人才的成长和发展创造更好的环境和条件，推动城市的数字化转型和创新发展。

（五）鼓励创新创业

北京市在培养数字化创新人才的过程中，特别注重激发创新创业精神，通过举办创业大赛、提供创业支持等措施，鼓励学生和科研人员积极投身创新创业实践。

1. 鼓励创新创业能够激发学生的创造力和创新精神。在创新创业的过程中，学生需要独立思考、勇于尝试，不断寻找解决问题的新思路和新方法，不仅锻炼了他们的思维能力，还培养了他们的创新精神和实践能力。

2. 鼓励创新创业有助于推动科技创新和经济发展。数字化创新人才是科技创新的重要力量，他们的创新创业活动能够推动新技术、新产品的产生和应用，为经济发展注入新的动力。同时，通过创新创业实践，数字化创新人才还能够更好地了解市场需求和产业趋势，为未来的职业发展奠定坚实基础。北京市通过举办创业大赛、提供创业支持等方式，为学生和科研人员提供了展示创新创业成果的舞台和机会。这些措施不仅有助于发现和培育优秀的数字化创新人才，还能够营造良好的创新创业氛围，吸引更多的人才投身这一领域。

3. 搭建实践平台，促进创新创业实践。北京市积极搭建实践平台，为学生和科研人员提供创新创业实践的机会。通过建立创业孵化器、众创空间等创新平台，为创新创业项目提供场地、资金和技术支持。这不仅有助于将理论知识转化为实际应用，还能够帮助学生和科研人员更好地了解创业流程和市场环境，为他们未来的职业发展积累宝贵经验。

4. 完善创新创业服务体系，提供全方位支持。为了更好地支持创新创业活动，北京市不断完善创新创业服务体系。包括提供创业咨询、市场调研、融资对接等一站式服务，帮助学生和科研人员解决在创新创业过程中遇到的各种问题。此外，还加强与金融机构、投资机构等的合作，为优秀的创新创业项目提供资金支持，降低创业风险。

5. 加强创新创业教育，培养创新创业精神。除了提供实践机会和支持服务外，北京市还注重加强创新创业教育，通过开设创新创业课程、举办创业讲座和沙龙等活动，普及创新创业知识，培养学生的创新创业意识和能力。同时，还鼓励学生参与科研项目、发表学术论文等，提高他们的科研水平和创新能力。

6. 发挥示范引领作用，激发创新创业热情。北京市还注重发挥优秀创新创业人才的示范引领作用，通过评选表彰优秀创业团队和个人，树立创新创业典型，激发更多人的创新创业热情。同时，还加强创新创业文化的宣传和推广，营造浓厚的创新创业氛围。

北京市数字化创新人才培育的启示包括政策引领与支持的重要性、产学研结合的有效模式、优化人才培养体系的关键性、加大投入与支持的必要性以及鼓励创新创业的积极意义。这些启示对于其他地区和国家在推动数字化创新人才培育方面具有重要的借鉴意义。

第二节　上海市数字化创新人才培育与启示

上海是中国最大的经济中心之一，拥有雄厚的经济发展基础，作为国际化大都市，拥有广泛的国际影响力和合作网络，吸引了大量的人才汇聚于此。同时在数字化转型的过程中，对数字化创新人才的需求旺盛，拥有众多科研机构、高校和创新型企业，为人才提供了广阔的就业市场，这为数字化创新人才提供了丰富的实践机会和发展空间。

一、上海市数字化创新人才培育的现状

作为国际性金融中心和国家经济政策实验室的上海，部署了全面开放的市场格局，给传统产业带来重大变革的同时，也给数字化人才的发展提供了一片广阔的天地。在国内外合作交流的开放格局下，上海市数字化人才的培育与积累越来越受到重视，人才队伍的建设和发展为上海的数字经济发展提供了坚实的支撑。目前上海市数字化创新人才的发展现状呈现出以下几个特点：

（一）积极推动数字化创新人才政策

上海市政府出台了一系列政策，鼓励和支持数字化创新人才的培养和发展。例如，设立专项资金、提供税收优惠、建设创新平台等，为数字化创新人才的成长提供良好的环境和条件。

1.建立全面激发经济数字化创新活力的新机制、全面提升生活数字化服务能力的新制度、全面提高治理数字化管理效能的新机制、建立数字化

转型建设多元化参与的新机制、系统全面的数字化转型保障新体系。实施积极开放的数字化转型人才政策，试点"首席数字官"制度，支持数字化转型事业单位设置创新性特设岗位，允许高校、科研院所自主认定数字化转型高层次人才。

2. 在经济数字化方面，上海将针对数字经济新业态的需求，探索一系列监管和服务模式创新。包括试点在线新经济平台内灵活就业人员的登记注册，试点运用数字技术优化产业链和供应链模式，试点有序拓展数字人民币应用场景等。

3. 在生活数字化方面，政策聚焦医疗、教育、养老、出行等民生热点，重点提升城市的数字化服务能力。比如推进市级医院、区域性医疗中心全面开展互联网＋医疗服务，运用数字化手段推进教育资源均衡，推进交通数字化升级等。

4. 在治理数字化方面，通过完善机制，提高数字化管理效能。比如加强公共数据治理，使其更好赋能基层治理，推动建立上海数据交易所，形成数据要素交易流通体系等。

5. 上海还提出了要加大考核和激励力度，推行国有企业数字化转型"一企一战略"和"一把手"负责制，加快实施数字化转型投入视同于利润政策。同时，建立数字化转型和公共数据开放的勤勉尽职和容错机制，对数字领军人才等高级专家给予特殊支持。

这些政策旨在推动上海数字经济的发展，提升城市数字化转型的能力，打造具有国际竞争力的数字化创新人才队伍。

（二）数字化创新人才需求井喷式增长

"在数字化变革浪潮中，人才是发展的第一资源。"当数字化转型成为经济社会发展的重要驱动力时，数字化创新人才的需求呈现出井喷式增长的趋势。这种增长不仅源于技术的快速发展和市场的不断扩张，还因为数字化创新成为企业竞争的核心要素。

在上海这样的国际化大都市,数字化创新人才的需求更加迫切。作为中国的经济、金融、贸易和航运中心,上海正致力于打造全球数字经济的高地。在这个过程中,数字化创新人才的作用不可忽视。他们不仅是推动数字经济发展的关键力量,还是提升企业竞争力和创新能力的核心要素。

面对数字化创新人才需求的井喷式增长,上海采取了一系列措施来应对挑战并抓住机遇。

1.加强高校和职业教育体系在数字化创新人才培育方面的投入,提高教育质量和水平。为了融合国家教育数字化战略行动与提升职业院校数字校园建设的适应性,上海职业教育正致力于强化数字校园建设,推动教育数字化资源的共享。坚守一个开放架构,这个架构具有兼容性、示范性和引领性特征,运用系统思维来全面规划数字校园建设所涉及的经费、管理和评价等各个环节。为了此目标的实现,重点支持了教育部职业院校数字校园建设任务名单中的 19 所学校。此外,指导职业院校的数字校园建设与国家职业教育智慧教育平台实现无缝对接,通过数字化手段重塑职业院校的教育教学形态,并借助云计算、物联网和大数据的综合应用推动职业院校的组织形态和教育教学组织模式的创新。

2.鼓励和支持企业与高校、研究机构开展深度合作,共同培养符合产业发展需要的数字化创新人才。此外,出台了更加优惠和灵活的人才政策,吸引和留住国内外优秀的数字化创新人才。

例如,上海南湖职业技术学院成立智慧商旅实训中心,学生在"元宇宙"场景中以游戏通关的方式实操性学习,模拟经营实践互动,借助数字孪生实时反馈及时改善学习内容和经营策略,实现高质量人才培养。学院联合政企,结合本校自身建设情况,将虚拟仿真课程资源开发与本专业的实训实践课程内容进行对接,由企业技术骨干、专业教师和学生三方共同组成项目组，进行汽车、医疗、工业、安全教育、艺术等各类虚拟仿真应用真实案例的开发，其数字化产教融合虚拟仿真基地项目获批上海市元宇宙重大应用场景首批建设成果，实现学院特色的技术链和人才链双向融合，打造了学院培养人才、人才赋能学院的良性人培环境。

又如，上海信息技术学校致力于构建智慧教育生态，全面推进"差异化教学、个性化学习、精细化管理、智能化服务、数据化决策"五位一体的教育理念。为此，学校精心制定了智慧校园建设的"12365"工程顶层设计方案。同时，学校还积极开展课堂应用实践共同体建设，通过与沪喀·沪滇职教联盟的紧密合作，成功构建了"教育信息化教学实践应用（同步传递课堂）平台"，该平台辐射至新疆喀什叶城学校、宁夏工业学校、南海盐步职校等学校，实现了优质教育资源的共享，为更多学生提供了平等接受高质量教育的机会。

此外，上海职业教育积极推进电子证照的应用，并成功开发了中职学生电子学生证。这一创新举措旨在满足城市数字化转型的需求，以学生学籍数据为基础，结合公共数据资源，将"一网通办""随申码""电子证照"等功能与学生证相融合，形成"上海市中等职业学校电子学生证"。这一电子学生证作为全市中职教育阶段学生学籍身份的唯一辨识凭证，不仅解决了过去各校学生证样式不统一以及应用仅限于校内的问题，还实现了全市统一制证、一网通办查询以及学生统一身份识别的目标。至2023年，中职学生的电子学生证已实现全覆盖，标志着上海职业教育在数字化转型方面取得了重要进展。

3. 注重数字化创新人才的多样性和原创性，培养科研型、应用型、服务型人才集群。通过加强产学研协同育人机制、推动优秀科研资源向教学资源的转化等措施，实现"高校—产业—政府"三方的良性互动，形成支撑数字经济高质量发展的数字科技人才队伍。

此外，为了进一步扩大数字资源的容量并提升其质量，上海正致力于搭建课程和图书智慧平台。通过加强职业教育在线开放课程的建设，上海积极引导开发线上新型课程资源，从而将数字资源的静态潜能转化为推动教育改革的强大动力。同时，上海正积极推进长三角示范区的优质线上资源共建共享工作，有助于促进教育资源要素在示范区域内的自由流动和优化配置。在此框架下，上海市工业技术学校、上海市曹杨职业技术学校、上海市建筑工程学校等中等职业学校纷纷开设逆向工程、油酥类面点制作、装饰工程定额计量等线上课程，并与长三角示范区内的学校师生进行共享。此外，上海还在不断完善中职数字图书馆智慧平台的建设，实现文献信息的资源共享，为职教师生提供更加全面、丰富的文化和信息服务。这些举措共同打造了具有上海特色和上海范式的全国中等职业教育版图。

借助上海职教在线平台，上海市成功建立了职业教育数字图书馆。这个数字图书馆不仅是一个知识共享、信息集成和读者互动的综合智能平台，还为中职学校的师生提供了丰富的在线阅读资源。截至 2023 年 12 月，上海市职业教育数字图书馆的馆藏图书数量已超过 27 万册，视听资源超过 4 万集，各类期刊也超过 10 万册。更为重要的是，在 2023 年，该图书馆新增了数字图书 10000 册，数字视频 400 集，并成功续约期刊 4500 种，同时新增了 900 种期刊。这些新增资源不仅丰富了图书馆的馆藏，也进一步满足了师生的阅读需求。

（三）持续建设数字化转型赋能示范校和信息化应用标杆培育校

近年来，上海在数字化教育领域持续投入，成功打造了 30 所数字化转型赋能示范校和超过 200 所信息化应用标杆培育校。这些学校充分利用元宇宙、数字孪生、AI 等前沿技术，构建了虚拟仿真教学空间和数字化学习空间，极大地提升了教师的教研能力以及学生的个性化、多元化学习体验。同时，这些技术也为学生的健康快乐成长提供了有力支持，展示了上海在数字化教育领域的显著成果。

1. 基础教育方面

在上海市第二中学，每个高一学生入学都必备一台笔记本电脑，学生可自行保管并使用经过特殊出厂设置的电脑，该设备无法连接外部网络，确保信息安全。然而，它可以根据学科学习的需求，安装由教师申请并经学校审核通过的APP。这些APP功能丰富多样，包括绘图制作、问卷调研、生涯测评和数字图书馆等，旨在满足学生的学习和成长需求。这种设计旨在平衡学习与安全，为学生提供一种高效、便捷的学习工具。这台笔记本不仅是学生们的"学习伙伴"，而且是"个性生涯导航仪"，会对学生兴趣、性格及能力等方面做出合理测评，以帮助学生更好地认知自己，同时通过笔记本中保存的历届师兄师姐回母校的分享讲座，可从中预览不同行业的职业前景，从而做出自己的职业规划。

2. 职业教育方面

职业院校开始建设数字化仿真教学与实训系统，致力于将课堂打造成职场的真实情境，进教室感受公司、车间、班组等氛围。

例如，上海市贸易学校的物联网（智慧农业）虚拟仿真实训室，通过虚拟"光明农场"真实场景，引入真实项目案例，结合虚拟现实技术与物联网技术，搭建集理论教学、实训实验、体验创新为一体的教学实训系统，学校依托行业优势，以上海光明集团旗下的番茄种植园和云南地域特色的咖啡豆种植园为应用场景，积极响应国家乡村振兴战略规划，探索智慧农业实训教学新模式，线上打通职业教育"最后一公里"衔接。

上海师范大学附属杨浦现代职业学校，基于虚拟仿真技术的VR模拟焊机、实训评价系统和学习互动平台，在《汽车钣金工艺》课程焊接实训教学实施过程中帮助学生快速掌握焊接技能。

为增强职业院校数字校园建设的适应性，贴实贴近产业需求，上海职业院校数字校园建设重点从产业角度提高院校办学的适应性。比如，以数字校园建设为契机，探索建立校本产业人才供需模块，有助于支撑职业院校紧随产业发展动态调整专业，促进专业更对口；有效对接产业的主流生产技术，充分吸收行业发展的新知识、新技术、新工艺、新方法，实现教育教学内容动态更新，促进教学内容与实践更同步；提高学生数字化素养、增强人机协同能力，以适应产业数字化转型发展趋势，促进人才更好用。

上海市经济管理学校虚拟仿真物联网（智能家居）专业实训应用创景，整合基于智能家居职业环境与工作过程的虚拟仿真专业教学场景，开展数字化环境下的实训教学研究与实践，增强物联网（智能家居）专业的社会服务能力和可持续发展能力，提高学生职业能力和综合素质，提升专业核心竞争力和吸引力，建成物联网专业特色鲜明的上海市示范实训室，引领上海市及全国物联网专业群持续、健康发展。

令人欣喜的是，通过上海市教育信息化应用标杆培育校和数字校园统筹建设，职业院校将信息技术应用于学校课程教学效度更高，有效推动学习方式与教学方式变革；信息技术应用于教师研修频次更多，有效推动教师信息素养提升和学校教师专业发展；信息技术应用于学校管理与服务范围更广，帮助学校实现智能治理；信息技术应用于建设机制与治理体系更深，信息化建设的融合程度更加科学规范。

3. 高等教育方面

上海大学坚持以"应用为核心、统筹共享资源、智慧创新技术"的原则，全面推进信息化建设与应用。在 2023 年，校级自强 5000 超算中心顺利建成，为学校的交叉学科建设以及教育大模型"一模通问"应用提供了坚实的算力基础。为了满足学校改革发展和师生对数字化日益增长的需求，上海大学积极推动教育数字化转型。通过构建统一的大数据中心，学校实现了对管理、教学、科研、服务等多维度数据的精准应用和集中管理。此外，利用 AI 技术，每年为 5000 多名教职工进行年度绩效考核，校组织人事部通过 40 余项指标的绩效评价模型和大数据平台，实现了"一键生成绩效"，极大提高了工作效率和准确性。

华东师范大学凭借其在人工智能、教育信息化以及教师教育等领域的优势，紧密围绕教育数字化转型对教师队伍建设的新挑战，创新性地推出了"教育数字化转型中的教师关键能力培养计划"。该计划基于实境学习、能力评估、团队协作等前沿的教师研修理念，设计了从精准教学中的数据决策力到智能环境中的创新应用力等一系列研修项目。通过能力本位、系统设计、创新实践以及智能手段融入的项目设计和实施策略，该计划助力一线教师有效应对数字化转型带来的教育教学挑战，为上海教育数字化转型试点区的建设提供了有力支撑。同时，该计划还形成了一系列高质量、可复制、可推广的教育数字化转型经验和示范场景，为全国范围内的教育数字化转型提供了宝贵的经验和借鉴。

4. 终身教育方面

数字技术在推动上海学习型城市建设方面发挥着重要作用，这体现了上海在教育数字化战略行动中的坚定愿景。近年来，上海积极推动老年数字教育进社区，为老年人提供智能技术应用培训，每年培训人数超过 100万。通过打造智能技术短期学习线上训练营，普及智能设备的操作方法和网络基本知识，帮助老年人克服数字障碍。同时，利用"金色学堂"频道等传统方式，将数字化学习资源送入家庭。此外，上海还深度挖掘市区两级数字体验中心的作用，为老年学习者提供便捷、高效的体验式数字学习环境，已培育出 38 个老年智慧学习品牌，显著提升了老年教育的数字化水平。

在上海，终身教育智慧教育平台不断优化功能，构建了覆盖全市的数字化学习网络，实现了"一网通学"的目标。同时，上海还积极构建智慧学习场景，运用 5G、大数据、人工智能等新技术，打造虚拟与现实相结合的互动体验式学习场景，为市民特别是老年人提供出行、就医、消费等数字化生活模拟应用场景，优化了学习体验。到 2023 年，上海已建成 50个老年教育智慧学习场景，为市民提供更加丰富多彩的数字化学习体验。

（四）拥有先进数字技术人才和数字应用的创新专家

上海汇聚了一批顶尖的数字技术人才和创新专家，他们在计算机科学、大数据、人工智能、云计算以及网络安全等领域具备深厚的专业背景。同时，上海还拥有大量的大数据分析师、智能分析师、流程优化师、存储架构师和应用软件开发工程师等创新专家。这些专业人士广泛分布于金融、制造、交通、能源、城市建设以及生物科技等多个领域，他们利用大数据和人工智能等前沿技术，针对企业的实际需求，实时调用、分析和挖掘相关数据，助力企业构建数字化营销、供应链管理和产品研发等新型业务模式。

二、上海市数字化创新人才培育的路径

上海的高校和职业教育体系为数字化创新人才的培养提供了充足的资源，在不断接受国内外科研院所挑战的同时，走出了一条新的发展路径：通过政策引导、教育培养、企业需求、人才评价和国际合作等措施的综合推进，加快上海市数字化创新人才队伍的建设和发展，为上海的数字经济发展提供坚实的人才支撑。

（一）强化顶层设计和政策支持

上海市政府制定了《关于全面推进上海城市数字化转型的意见》，明确了城市数字化转型的总体目标、重点任务和保障措施。其中，特别强调了数字化创新人才的重要性和作用，提出要加大数字化创新人才的引进和培养力度，打造具有国际竞争力的数字化创新人才队伍，并出台了一系列政策支持数字化创新人才的发展。加大了对数字化创新人才的资金投入和

扶持力度，通过设立数字化转型特色融资产品、加大数字化技能培训等方式，为数字化创新人才提供更多的资金和资源支持。注重营造数字化创新文化氛围，通过举办数字化创新论坛、展览、比赛等活动，普及数字化创新知识，提高全社会对数字化创新的认知度和参与度。这种文化氛围的营造，有助于吸引更多的数字化创新人才来到上海，为城市的数字化转型提供有力支撑。

（二）深化产教融合和校企合作

上海市的许多学校和企业已经建立了紧密的合作关系。例如，上海市工商外语学校与上海爱中文教育科技有限公司等企业合作，共同探索创造新的校企合作样本，培养符合市场需求的数字化创新人才。这种合作模式有利于解决企业用工难、上岗培训难等问题，同时也有助于学生更好地适应市场需求，提高就业竞争力。

注重通过产教融合和校企合作来推动人才培养模式的创新。例如，浦东智能制造产业学院理事会的成立，旨在通过协调各方关系，聚集优势资源，持续探索与地方经济社会发展的关键结合点，对接区域产业发展。通过创新产教融合体制机制、深化应用型人才培养模式改革等方式，构建高等教育与产业集群耦合联动发展机制，形成产业需求导向、跨界交叉培养、支撑引领行业发展的应用型创新人才培养体系。

此外，鼓励高校、科研院所与企业合作开展科研项目和技术创新活动。这种合作模式有助于将科研成果转化为实际生产力，推动产业升级和数字化转型。同时，也有助于提高数字化创新人才的科研能力和创新水平。

（三）加强数字化创新人才引进和培养

上海市注重引进国内外优秀的数字化创新人才，通过实施积极开放的人才政策，上海市吸引了大量海外高层次人才和优秀留学生回国发展。同时，加大对国内外知名企业和高校数字化创新人才的引进力度，为城市的数字化转型注入新的活力和动力。

除此之外，上海市注重培养本土数字化创新人才，通过建设数字化创新人才培养基地、举办数字化创新人才培养计划等活动，为数字化创新人才提供良好的培养环境和机会。另外，鼓励高校、科研院所和企业合作开展数字化创新人才培育项目，推动产学研用一体化发展，提高人才培育质量。

同时，注重提高数字化创新人才的素质和技能水平。通过举办数字化创新技能培训班、开展数字化创新竞赛等活动，上海市为数字化创新人才提供了更多的学习和提升机会。这些措施有助于提升数字化创新人才的综合素质和专业技能水平，推动他们在数字化转型中发挥更大的作用。

最后，注重优化数字化创新人才的发展环境。通过提供优厚的薪酬待遇、完善的社会保障体系和良好的工作环境等措施，上海市为数字化创新人才创造了良好的发展条件。并积极营造良好的创新文化氛围，鼓励数字化创新人才勇于探索、敢于创新，为城市的数字化转型贡献智慧和力量。

（四）推动数字化创新人才的流动和共享

上海市鼓励企业、高校、科研院所等建立数字化创新人才流动机制。通过实施柔性引才政策、推动人才跨界流动等方式，促进数字化创新人才在不同领域、不同行业、不同企业之间的流动和共享。这种机制有助于打破人才流动的壁垒，提高人才资源的配置效率，推动数字化创新人才的优化配置。

加强数字化创新人才的交流合作，通过举办数字化创新论坛、研讨会等活动，为数字化创新人才提供交流平台，促进他们之间的合作与交流。同时，上海市还推动建设数字化创新人才数据库和人才信息共享平台，实现人才信息的共享和互通，为数字化创新人才的流动和共享提供便利。

此外，鼓励企业、高校、科研院所等开展数字化创新实践活动。通过建设实践基地、开展实践项目等方式，为数字化创新人才提供实践机会，促进他们将理论知识与实践相结合，提高数字化创新能力。这些实践活动也有助于推动数字化创新人才的流动和共享，促进人才资源的优化配置。

最后，上海市还注重优化数字化创新人才的发展环境。通过提供优厚的薪酬待遇、完善的社会保障体系和良好的工作环境等措施，吸引更多的数字化创新人才来到上海发展。同时，上海市还积极营造良好的创新文化氛围，鼓励数字化创新人才勇于探索、敢于创新，为城市的数字化转型贡献智慧和力量。

（五）营造数字化创新文化氛围

上海市政府高度重视数字化创新文化的培育和推广。通过制定相关政策、举办高层论坛和峰会等方式，政府积极引导和推动社会各界关注数字化创新，形成全社会共同参与的良好氛围。

注重加强数字化创新教育和培训，通过在学校开设数字化创新课程、举办数字化创新培训班等方式，提高公众对数字化创新的认识和理解。同时，上海市还鼓励企业、高校和科研机构开展数字化创新研究和应用，推动数字化创新成果的转化和应用。

此外，上海市还积极搭建数字化创新展示和交流平台。通过举办数字化创新展览、论坛、比赛等活动，为数字化创新成果的展示和推广提供机会。这些平台不仅有助于吸引更多的创新人才和资源聚集上海，还能促进不同领域、不同行业之间的交流和合作，推动数字化创新在更广泛的领域得到应用和推广。

同时，上海市还注重营造开放包容的数字化创新环境。通过优化创新政策、加强知识产权保护、推动数据开放共享等措施，为数字化创新提供良好的法治环境和市场环境。这种开放包容的环境有助于激发创新主体的积极性和创造力，推动数字化创新在城市发展中的广泛应用。

最后，上海市还注重通过媒体宣传和社会舆论引导来营造数字化创新文化氛围。通过广泛宣传数字化创新的成果和案例，提高公众对数字化创新的认同感和参与度。同时，上海市还鼓励社会各界积极参与数字化创新活动，共同推动城市的数字化转型和发展。

三、上海市数字化创新人才培育的启示

（一）紧密结合市场需求

上海坚持市场导向的创新驱动、产业与金融的深度融合、政策支持与市场需求相结合、产业链的完善与优化、开放与合作的国际视野。上海市在数字化创新人才培育方面紧密结合市场需求，以市场需求为导向，培养符合产业发展需要的人才。所以在人才培养过程中，需要密切关注市场变化和产业发展趋势，及时调整人才培养方向和内容，确保人才培养与市场需求的有效对接。

（二）强化产学研用融合

上海在强化产学研用融合方面已经采取了一系列措施，以推动数字化创新的发展和应用。这些措施包括加强企业与高校、科研机构的合作，促进产学研用深度融合，打造一体化的大数据创新生态等。鼓励企业与高校、科研机构建立紧密的合作关系，共同开展数字化创新研究和应用。通过产学研用一体化的模式，将市场需求与科技创新紧密结合，推动科技创新成果转化为实际生产力。这种合作模式有助于实现资源共享、优势互补，提高创新效率和质量。

上海市注重打造一体化的大数据创新生态。通过建设大数据联合创新实验室等方式，推动多源数据融合和数据创新应用水平的提高。这种生态的构建有助于促进数据资源的共享和开放，推动数据驱动的数字化创新发展。

上海还注重完善创新服务体系，为产学研用融合提供全方位的支持。包括提供资金、技术、人才等方面的支持，推动创新成果的转化和应用。同时，上海还加强创新服务平台的建设，为产学研用融合提供便捷的交流和合作平台。

上海还注重加强国际合作与交流，引进国际先进的数字化创新经验和资源。通过与全球各地的企业、研究机构和高校开展合作，推动产学研用融合的国际化发展，提升上海在全球数字化创新竞争中的地位和影响力。

上海注重产学研用深度融合，通过高校、企业、研究机构的合作，共同开展数字化创新人才培育项目。所以在人才培养过程中，需要加强产学研用之间的合作与交流，实现资源共享、优势互补，共同推动数字化创新人才的培养和发展。

（三）突出实践能力和创新精神

上海市在教育和人才培养中，特别重视实践能力和创新精神的培养，这是推动城市数字化转型和发展的重要驱动力。实施实践教学体系改革、创新创业教育、校企合作育人模式、科研与产业融合、政策支持与激励机制等，通过设立奖学金、创业扶持资金等方式，激励学生发挥创新精神，提高实践能力。

通过实践项目和研发活动，为学生提供更多的实践机会和实践经验。此举启示我们在人才培养过程中，需要突出实践能力和创新精神的培养，注重学生的实践体验和创新能力提升，培养学生的问题解决能力和团队协作精神。

（四）建立科学的人才评价体系

上海市建立科学的人才评价体系是为了更好地发现、培养和使用人才，以推动城市的科技创新和经济发展。以下是上海市建立科学的人才评价体系的几个主要方面：

第一方面是分类评价，上海市根据不同领域、不同行业、不同岗位的特点和要求，建立分类评价体系。这样可以更准确地评价人才的综合素质和能力水平，避免一刀切的评价方式。

第二方面是上海市注重人才的实绩和贡献，将创新成果、经济效益、社会效益等作为评价的重要指标。这样可以更好地激励人才发挥创新精神和创造力，为城市的发展做出更大贡献。

第三方面是上海市在人才评价中引入市场机制，让市场对人才进行评价和选择。这样可以更准确地反映人才的市场价值和竞争力，促进人才的流动和优化配置。

第四方面是上海市在人才评价中注重品德评价，将诚信、敬业、团结等作为评价的重要指标。这样可以培养人才的职业道德和社会责任感，提高人才的综合素质。

第五方面是上海市建立动态调整机制，根据城市发展需要和人才队伍建设情况，及时调整人才评价体系。这样可以保证人才评价体系的科学性和时效性，为城市的发展提供有力的人才保障。

上海市建立数字化创新人才的评价体系，制定科学的评价标准和方法，对数字化创新人才进行全面、客观、公正的评价。这启示我们在人才培养过程中，需要建立科学的人才评价体系，以能力和业绩为导向，注重人才的综合素质和创新能力评价，为人才的选拔和使用提供科学依据。

（五）加强国际合作与交流

上海市一直积极加强国际合作与交流，以推动数字化创新的发展和应用。在全球化的背景下，国际合作与交流对于提升上海市数字化创新水平、引进国际先进经验和技术、拓展国际市场等方面都具有重要意义。

上海市鼓励企业、高校和科研机构与国际合作伙伴开展联合研发、技术转移和人才交流等活动。通过与国际先进企业和研究机构的合作，可以引进国际先进技术和管理经验，促进上海市数字化创新能力的提升。同时，这种合作也有助于培养具有国际视野的创新人才，为上海市的数字化创新提供有力的人才支持。积极参与国际组织和合作项目，加强与世界各国和地区的交流与合作。通过参与国际组织和合作项目，可以了解全球数字化创新的发展趋势和前沿技术，为上海市的数字化创新提供指导和借鉴。同时，这种合作也有助于拓展上海市的国际市场，推动数字化创新产品的出口和国际影响力的提升。

此外，上海市还注重举办和参与国际性的数字化创新展览、论坛和比赛等活动。这些活动为国际间的数字化创新交流和合作提供了平台，有助于推动上海市的数字化创新成果在国际舞台上的展示和推广。同时，这些活动也有助于吸引国际先进的数字化创新资源和人才，为上海市的数字化创新提供新的动力和机遇。

上海市积极开展国际合作与交流，引进国际先进的数字化创新人才培育理念和模式，提高数字化创新人才的国际竞争力。这启示我们在人才培养过程中，需要加强国际合作与交流，借鉴国际先进经验和技术成果，提高人才培养质量和水平，培养具有国际视野和竞争力的数字化创新人才。

第三节　广东省数字化创新人才培育与启示

一、广东省数字化创新人才培育现状

随着数字化技术的迅猛发展，广东省作为我国改革开放的前沿阵地，对数字化创新人才的需求日益旺盛。因此，广东省在数字化创新人才的培育方面投入了大量的资源和精力，取得了一系列显著的成果。

（一）政策支持力度不断加大

广东省政府深知数字化创新人才对于推动地区经济发展的重要性，因此，政府高度重视数字化创新人才的培育工作，并针对性地出台了一系列政策措施，旨在为数字化创新人才的成长与发展提供坚实的政策支撑与有力保障。

1.在人才培养方面，广东省政府不仅加大了对数字化相关专业和课程的支持力度，还积极推动产学研深度融合，鼓励高校、科研机构与企业之间的紧密合作。这种合作模式不仅为学生提供了丰富的实践机会，也为企业输送了具备实际操作能力和创新思维的数字化创新人才。同时，政府还设立了专项资金，用于支持数字化创新人才培育项目，确保这些项目有足够的资源保障，能够顺利推进。

2.在人才引进方面，广东省政府积极拓宽引才渠道，通过举办数字化创新领域的招聘活动、设立人才引进奖励等方式，吸引国内外优秀的数字化创新人才来广东发展。此外，政府还简化了人才引进的审批流程，提高了人才引进的效率，为数字化创新人才的快速到来提供了便利。

3.在人才使用方面，广东省政府注重发挥数字化创新人才的专长和优势，为他们提供广阔的舞台和机会。政府鼓励企业建立健全的激励机制，通过股权激励、薪酬激励等方式，激发数字化创新人才的创新活力和工作热情。同时，政府还加强了对数字化创新人才的服务和管理，为他们提供良好的工作和生活环境，确保他们能够全身心地投入到数字化创新工作中。

（二）教育培训体系不断完善

广东省的教育培训体系在数字化创新人才培育方面扮演着重要的角色。近年来，随着数字化技术的迅猛发展，广东省的高校和职业院校积极响应时代需求，纷纷开设了数字化相关专业，为培养具备专业知识和技能的数字化创新人才奠定了坚实基础。

1.广东省教育培训机构不仅注重理论知识的传授，更重视实践能力的培养。他们积极与企业建立紧密的合作关系，共同开展实习实训、产学研合作等项目，使学生能够在实践中深入了解数字化技术的应用和发展趋势。通过与企业的合作，学生能够接触到真实的项目案例，参与实际的研发过程，从而提升自己的数字化技能和创新能力。

2.除了传统的面对面教学，广东省还积极推动在线教育、继续教育等多元化教育形式的发展。在线教育突破了地域和时间的限制，使得更多的学生有机会接触到优质的数字化教育资源。通过在线教育平台，学生可以随时随地学习数字化相关知识，与全球顶尖的专家学者进行互动交流，拓宽自己的视野和思路。继续教育则为在职人员提供了更新知识、提升技能的机会。广东省的继续教育机构针对数字化创新人才的需求，开设了丰富的课程和培训项目，帮助在职人员跟上数字化技术的最新发展，提升自己的职业竞争力。

3.此外，广东省教育培训体系尤为注重激发学生的创新思维与创业精神。这一举措能够培养出具备前瞻性思维、敢于挑战传统的数字化创新领军人才。教育机构不仅教授学生数字化技术的专业知识和技能，更引导他们学会独立思考，勇于尝试新的方法和思路。为鼓励学生创新，广东省的教育培训体系还设立了多项创新竞赛和创业扶持项目，为学生提供展示才华、实践创新的平台。同时，广东省还积极搭建产学研合作的桥梁，让学生有更多机会接触实际项目，将理论知识与实践操作相结合，培养解决实际问题的能力。

（三）校企合作日益紧密

广东省的企业与高校、科研机构之间的合作正呈现出愈发紧密的态势，共同为数字化创新人才的培育注入强大的动力。这种校企合作模式不仅实现了资源共享和优势互补，更为数字化创新人才的培养提供了广阔的空间和平台。

企业在这一合作中发挥着重要的实践基地作用。它们为高校提供了丰富的实践机会和实习岗位，使学生能够在真实的工作环境中学习和掌握数字化技能。通过参与企业的实际项目，学生能够深入了解数字化技术的应用场景和实际需求，提升自己的实践能力和解决问题的能力。同时，企业还通过设立奖学金、提供就业指导等方式，激励更多的学生投身于数字化创新领域。

高校和科研机构则为企业提供了强大的技术支持和人才储备。他们凭借深厚的学术积累和科研实力，为企业解决技术难题、推动产品创新提供了有力的支撑。此外，高校还通过开设数字化相关专业和课程，培养了一批具备专业知识和创新精神的数字化创新人才。这些人才在毕业后将成为企业的重要力量，推动企业的数字化转型和创新发展。

校企合作模式还促进了产学研的深度融合。通过共同开展科研项目、合作研发新产品等方式，企业和高校、科研机构之间的合作更加紧密，形成了良性互动的局面。这种深度融合不仅推动了数字化创新技术的发展，也为数字化创新人才的培养提供了更加广阔的空间和机会。

（四）创新创业氛围浓厚

广东省以其浓厚的创新创业氛围，为数字化创新人才的成长提供了肥沃的土壤。在这片充满生机与活力的土地上，政府、企业和社会各界共同构筑了一个支持创新创业的生态系统，为数字化创新人才提供展现才华的广阔舞台。

政府层面，广东省始终致力于营造有利于创新创业的政策环境。通过出台一系列优惠政策和扶持措施，政府为数字化创新人才提供资金、技术和市场等多方面的支持。同时，政府还搭建起创新创业服务平台，为数字化创新人才提供项目对接、资源共享和成果转化的便利条件。

企业作为创新创业的主体，在广东省同样发挥着重要的作用。众多企业积极投身于数字化创新领域，通过技术研发、产品创新和商业模式探索，不断推动行业的进步与发展。这些企业不仅为数字化创新人才提供了丰富的实践机会，还通过设立研发机构、实验室等，为人才提供了一流的科研设施和工作环境。

社会各界也积极参与支持创新创业活动。投资机构、孵化器、行业协会等组织纷纷涌现，为数字化创新人才提供资金、指导和资源对接等服务。此外，广东省还举办了众多创新创业大赛、论坛等活动，为数字化创新人才搭建展示成果、交流经验的平台。

广东省数字化创新人才培育方面，虽然取得了一系列的成果，但同时也存在以下几个亟待解决的问题：首先，广东省在数字化创新人才的供给和需求之间存在不匹配的问题；其次，广东省在数字化创新人才的培育模式上还有待进一步创新；再次，广东省在数字化创新人才的政策支持上还有待加强；最后，广东省在数字化创新人才的国际合作与交流方面还有待加强。

二、广东省数字化创新人才培育路径

广东省数字化创新人才培育是一个系统工程，在政府的政策引导下，通过企业、高校和社会各界的共同努力和协作共同完成的。

（一）政策引导

首先，广东省出台了数字化创新人才培育的相关文件和政策。2018年4月，广东省人社厅、省科技厅联合出台《协同推进科技创新人才发展行动方案》，2018年12月，广东省人民政府出台了《关于进一步促进科技创新的若干政策措施》，2021年4月，广东省人民政府出台了《关于加快数字化发展的意见》，2021年10月，成立了广东省加快数字化发展工作领导小组。这些政策为广东省数字化创新人才的发展提供了一定的保障。

其次，为了激发企业、高校和科研机构在数字化人才培养方面的积极性，广东省各市还出台了一系列优惠政策，比如：《深圳市产业发展与创新人才奖实施办法》《珠海市产业发展与创新人才奖励办法》等。这些政策主要包括税收减免、资金扶持等，主要是为了降低相关机构在数字化人才培育方面的成本，提高其投入力度。通过这些政策的实施，广东省成功吸引了更多的企业和机构参与到数字化人才培养中来，形成了政府引导、市场主导、社会参与的多元化培养格局。

此外，广东省注重完善数字化创新人才评价体系。传统的人才评价体系往往侧重于学历、职称等硬件条件，但是忽视了人才的创新能力和实际成果，而广东省将数字化能力和成果作为人才评价的重要指标。广东省的数字化创新人才评价体系不仅注重人才的数字化技能掌握情况，还关注其在数字化创新实践中的表现和贡献。通过这样更科学的人才评价体系，广东省能够更准确地评估数字化人才的价值和潜力，从而为他们提供更有针对性的培养和发展机会。

在政策引导的基础上，广东省还注重发挥企业、高校和社会各界在数字化人才培育中的主体作用。企业作为数字化创新的主要力量，通过提供实习实训机会、参与人才培养项目等方式，为数字化人才提供了宝贵的实践经验和职业发展空间。高校则通过优化课程设置、加强实践教学等方式，为数字化人才提供了系统的专业知识和技能培训。同时，社会各界也通过举办各类数字化创新大赛、论坛等活动，为数字化人才提供了展示才华和交流学习的平台。

（二）优化教育体系

广东省作为我国经济最为发达的地区之一，近年来在数字化浪潮的推动下，积极优化教育体系，以适应数字化创新人才的培养需求。这一举措不仅体现了广东省对教育事业的高度重视，也为培养更多优秀的数字化创新人才奠定了坚实基础。

首先，在基础教育方面，广东省充分认识到数字化素养对于未来社会的重要性，因此在中小学阶段加强了数字化素养教育。通过引入数字化教学资源、开展数字化实践活动等方式，广东省的中小学教育更加注重培养学生的数字化思维和实践能力。例如，一些学校利用智能教学系统，让学生在互动中学习编程、数据分析等基础知识，激发了他们的学习兴趣和创新精神。同时，广东省还积极推广数字化教育资源，让更多的孩子能够享受到优质的数字化教育。

其次，高等教育作为培养高级专门人才的重要阶段，广东省的高等教育机构也积极推动数字化创新人才的培养。他们紧跟时代步伐，开设了与数字化技术相关的专业和课程，如计算机科学、软件工程、数据科学等。这些专业和课程不仅涵盖了数字化技术的基础理论和应用技能，还培养了学生的创新思维和实践能力。通过项目式学习、实践教学等方式，学生能够在实践中掌握数字化技术的精髓，为未来的职业发展打下坚实基础。

此外，广东省还注重发展职业教育，加强职业教育与数字化产业的对接。他们根据数字化产业的发展需求，调整职业教育的专业设置和课程设置，培养适应数字化产业需求的高素质技能人才。通过校企合作、产教融合等方式，广东省的职业教育机构与企业建立了紧密的合作关系，共同培养数字化创新人才。这些人才不仅具备扎实的专业技能，还具备良好的职业素养和创新能力，为数字化产业的发展提供了有力的人才保障。

在优化教育体系的过程中，广东省还注重发挥政府、学校和社会各界的协同作用。政府通过制定相关政策、提供资金支持等方式，为数字化创新人才的培养提供了有力保障。学校则通过改革教学方式、完善课程体系等方式，不断提高数字化创新人才的培养质量。社会各界也积极参与数字化创新人才的培养工作，通过提供实习实训机会、举办创新大赛等方式，为数字化创新人才提供更广阔的发展空间。

（三）加强产学研合作

广东省加强产学研合作，是推动数字化创新人才培育和科技创新的重要举措。在当前数字化浪潮席卷全球的背景下，产学研合作显得尤为重要，它不仅能够促进知识的转化和应用，还能够为人才培养提供更为广阔的实践平台。

首先，建立紧密的产学研合作机制是加强产学研合作的基础。政府、企业、高校和科研机构作为产学研合作的四大主体，建立了长期稳定的合作关系。政府发挥引导作用，出台相关政策，提供资金支持，搭建合作平台；企业积极参与，发挥自身在产业发展和技术应用方面的优势；高校和科研机构发挥人才培养和科研创新的作用，为产业发展提供智力支持。

其次，开展合作项目是推动产学研合作深入发展的重要途径。通过联合研发、共建实验室等方式，可以实现资源共享、优势互补，推动数字化人才培育与产业发展的深度融合。合作项目不仅能够提升企业的技术水平和市场竞争力，还能够为高校和科研机构提供实践平台，培养学生的创新能力和实践能力。在合作项目中，各方应充分发挥自身的优势，形成合力，共同推动数字化创新人才的培养和科技创新的发展。

此外，推广校企合作模式也是加强产学研合作的重要举措。校企合作是实现人才培养与市场需求有效对接的重要途径。企业积极参与高校数字化人才培养过程，提供实习实训机会和就业岗位，帮助学生更好地了解产业发展趋势和市场需求。同时，高校根据企业的需求，调整专业设置和课程安排，培养更多符合市场需求的高素质人才。通过校企合作，可以实现人才培养与产业发展的良性互动，推动广东省数字化创新人才培育工作的深入发展。

在加强产学研合作的过程中，广东省还注重发挥行业协会、中介机构等社会组织的作用。这些组织作为产学研合作的桥梁和纽带，能够协调各方利益，推动合作项目的顺利实施。

（四）加强国际交流与合作

广东省在数字化创新人才培育方面，一直秉持开放包容的态度，积极加强与国际间的交流与合作。这种开放的姿态不仅有助于引进国外优质的教育资源，还能推动广东省的数字化人才培育走向国际化，进一步提升其全球竞争力。

首先，广东省积极引进国外先进的数字化教育理念、课程体系和教学资源。通过与国外知名高校、研究机构的深度合作，广东省得以吸收和借鉴国际先进的数字化教育经验，不断完善和优化自身的教育体系。这些引进的优质教育资源不仅丰富了广东省的教学内容，也提高了教学质量，为培养具有国际视野和创新能力的数字化人才奠定了坚实基础。

其次，广东省加强国际学术交流，通过举办数字化领域的国际学术会议和论坛，为国内外学者和专家提供了一个交流思想、分享经验的平台。这些活动不仅有助于推动广东省在数字化领域的学术进步，也提升了广东省在国际舞台上的影响力。通过与国际同行的交流与合作，广东省的数字化人才得以拓宽国际视野，了解国际前沿动态，从而更好地适应全球数字化发展的需求。

此外，广东省还鼓励数字化人才赴国外留学和访学。通过提供奖学金、资助项目等方式，广东省支持优秀的数字化人才前往国外知名高校和研究机构深造，学习先进的数字化技术和经验。这些留学和访学经历不仅有助于提升个人的专业素质和竞争力，也为广东省的数字化创新人才培养注入新的活力和动力。

三、广东省数字化创新人才培育启示

广东省在数字化创新人才培育模式上的探索与实践，为我们提供了诸多有益的启示。首先，广东省高校重视专业设置和课程体系设置，不断调整和优化专业设置，不断更新课程体系，以适应数字化时代的需求；其次，广东省注重实践能力的培养，通过校企合作、项目驱动等方式，让学生在实践中学习、成长；再次，广东省强调了跨界融合的重要性，通过多学科交叉培养，打破了传统教育的束缚，使人才更具创新力和适应性。此外，广东省还积极引进国际先进教育资源，拓宽了人才的国际视野。这些做法不仅有助于提升广东省自身的数字化创新能力，也为其他地区提供了一些可借鉴的经验。

（一）重视专业设置和课程体系

广东省作为我国经济最为活跃、开放程度最高、创新能力最强的省份之一，始终站在数字化发展的前沿。其高等教育机构在数字化创新人才培育方面，展现出了前瞻性和创新性。他们紧跟时代发展趋势，注重开设与数字化技术相关的专业和课程，以满足社会对数字化人才的需求。

这种重视专业设置和课程体系的做法，为我们提供了有益的启示。在数字化时代，技术的快速发展和广泛应用使得各行各业对数字化人才的需求日益增长。因此，高等教育机构应当紧跟时代步伐，不断调整和优化专业设置，以适应数字化时代的需求。同时，课程体系也应与时俱进，注重培养学生的数字化思维和实践能力，使他们在未来的职业生涯中能够更好地应对数字化挑战。

具体来说，高等教育机构应当加强与企业和行业的合作，了解市场需求和人才发展趋势，从而有针对性地设置专业和课程。此外，还应注重跨学科融合，将数字化技术与其他学科相结合，培养出具有综合素质和创新能力的数字化人才。

（二）强调实践教学

广东省十分注重创新实践能力的培养。数字化创新人才不仅需要具备扎实的理论基础，更需要具备将理论知识转化为实际应用的能力。因此，广东省在数字化创新人才培育中，特别注重实践教学环节的设计和实施，通过项目驱动、实践教学等方式，让学生在实践中掌握数字化技术的精髓，培养他们的创新思维和实践能力。这种注重实践的教学方式，使得广东省的数字化创新人才能够更好地适应市场需求，为产业发展提供有力的支撑。

广东省在数字化创新人才培育方面，特别重视实践教学的做法，为我们提供了深刻的启示。实践教学，作为培养学生实际操作能力和问题解决能力的重要手段，对于数字化创新人才的培养具有至关重要的作用。在广东省的培育模式中，学生不再局限于课堂和书本知识的灌输，而是有了更多参与实际项目的机会。这种实践教学方式，使学生能够将理论知识与实际操作相结合，通过亲身实践来深化对知识的理解和应用。同时，实际项目的复杂性和多样性，也为学生提供了锻炼解决问题能力的良好平台。

通过实践教学，学生不仅能够掌握数字化技术的核心技能，更能够在实践中发现问题、分析问题、解决问题，从而培养出真正的创新精神和创新能力。这种创新能力，对于数字化时代的人才来说，是不可或缺的。此外，实践教学还能够帮助学生更好地适应市场需求。通过参与实际项目，学生能够更加直观地了解行业现状和发展趋势，从而更加明确自己的职业定位和发展方向。这种与市场接轨的教学方式，使得广东省的数字化创新人才在就业市场上更具竞争力。

（三）建立产学研合作平台

广东省高等教育机构与企业、行业协会等紧密合作，共同搭建起产学研合作平台，为学生提供与实际应用场景深度结合的学习机会。这种合作模式不仅使学生有机会接触到最新的技术和行业发展趋势，更能够让他们在实际工作环境中锻炼技能、培养创新思维。通过与企业的合作，学生能够更好地了解企业的真实需求和运营状况，进而为未来的职业生涯做好充分准备。同时，与行业协会的合作能够帮助学生了解行业的整体发展态势和前沿动态，为他们提供更广阔的视野和更深入的认知。

产学研合作平台的建立，不仅有助于提升学生的实践能力和创新精神，更能够培养他们的团队合作精神和职业素养。在合作过程中，学生需要与不同背景、不同领域的人员进行交流合作，这种经历能够让他们更好地适应未来的工作环境，提升综合素质。

因此，我们应当积极借鉴广东省的经验，加强高等教育机构与企业、行业协会等的合作，搭建更多产学研合作平台，为数字化创新人才的培养提供更加优质的教育资源和更加广阔的发展空间。可以通过搭建产学研深度融合的合作平台，实现教育资源的优化配置和共享。这样不仅可以为学生提供更多实践机会，让他们在实际操作中提升技能，同时也能让企业、行业更深入地参与到人才培养的过程中，根据市场需求精准定位人才培养方向。此外，我们还应该鼓励高等教育机构与企业、行业开展联合研发，共同推动数字化技术的创新和应用。这样的合作模式不仅可以提升人才培养的针对性和实效性，也能推动相关产业的快速发展，实现教育、科技与产业的良性互动。同时，政府在这一过程中也应发挥积极作用，出台相关政策，提供资金支持，为产学研合作搭建良好的政策平台。媒体和社会各界也应加大宣传力度，提升公众对数字化创新人才培育重要性的认识，共同营造一个有利于人才成长和创新的良好氛围。

（四）鼓励创新创业竞赛和活动

广东省高等教育机构积极倡导并组织学生参与各种创新创业竞赛和活动，为学生提供了一个展示和交流的平台。这种鼓励创新创业的做法，极大激发了学生的创新潜能和创业热情。在竞赛和活动中，学生们能够将自己的创意和想法付诸实践，通过实际操作来检验其可行性和创新性。这不仅有助于培养学生的实践能力和创新精神，更能够为他们未来的创业之路打下坚实的基础。此外，创新创业竞赛和活动还为学生提供了与专业人士和企业家互动的机会。通过与这些成功人士的交流和互动，学生们能够获得宝贵的指导和启发，了解行业的前沿动态和市场需求，进而调整自己的创新方向和创业策略。

因此，我们应该充分借鉴广东省的经验，积极做好以下两方面的工作：

第一，鼓励学生积极参与创新创业竞赛和活动，为他们提供更多的展示和交流平台。我们应该进一步拓宽学生的参与渠道，丰富活动形式，提高活动的专业性和影响力。同时，还要加强对学生创新创业活动的指导和支持，为他们提供更多的资源保障和政策支持，帮助他们更好地实现创新梦想。通过这些举措，我们有望培养出更多具有创新精神和实践能力的数字化创新人才，为推动社会进步和经济发展贡献力量。

第二，我们还应该加强与企业、行业等社会各界的合作，共同营造一个良好的创新创业氛围，为培养更多优秀的数字化创新人才贡献力量。这种合作不仅能够实现资源共享和优势互补，更能共同营造一个充满活力和机遇的创新创业氛围。与企业合作，可以为学生提供更多的实践机会和实习岗位，让他们在实际工作中深入了解数字化技术的应用和发展趋势。同时，企业也能从合作中挖掘到优秀的人才资源，为自身的创新发展注入新的活力。与行业合作，则可以帮助我们把握行业发展的脉搏，了解行业对人才的需求和变化，这有助于我们调整教育教学内容和方法，使人才培养更加贴近市场需求。此外，社会各界的参与和支持也是营造良好创新创业氛围的关键。政府可以出台相关政策，提供资金扶持和税收优惠，鼓励企业和个人参与创新创业。媒体则可以加大宣传力度，报道优秀创新创业案例，激发全社会的创新热情。

（五）注重综合素质培养

广东省高等教育不仅关注学生的专业技能培养，还注重培养学生的创新思维、实践能力和团队合作精神，更加注重个人综合素质的全面提升。在当今数字化时代，技术更新迭代迅速，单一技能往往难以应对复杂多变的挑战。因此，培养具备综合素质的数字化创新人才显得尤为重要。广东省在这一方面做得尤为出色，他们注重培养学生的创新思维、批判性思维、团队合作能力等，使其在面对实际问题时能够灵活应对，提出创新性的解决方案。注重综合素质培养不仅有助于提升人才的竞争力，更能为社会的可持续发展提供有力支撑。一个具备综合素质的数字化创新人才，能够更好地适应市场需求的变化，为行业的创新发展贡献自己的力量。

因此，我们应该充分借鉴广东省的经验，注重人才的综合素质培养。通过优化教育教学内容和方法，提供更多的实践机会和国际交流项目，努力培养出更多具备综合素质的数字化创新人才，为推动我国数字化进程和经济社会发展做出更大的贡献。

首先，做好深化教育改革，优化教育教学内容，打破传统的学科壁垒，推动跨学科知识的融合与贯通。这样不仅能拓宽学生的知识面，还能培养他们的创新思维和解决问题的能力。

其次，要加强实践教育，为学生提供更多的实践机会和平台。通过参与科研项目、创新创业活动、企业实习等，让学生在实践中锻炼技能、积累经验，提升他们的实际操作能力和团队协作能力。

同时，要注重培养学生的国际视野和跨文化交流能力。通过组织国际交流项目、开展国际合作研究等方式，让学生接触不同的文化和思想，增强他们的国际竞争力。

此外，还应关注学生的心理健康和人文素养的培养。在数字化时代，面对快速变化的环境和激烈的竞争压力，良好的心理素质和人文素养是人才成长的重要支撑。因此，我们应加强心理健康教育，引导学生树立正确的价值观和人生观，培养他们的社会责任感和历史使命感。

（六）加强国际交流与合作

广东省注重引进国外优质教育资源，加强国际交流与合作。这种开放包容的态度有助于吸收国际先进的教育理念和教学方法，提升人才培养的国际化水平。同时，通过国际交流与合作，还能够拓宽人才的国际视野，增强他们的跨文化交流能力。

广东省重视国际交流与合作启示我们，在数字化创新人才培育中，应秉持开放合作的态度，积极引进国外优质教育资源，加强与国际同行的交流与合作，共同推动数字化创新人才培育的发展。首先，通过引进国外优质教育资源，我们可以丰富教学内容和方法，提高数字化创新人才培育的质量。其次，加强与国际同行的交流与合作，有助于我们了解国际前沿动态，把握数字化创新的发展趋势。通过与国际同行共同开展研究项目、举办学术会议等活动，我们可以分享经验、交流思想，共同推动数字化创新人才的培养和发展。此外，国际合作还能为我们的数字化创新人才提供更多的实践机会和发展空间。通过与国外企业、机构的合作，学生可以参与国际项目、实习实训等，提升他们的国际化视野和实践能力。同时，国际合作也能为我们的教师提供更多的学习和交流机会，提升他们的教育教学水平。最后，广东省数字化创新人才培育模式还启示我们，要不断优化人才培养环境。政府应加大对数字化创新人才培育的投入，提供必要的政策支持和资金保障。同时，高校和科研机构也应积极营造良好的学术氛围和创新环境，为人才提供充分的创新空间和资源支持。此外，还应加强人才激励机制的建设，通过制定合理的薪酬制度、提供广阔的发展空间等方式，激发人才的创新热情和积极性。

第五章　国外数字化创新人才培育的模式与借鉴

第一节　美国数字化创新人才培育的模式与借鉴

一、美国数字化创新人才培育现状

美国是世界公认的创新水平最高、创新成果最多、转换应用能力最强的国家。二次大战以来，美国一直保持着世界第一科技强国的地位，不仅造就了超过全球 40% 的诺贝尔科学奖获得者，还创造并推广了计算机、互联网、生物医学等高新技术，取得了载人登月、火星探测等举世瞩目的科技成就，同时还孕育了苹果、微软、谷歌等知名的高新技术企业，打造了硅谷、波士顿、圣地亚哥等世界一流的高技术产业集群。近年来，随着数字化转型的加速和数字化技术的不断创新，美国在数字化创新人才培育方面由于其完善的教育体系、创新的教育模式以及政府、企业和社会各界的共同努力，取得了显著的成绩。美国数字化创新人才培育的现状主要体现在以下几个方面：

（一）需求日益增长

在数字化浪潮席卷全球的今天，美国作为科技创新的领军者，对数字化创新人才的需求呈现出爆炸性增长。数字化技术已经深入美国的各个行业和领域，从传统的制造业、服务业到新兴的互联网、人工智能等领域，都离不开数字化人才的支撑。

随着企业数字化转型的加速推进，对数字化人才的需求也日益迫切。企业需要借助数字化技术来优化业务流程、提升生产效率、创新产品和服务，而这一切都离不开数字化人才的智慧和努力。此外，创新技术的不断涌现，如人工智能、大数据、云计算等，也为数字化人才提供了更广阔的发展空间。

在这种背景下，数字化人才的流动也变得更加频繁和活跃。跨国企业和创新型企业成为人才争夺的焦点，它们通过提供优厚的薪资待遇、完善的职业发展通道和良好的工作环境，吸引和留住优秀的数字化人才。同时，数字化人才也更加注重自身的职业发展和成长，他们积极寻求更具挑战性和创新性的工作机会，以实现自我价值和社会价值的最大化。

（二）教育体系逐渐完善

美国的教育体系在数字化创新人才培养方面扮演着举足轻重的角色。美国高等教育机构，特别是研究型大学，在数字化创新人才培育方面进行了大量的创新探索。这些大学不仅注重基础知识和技能的传授，还高度重视学生社会行为技能和高级认知能力的培养。它们将"大挑战"问题作为创新课程的主要内容，通过跨学科的知识组织模式，培养学生的综合能力和跨界思维。这些创新举措使得美国的高等教育能够更好地适应数字化时代的需求，为数字化创新人才的培养提供了有力的支撑。

此外，美国的中等教育阶段也开始注重数字化创新人才的培养。许多学校开设了编程、数据分析等数字化相关课程，为学生未来的职业发展打下坚实的基础。同时，美国还建立了完善的职业教育体系，为数字化创新人才的培养提供了更多的选择和机会。

（三）政府日益重视数字化人才的培养

美国政府近年来对数字化人才的培养和引进给予了前所未有的关注。这一转变并非偶然，而是源于数字化技术对整个国家经济、社会和文化领域的深刻影响。为了确保美国在数字化浪潮中保持领先地位，政府不仅在资金、政策等方面提供了大力支持，还通过制定长期战略规划，推动数字化教育的普及和深化。

其中，美国发布的《2024年国家教育技术计划》便是政府重视数字化人才培育的重要体现。该计划明确提出了缩小数字接入、设计和使用鸿沟的目标，旨在确保每个学生和教育工作者都能享受到数字化技术带来的便利和优势。为了实现这一目标，政府不仅加大了对数字化教育基础设施的投入，还鼓励企业和教育机构合作，共同开发适应数字化时代需求的教育资源和课程。

此外，政府还通过一系列政策举措，为数字化人才的培养提供了有力保障。例如，政府设立了专门的数字化人才培育基金，用于支持高校、研究机构和企业开展数字化创新人才培育项目。同时，政府还加大了对数字化教育的宣传力度，提高公众对数字化技术的认知度和接受度。

更为重要的是，美国政府还注重数字化人才在国际舞台上的竞争力。为此，政府积极推动数字化教育的国际合作与交流，鼓励美国学生到海外学习先进的数字化技术和经验。同时，政府还通过签证政策、奖学金等方式，吸引国际优秀的数字化人才来美国学习和工作。

然而，尽管美国在数字化创新人才培育方面取得了一定的进展，但仍面临一些挑战。例如，数字化人才梯队建设不足，初级技能的数字化人才培养跟不上市场需求的增长。同时，区域结构失衡问题也亟待解决，数字化人才主要集中在一线城市，二三线城市的人才较少。

二、美国数字化创新人才培育模式

随着 5G、云计算、大数据、人工智能等技术的不断进步，第四次工业革命正在兴起。与前三次工业革命主要延展或取代人的体能不同，第四次工业革命更多是在延展或取代人的脑能，这标志着数智时代的来临。数字技术和人工智能的深入发展，不仅改变了人们的生活和习惯，也对高等教育提出了新的要求。为了适应这种变革，美国高等教育机构开始重新设计人才培养模式，以更好地培养出具备数字化创新能力的人才。

美国作为全球科技创新的中心，对数字化人才的需求尤为迫切。这种需求不仅来自企业，也来自政府和社会各界。为了应对这种需求，美国不仅需要吸引和留住全球优秀的数字化人才，还需要通过教育和培训，培养出更多具备数字化创新能力的人才。

数智时代的来临、对数字化人才的迫切需求、研究型大学的积极应对以及政府的政策支持等多个方面，这些因素共同推动了美国数字化创新人才培育模式的形成和发展。美国数字化创新人才的培养模式具有其独特性和先进性，它涵盖了教育、实践和政策等多个层面，共同构建了一个全面而系统的培养体系。美国的培养模式不仅注重基础知识和技能的传授，更强调跨学科学习和实践能力的培养，以及创新思维和创业精神的培养。这种培育模式为美国在数字化时代保持领先地位提供了坚实的人才保障。

（一）高等教育发挥核心作用

在教育层面，美国的高等教育机构，特别是研究型大学，在数字化创新人才培育中发挥着核心作用。这些大学不仅致力于基础知识和技能的传授，更将重心放在了跨学科学习和实践能力的培养上，从而培养出能够适应数字化时代需求、具备创新思维和实践能力的人才，为社会的发展和进步做出了重要贡献。

为了更好地推动数字化创新人才的培养，研究型大学积极引入"大挑战"问题作为创新课程的主要内容。这些问题通常涉及社会、经济、科技等多个领域，具有高度的复杂性和挑战性。学生通过研究这些问题，不仅能够深入理解相关学科的知识，还能够学会如何运用多学科知识解决实际问题。这种从实际问题出发的教学方式，不仅提高了学生的学习兴趣和积极性，也锻炼了他们解决实际问题的能力。

此外，研究型大学还采用了学科交叉的知识组织模式。这种模式打破了传统学科之间的壁垒，使得学生能够接触到更广泛的知识领域。通过跨学科的学习和实践，学生不仅能够掌握更多元化的知识和技能，还能够培养出更加全面和灵活的思维方式。这种全面的素养对于数字化创新人才来说至关重要，因为他们在未来的工作中需要面对复杂多变的问题和挑战。

（二）校企深度融合提供丰富的实践机会

在实践层面，美国的数字化创新人才培育尤其注重产学研的深度融合。这种深度融合不仅体现在教育资源的共享上，更体现在学生实践能力的培养和提升上。企业、研究机构和高校之间的紧密合作，为学生提供了一个实战化的学习环境，使他们在理论学习的基础上，能够更好地理解和应用数字化技术。

具体来说，企业作为数字化技术应用的前沿阵地，为学生提供了宝贵的实习机会。通过在企业实习，学生能够接触到真实的工作场景和实际问题，将所学知识应用到实际工作中，锻炼自己的技能，积累经验。同时，企业也能通过实习生的参与，发现和培养潜在的人才，为企业的长远发展注入新的活力。

研究机构则是数字化技术创新的重要源泉。学生有机会参与到研究机构的科研项目中，与科研人员一起探索数字化技术的最新进展和应用。这种参与不仅能够让学生深入了解数字化技术的原理和前沿动态，还能够培养他们的科研能力和创新精神。

高校作为人才培养的摇篮，在产学研结合中发挥着桥梁和纽带的作用。美国高校根据企业和研究机构的需求，调整课程设置和教学内容，使教育更加贴近实际。同时，美国高校还与企业和研究机构共同开展科研项目和教学活动，推动产学研的深度融合。

通过产学研结合的实践模式，美国的数字化创新人才培育取得了显著成效。学生不仅能够获得丰富的实践经验和技能提升，还能够建立起广泛的人脉和资源网络，为未来的职业发展打下坚实的基础。同时，这种实践模式也促进了企业、研究机构和高校之间的合作与交流，推动了数字化技术的创新和发展。

（三）政府出台相关支持政策

美国政府高度重视数字化创新人才的培养，为此，制定并实施了一系列具有针对性的政策和计划。这些举措不仅体现了政府对数字化创新人才培育的深刻认识，也展现了其推动社会科技进步的坚定决心。

为了从源头上支持数字化创新人才的培养，政府特别设立了专门的数字化人才培育基金。这笔资金被用于资助高校、研究机构和企业开展与数字化创新人才培育相关的项目。这些项目不仅涵盖基础研究和应用研发，还涉及实践教学和人才交流等多个方面。通过基金的资助，这些项目得以顺利实施，从而有效地推动了数字化创新人才的培养。

除了直接的资金支持，政府还积极鼓励社会各界参与到数字化创新人才的培养中来。公私合作模式在这里发挥了重要作用。政府与企业、研究机构和高校等建立起了紧密的合作关系，共同推动数字化创新人才的培养和发展。这种合作模式不仅实现了资源共享和优势互补，还促进了不同领域之间的交流合作，为数字化创新人才的培养提供了更加广阔的空间。

此外，政府还通过社会投资的方式吸引更多的资金和资源投入到数字化创新人才的培养中来。政府通过制定优惠政策和提供投资指导等方式，引导社会资本流向数字化创新人才培养领域。这些社会投资不仅为相关项目提供了资金支持，还带来了丰富的市场经验和创新思维，为数字化创新人才的培养注入了新的活力。

（四）注重创新思维和创业精神的培养

对于数字化创新人才的培养，美国不仅注重提升学生的专业技能，更是将焦点放在了培养他们的创新思维和创业精神上。这两者相辅相成，是推动数字化创新发展的核心动力。

为了激发学生的创新热情和创业意愿，美国的高校纷纷开设了专门的创新创业课程。MIT第一次开设"创造力开发"这门科目。随后，美国很多高等学校，也都开办与创造学有关的一系列科目。1947年哈佛大学的迈尔斯·梅斯教授在商学院开设"新创企业管理"，被视为美国高校的第一门创业学课程，同时也标志着创业教育的兴起。随后，美国一千多所高等院校设置了两千多门与创业相关的课程。这些课程不仅涵盖创新理论、创业技能等基础内容，还融入了丰富的案例分析和实战演练，让学生在学习的过程中逐渐培养起创新思维和创业能力。此外，学校还定期举办各种创新创业竞赛，为学生提供展示自己创新成果、交流创业经验的平台。这些竞赛不仅让学生有机会接触到前沿的创新技术和市场动态，还能通过与其他创业者的交流和碰撞，激发出更多的创新灵感。

政府和社会各界也对学生的创新创业活动给予极大的支持和关注。政府出台了一系列政策，为创业者提供税收优惠、融资支持等便利条件。同时，各类投资机构、孵化器、加速器等也积极投身于创业支持事业，为学生提供资金、场地、导师等资源，帮助他们将创新想法转化为实际的产品或服务。

这种全方位的支持体系，极大地激发了学生的创新热情和创业动力。

越来越多的学生开始尝试将自己的创新想法付诸实践，通过创业的方式实现自我价值和社会价值。他们不仅创造了大量的就业机会，也为数字化创新领域的发展注入新的活力和动力。

三、美国数字化创新人才培育模式借鉴

我国当前面临创新人才总量大而"高精尖"少，且创新人才结构分布不平衡的现实问题，数字化人才的培养更是刚刚起步，而美国在数字化创新人才的培育方面有着政府的良好政策、高校的注重、创新创业和实践能力培养的跨学科的课程体系、产学研一体化的育人模式、良好的创业文化氛围，这些都为我国数字化创新人才的培养提供宝贵的启示和借鉴。

（一）美国的教育机构在数字化创新人才培育方面，强调跨学科学习和实践能力的培养

美国的教育机构，特别是那些引领潮流的研究型大学，在数字化创新人才培育方面展现出了前瞻性的战略眼光。它们不仅致力于传授基础知识，更强调跨学科学习和实践能力的培养，这一理念为我们提供了深刻的启示。

随着科技的日新月异，我们所面临的问题愈发复杂，单一学科的知识往往难以应对这些挑战。因此，跨学科学习成为人才培养的必然趋势。这种学习方式鼓励学生跳出传统学科的框架，从多个角度审视问题，寻找创新的解决方案。美国的研究型大学正是看到了这一点，它们积极推动学科交叉与融合，为学生提供了丰富的跨学科课程和研究机会。

在这些大学中，学生不再局限于自己的专业领域，而是有机会接触到其他学科的知识和方法。这种跨学科的学习经历不仅拓宽了学生的视野，也让他们学会了从多角度思考问题。通过这种学习方式，学生不仅能够掌握更全面的知识，还能够培养出更强的综合能力和创新思维。

与此同时，美国的研究型大学还非常注重实践能力的培养。它们深知，

理论知识只有与实践相结合，才能真正发挥出其价值。因此，这些大学为学生提供了大量的实践机会，如实验室研究、企业实习、创新创业项目等。通过这些实践活动，学生能够将所学知识应用到实际问题中，锻炼自己的实践能力和解决问题的能力。

这种跨学科学习和实践能力培养相结合的教育模式，为美国培养了大量具有创新精神和实践能力的数字化创新人才。这些人才不仅在科技领域取得了显著成就，也为社会经济的发展做出了重要贡献。

借鉴美国的经验，我们应当积极推动教育改革，将跨学科学习和实践能力的培养纳入教育体系的核心。我们必须加强学科之间的交叉与融合，鼓励学生选修不同领域的课程，培养他们的跨学科视野。同时，我们还应提供更多的实践机会，如实验室研究、企业实习、创新创业项目等，让学生在实践中学习和成长。通过这样的教育改革，我们可以培养出更多具有跨学科视野和实践能力的人才，为国家的数字化创新和发展提供有力的人才支撑。这些人才不仅能够在科技领域取得卓越成就，还能够为社会各个领域带来创新和变革，推动社会的进步和发展。

（二）美国注重产学研结合的实践模式，为我们提供了人才培养的新思路

美国的人才培养模式，特别是产学研结合的实践模式，为我们探索人才培养的新路径提供了宝贵的启示。这种模式强调企业、研究机构和高校之间的紧密合作，不仅促进了知识的创新与应用，更为学生提供了广阔的实践舞台，让他们在实践中锻炼技能、积累经验，实现知识与能力的双重提升。

在这种模式下，企业不再是单纯的人才接收者，而是成为人才培养的重要参与者。它们为学生提供实习、实训的机会，让他们在实际工作中接触并解决问题，将理论知识转化为实践能力。同时，企业还根据自身需求，

与高校和研究机构合作开展科研项目，共同推动技术的创新和应用。

研究机构则发挥着桥梁和纽带的作用。它们一方面与高校合作，共同培养高层次的研究人才；另一方面，也与企业合作，推动科研成果的转化和应用。这种合作模式使得研究更加贴近实际，也为学生提供了参与科研项目的机会，让他们深入了解科研的流程和方法，培养科研精神和创新能力。

高校作为人才培养的摇篮，在产学研结合的模式中发挥着关键作用。它们根据企业和研究机构的需求，调整课程设置和教学内容，使教育更加贴近实际。同时，高校还积极与企业和研究机构合作开展实践教学和科研活动，为学生提供更多的实践机会和学术资源。

这种产学研结合的实践模式，不仅有助于提升学生的实践能力和创新能力，也促进了企业与高校之间的交流与合作，推动了知识的创新和应用。它启示我们，在人才培养过程中，应当加强与产业界的合作，将理论与实践相结合，让学生在实践中学习和成长。只有这样，我们才能培养出更多具有创新精神和实践能力的人才，为社会的发展和进步贡献更大的力量。

（三）美国政府对数字化创新人才培育的支持也值得我们学习

美国政府对于人才培养的重视，体现在设立专项基金以及鼓励公私合作等实际行动上。这种举措不仅为人才培养提供了坚实的政策保障，更注入了强大的资金支持，确保人才培养工作的持续与稳定。

专项基金的设立，就如同为人才培养注入了源头活水。这些资金被用于支持教育机构的研发项目、学生的实践与创新活动，以及教育资源的优化与升级。通过专项基金的支持，学校得以引进先进的教学设备，开展前沿的科研项目，为学生创造更好的学习环境和实践平台。

此外，美国政府还积极鼓励公私合作，这种合作模式打破了传统的界限，使得人才培养不再局限于学校内部。企业、社会组织与政府之间的紧密合作，不仅实现了资源的共享与优势互补，更为学生提供了更广阔的实践舞台。通过参与合作项目，学生能够更深入地了解社会需求和行业趋势，将所学知识与实际工作相结合，从而提升自己的综合素质和竞争力。

这种政策导向和资金支持模式，为我们提供了深刻的启示。在推动人才培养的过程中，政府应当扮演更加积极的角色。首先，政府需要制定和完善相关政策，为人才培养提供制度保障。其次，政府应当加大对人才培养的资金投入，确保各项工作的顺利开展。同时，政府还应当积极搭建平台，促进学校、企业和社会组织之间的合作与交流，共同推动人才培养工作的深入发展。

通过政府的积极作为，我们可以为人才培养创造更加良好的环境和条件。这样，我们的教育事业才能不断迈上新的台阶，为国家的发展和社会的进步提供源源不断的人才支持。

（四）美国数字化创新人才培育模式中对学生创新思维和创业精神的重视

美国数字化创新人才培育模式中对学生创新思维和创业精神的重视，确实给我们带来极大的启示。在快速变革的数字化时代，创新思维和创业精神成为推动社会进步的重要动力。因此，我们的人才培育策略也应与时俱进，更加注重培养学生的创新意识和创业能力。

在美国的教育体系中，我们可以看到各种鼓励学生发挥创新思维和创业精神的举措。许多高校都开设了创新创业课程，这些课程不仅传授创业知识和技能，更重要的是引导学生形成创新思维，教会他们如何从不同角度看待问题，发现机会并创造价值。同时，美国还举办各种创新创业竞赛，为学生提供展示自己创意和才能的舞台。这些竞赛不仅能够激发学生的创新热情，还能够让他们在实践中锻炼创业能力，积累宝贵的经验。

美国的这些做法启示我们，在人才培养过程中，我们应当注重培养学生的创新意识和创业能力。首先，我们要在课程设置上做出调整，增加创新创业相关的课程，让学生在课堂上就能够接触到创新创业的理念和实践。其次，我们还可以通过举办各种创新创业活动，如讲座、研讨会、竞赛等，来激发学生的创新热情和创业意愿。这些活动不仅能够让学生更深入地了解创新创业的内涵和价值，还能够让他们在实践中锻炼自己的创新能力和创业精神。

此外，我们还要鼓励学生勇于探索、敢于创新。创新往往伴随着风险和挑战，但只有敢于面对风险和挑战的人，才能够在创新的道路上取得成功。因此，我们要为学生营造一个宽容失败、鼓励尝试的氛围，让他们能够放心大胆地去探索、去创新。

通过开设创新创业课程、举办竞赛等方式，激发学生的创新热情和创业意愿，培养他们的创新能力和创业精神。这启示我们，在人才培养过程中，应当注重培养学生的创新意识和创业能力，鼓励他们勇于探索、敢于创新，为社会的进步和发展贡献自己的力量。

（五）美国的创业支持和创业文化为我们提供了宝贵的启示

创业支持和创业文化，在美国的高等教育中占据举足轻重的地位，不仅体现在学校为学生提供的丰富创业资源和支持上，更体现在校园内浓厚的创业文化氛围之中。这种文化氛围鼓励学生敢于尝试、勇于创新，并为他们提供实现创业梦想的舞台。

在美国，许多高校都设立专门的创业中心或创业学院，为学生提供从创业理念到实际操作的全方位指导。这些机构不仅提供创业课程，还为学生提供创业导师，帮助他们解决在创业过程中遇到的各种问题。此外，学校还积极举办创业竞赛，鼓励学生将自己的创新想法转化为实际项目，通过竞赛的形式来检验和完善他们的创业计划。

在校园内，创业文化得到了广泛的传播和弘扬。学校鼓励学生发挥想象力，勇于尝试新事物，挑战传统观念。这种文化氛围使得学生们敢于冒险、敢于创新，敢于追求自己的梦想。同时，学校还积极与产业界合作，邀请企业家和投资人来到校园，与学生分享创业经验，提供创业机会，使得学生们能够更好地了解市场，把握创业机遇。

这种创业支持和创业文化为我们提供了宝贵的启示。在数字化创新人才培育中，我们也应当营造积极的创业文化，为学生提供充足的创业支持和资源。我们可以借鉴美国高校的做法，设立专门的创业机构，提供创业课程和导师指导，举办创业竞赛等活动，激发学生的创业热情和创新精神。同时，我们还应加强与产业界的合作，为学生提供更多的实践机会和创业资源，帮助他们实现创新想法和创业梦想。

总之，创业支持和创业文化在数字化创新人才培育中发挥着重要作用。我们应当积极借鉴美国的成功经验，为学生营造更加良好的创业环境，激励他们勇于探索、敢于创新，为社会的进步和发展贡献自己的力量。

第二节　德国数字化创新人才培育的模式与借鉴

德国是欧洲最大的经济体之一，也是全球最具影响力和竞争力的国家之一，德国非常重视创新，并将其视为推动经济发展和保持国际竞争力的关键，创新实力举世公认，这主要得益于其强大的科研实力、高素质的人才、先进的制造业基础以及开放的创新生态。德国拥有众多世界著名的大学和研究机构，如慕尼黑工业大学、海德堡大学等，这些机构在科研和人才培养方面发挥着重要作用。

一、德国数字化创新人才培育现状

数字技术变革与创新驱动发展正在加速全球数字化转型，并持续对劳动力市场和社会经济体系施加深远和复杂的影响。在工业 4.0 战略指导下，德国长期以来一直致力于数字化发展。德国在科研方面一直保持着领先地位，其科研机构和大学在人工智能、机器学习等领域的研究水平很高，这为德国培养数字化创新人才提供了坚实的科研基础。目前德国数字化创新人才的发展现状呈现出以下几个特点：

（一）积极部署数字化发展战略

德国对数字化战略高度重视，积极应对数字化转型在科学研究和企业发展方面带来的种种挑战，2016 年颁布的《数字化战略 2025》将数字化转型确立为联邦政府的重要工作方向之一，彰显了德国在应对数字化时代变革中的决心和行动力。战略包括提高数字技能、加强基础设施和设备建设、推动创新和数字化转型，以及重视人才培养等方面。为了实现这些目标，德国政府还与复兴信贷银行合作，推出了"数字基础设施投资贷款"和"德国复兴信贷银行数字基础设施银团贷款"，以支持高速光纤网络在全国范围内的推广和应用。

2019 年 4 月，德国联邦教育与研究部（BMBF）对外公布"数字化战略"。该战略着重强调多个关键领域的数字化发展策略，包括在高等教育中加强学生的数字素养，在职业教育中提升数据技能，构建研究机构的数字化基础设施，以及培育一种开放且富有创新精神的数据共享文化。

德国在中小企业数字化方面积极布局。政府通过政策倾斜，支持中小企业进行数字化改造，并提供相应的资金支持。例如，德国推出的"跨企业培训机构数字化特别计划"在 2016 年至 2023 年计划斥资 2.24 亿欧元，专门用于投资促进跨企业培训机构的数字化改造。

据专家预测，到 2035 年，德国约 700 万个工作岗位将受到数字化转型的显著影响。为了积极应对这一挑战并保障劳动力市场的稳定，德国联邦政府和各州教育研发机构近年来已经相继推出了一系列数字化人才培育措施。这些举措旨在推动高等教育和职业教育体系与数字化研究和工作需求紧密相连，确保青年科技人才能够接受到适应未来需求的教育和培训。同时，德国还致力于提供先进的数字化教育和培训基础设施，为人才的全面发展提供有力支持。通过这些努力，德国期望能够有效防范和应对数字化转型对劳动力市场带来的冲击。

（二）德国的数字化创新人才库正在不断扩大

德国政府认识到数字化转型对国家经济和社会的重要性，因此将培养数字化创新人才作为一项重要任务。

德国中小学还通过搭建数字化信息网络、采用多样化教学模式和建立自主化学习平台，来提升人工智能教育的实施效果。在数字化人才方面，德国认为课程是人才培养的具体蓝图，德国在中小学阶段开设人工智能教育系列课程，从发展心理学和批判教育学的理念出发，基于遵循个体认知发展规律、凸显学生的信息素养能力两个原则进行人工智能课程的教育实践。

德国中小学人工智能课程具体可以分为"感知体验"的低阶人工智能课程和"自主探究"的高阶人工智能课程。前者旨在让小学生对人工智能有所接触和了解，通过 AI 机器人等可视化教具培养学生的想象能力和抽象思维能力；后者可在中学开设，初中生已经具备较强的自我意识和自主学习能力，可以根据学生的兴趣、需求，针对某一主题的人工智能进行自主设计、创作和探究，重在培养中学生的实践创新和问题解决能力。

中小学人工智能课程通过具体形象的可视化教具，借助学生的想象力在实践探索中实现创新能力的提升。人文信息素养则是人类独具的一种精神，在人工智能课程的编排中要从历史文化、人文关怀等多个方面进行考虑，使学生能够在大数据和网络信息捕捉、筛选、处理中树立正确的人文情怀，这既是德国人工智能教育的核心目的，也是人类区别于机器的终极素养。

通过改革教育体系、加强产学研合作、实施数字技能培训计划等措施，德国成功地吸引了越来越多的年轻人投身于数字化领域的学习和研究。

在教育体系改革方面，德国正致力于使其高等教育和职业教育更加适应数字化时代的需求。包括增加与数字化相关的课程和专业，提升教师的数字化教学能力，以及推动在线学习和远程教育的普及。通过这些改革，德国希望培养出更多具备数字化技能和思维方式的年轻人才。

在产学研合作方面，德国的企业、高校和研究机构之间建立了紧密的合作关系。这种合作模式不仅促进了数字化技术的研发和应用，还为学生和研究人员提供了丰富的实践机会。通过与这些合作伙伴的紧密合作，德国的数字化创新人才能够在实际项目中锻炼自己的技能，并更好地了解市场需求。

德国还大力实施数字技能培训计划，旨在提升现有员工的数字化技能水平。这些培训计划覆盖了从基础操作到高级技术的各个层面，旨在帮助员工适应数字化工作环境，并提高工作效率。通过这些培训计划，德国成功地帮助了数百万员工提升自己的数字化技能，为国家的数字化转型提供有力支持。

德国注重引进和培养国际化的数字化创新人才。通过与其他国家建立合作关系、参与国际人才交流项目等方式，德国吸引了大量海外优秀的数字化创新人才来到德国工作或进行研究。为了引进国际化的数字化创新人才，德国政府和企业采取了多种措施。首先，德国积极与其他国家建立合作关系，参与国际人才交流项目，为海外优秀的数字化创新人才提供来德国工作和研究的机会。此外，德国还通过提供具有竞争力的薪资和福利待遇，以及简化签证和居留流程，吸引国际人才前来工作。

在培养国际化数字化创新人才方面，德国的高等教育机构和研究机构与国际知名大学和研究机构建立了合作关系，共同开展研究项目、开设课程和培训项目。这种合作模式为学生和研究人员提供了与国际同行交流和学习的机会，有助于培养他们的国际视野和跨文化交流能力。并鼓励和支持本国学生和研究人员到海外留学和交流，以拓宽他们的视野和知识面。通过与国际先进水平的数字化教育机构和研究机构的交流，德国的学生和研究人员能够接触到最新的数字化技术和研究成果，提升自己的专业素养和创新能力。

德国的企业和研究机构也在积极引进和培养数字化创新人才。为了吸引和培养数字化创新人才，德国的企业和研究机构采取了多种策略。首先，他们提供丰富的实习和工作机会，为年轻人提供实际工作经验和职业发展道路。通过与高校和研究机构紧密合作，企业和研究机构能够吸引优秀的学生和研究人员，并为他们提供实践平台，使他们在实践中不断提升自己的数字化技能。

此外，德国的企业和研究机构还注重员工的数字化培训和发展。他们投入大量资源开展内部培训项目，提升员工的数字化技能和知识水平。这些培训计划涵盖了从基础操作到高级技术的各个方面，旨在帮助员工适应数字化工作环境，并提高工作效率。

为了保持与数字化发展同步，德国的企业和研究机构还积极参与国际合作和研发项目。他们与国际领先的数字化企业和研究机构合作，共同研发新技术、新产品和新服务。这种合作模式有助于德国的企业和研究机构了解全球数字化发展的最新趋势和最佳实践，从而更好地应对市场变化和挑战。

（三）德国的数字化创新人才在各个领域都展现出出色的表现

德国的数字化创新人才在各个领域都展现出了卓越的创新能力和技术实力。他们不仅在前沿领域如互联网、人工智能、大数据和云计算等取得了显著的成就，而且在传统行业的数字化转型中也发挥了关键的作用。

在前沿领域，德国的数字化创新人才凭借深厚的专业知识和技术背景，持续推动技术创新和突破。他们在人工智能算法的研究与应用、大数据处理和分析、云计算服务的优化等方面取得了重要成果。这些成果不仅提升了德国在全球数字化领域的竞争力，也为各行各业的发展带来了革命性的变革。同时，德国的数字化创新人才在传统行业的数字化转型中也发挥了重要作用。他们运用先进的数字化技术，对传统产业进行改造和升级，提高生产效率和产品质量。无论是制造业、金融业还是医疗卫生等领域，德国的数字化创新人才都在积极探索和实践数字化转型的最佳路径。

这些数字化创新人才的研究成果和创新产品不仅为德国的经济发展注入新的动力，也在国际上获得广泛的认可和赞誉。他们的卓越成就不仅展示了德国在数字化领域的领先地位，也为全球数字化发展贡献了智慧和力量。

二、德国加强数字化创新人才培育的路径

德国政府高度重视数字化创新人才的培育，并将其作为国家战略的重要组成部分，这为其在全球数字化领域中的领先地位提供了坚实的人才基础。政府通过制定相关政策、建立完善的职业教育和培训体系、资金支持等途径鼓励数字化创新人才的发展，为德国培养了大量具备数字化技能和创新能力的优秀人才，为其在全球数字化竞争中保持领先地位提供了有力保障。

（一）强化教育体系

德国的教育体系是其数字化创新人才发展的基石。德国一直在优化其职业教育和高等教育体系，确保它们与数字化时代的需求相匹配。包括增加与数字化相关的课程，提高教师的数字化技能，以及与企业合作，共同

设计和实施教育项目等。

2016 年，德国联邦教育与研究部开始倡导职业教育的数字媒体教育理念，主要采取了以下方法和活动。

1. 实践翻转学习——基于开放式教育资源的教学方法

在数字文化中，开放式教育资源是指数字化教学和学习的资料。教师对开放式教育资源进行再处理、重新整合和共同分享。换言之，开放式教育资源可以再生成、互动与共享。基于"设计导向"的教学理念，教师将数字媒体融入教学过程，把在工作场所或职业学校开发的学习资源（如数字学习模块、屏幕录像等）发布在学习管理系统、学习对象存储库、YouTube、Google 和 Facebook 等，以开放式教育资源的形式用于"翻转学习"，使学生在处理媒体伦理、媒体使用和媒体设计问题的同时，培养从事未来工作所需的技术技能，从而推动学生专业知识和媒体技能的融合发展。

2. 虚拟现实中的共同学习——学生交互式的学习方法

基于"社交增强学习"理念的"交虚拟学习"可在虚拟现实环境中实现学生自主学习、全新的交互和协作。由于职业学校、企业或跨企业培训中心提供的学习场所空间制约，校企合作通常变得比较复杂。然而，数字媒体可以实现职业学校与企业或跨企业培训中心的有效对接，呈现新的合作形式，产生第三个"虚拟学习场所"，使学生能独立于时间和空间，实现同步学习和异步学习。因此，通过"社交虚拟学习"，学生不是独立学习，而是在虚拟现实中与他人共同学习，犹如一个社交网络。在虚拟现实环境中的交互式学习，学生拥有更多的学习机会，实现碎片化和泛在化学习，获取与工作过程相关的实践和学习经验。

3. 运用生产岗位的能力发展（Keap）数字系统——工作过程中的数字教学与学习平台

"生产岗位的能力发展"数字系统是企业专家为学徒和员工在生产岗

位的工作过程开发的数字教学与学习程序。该系统依托现代信息技术，将传统的学徒制拓展为数字辅助教学模式，运用数字学习环境和数字学习材料补充、辅助教学过程，使工作过程的学习更加系统和灵活。

经验丰富的企业专家在数字学习环境中设定学习目标、选择学习内容、确定学习方法和安排学习材料等，引导学徒和员工明确捕获完整职业工作过程的知识与技能，包括生产和工作过程的知识（过程认知），操作方法和程序的基础（背景基础），识别、报告和排除故障的知识与技能（故障维护），关于环境、安全、健康和质量的知识与技能（环境、安全、健康和质量）、完成工作的技能（在工厂的工作）。这些知识与技能涵盖了连续的、完整的职业工作过程。

4. 创设 PRiME 应用系统——用于学生反思的移动学习工具

"专业反思型移动个人学习环境"应用系统旨在为移动操作人员（如服务技术人员或信号技术人员）提供移动的、个性化的信息和学习内容。在日常的学习和工作过程中，学生借助该系统和移动终端应用程序的视频、图片和文本记录获取知识，并分享给他人，主要目的是确保学生在工作环境中不断反思，在信息中思考，获取工作经验。

因此，PRiME 应用系统提供了一种新型信息处理方式和学习方式，基于 Web 应用程序，可自动将现有文档分为小单元，使学生在这些小单元的基础上收集与工作相关的信息，将所有相关的学习内容捆绑整合到移动终端应用程序，将非正式和正式学习相联结，学生之间通过互动交流提供相应的技能和学习路径。

（二）职业学校是实施数字化教育的主要学习场所

2017 年，德国发表声明《共同建设数字化世界中的高质量职业学校》，强调职业学校要推进数字化设施建设，明确职业学校的基础设施投入、面向未来数字化世界的专业人才职业资格与能力、数字化教育教学实施方案与课程体系、教师职业能力培训、教育内容与数字媒体、学校内部管理等方面的目标与任务。

职业学校须为学生提供数字化的学习环境，教师应通过技能培训具备应用数字技术的技能和开展数字化教学的能力。职业学校要将数字化融入课程建设和教学，开发在线学习课程、数字化学习内容和数字化教材等，以促使学生的学习更加有效。

（三）政策支持

德国政府通过制定和实施一系列政策，为数字化创新人才的发展提供支持。例如，政府设立专项资金，用于支持数字化创新人才的培养和引进。此外，政府还制定税收优惠、贷款支持等政策措施，鼓励企业和个人参与数字化创新活动。

2016 年，各州文教部长联席会颁布《数字化世界中的教育》，在教学计划、教学实施和课程开发，师资培养、继续教育和进修，基础设施和装备，教育媒体和内容，电子政务、学校管理程序、教育管理和校园管理系统，法律和功能框架条件等六个行动领域明确了职业教育现代化的目标与任务、必要措施及基本要求，为各州推进教育数字化提供了战略指南，并提出要加大对职业教育数字化建设的投入。

（四）产学研合作

德国注重产学研之间的深度合作，以推动数字化创新人才的培养。高校和研究机构与企业合作，共同开展数字化研究项目，共享研究成果。这种合作模式有助于将理论知识与实践经验相结合，提高数字化创新人才的综合素质。

首先，德国的高校和研究机构与企业之间建立紧密的合作关系。这种合作是基于相互信任和共同利益，通过共同开展数字化研究项目、共享研究成果等方式，实现资源共享和优势互补。这种合作模式有助于促进理论知识的实际应用，同时也能为企业带来实际的创新成果。

其次，德国在产学研合作中注重人才培养。通过高校、研究机构与企业的合作，可以为学生提供更多的实践机会和实践经验，有助于培养他们的创新能力和实践能力。同时，这种合作模式也能为学生提供更多的职业发展机会，帮助他们更好地适应数字化时代的发展需求。

此外，德国在产学研合作中还注重创新成果的转化和应用。通过高校、研究机构与企业的合作，可以将研究成果更快地转化为实际应用，推动产业升级和发展。这种合作模式有助于实现科研成果的商业化和社会化，促进经济的可持续发展。

（五）吸引和留住人才

为了吸引和留住全球优秀的数字化创新人才，德国需要提供具有竞争力的薪资和福利待遇，同时营造良好的工作和生活环境。此外，德国还可以通过建立国际化的研究机构和合作项目，吸引海外优秀人才参与德国的数字化创新活动。

提供具有竞争力的薪资和福利待遇是吸引和留住人才的重要手段。德国通过制定合理的薪酬体系和福利政策，确保数字化创新人才的收入与他们的贡献紧密相关，并提供丰厚的奖励和福利，以激励他们更好地发挥自己的才能和潜力。

营造良好的工作和生活环境也是吸引和留住人才的关键。德国注重提供舒适的工作环境和良好的生活条件，包括高质量的住房、便捷的交通、丰富的文化娱乐设施等，以满足数字化创新人才在工作和生活方面的需求。

建立国际化的研究机构和合作项目也是吸引海外优秀人才的有效途径。德国通过与国际知名高校和研究机构合作，共同开展数字化创新项目，为海外优秀人才提供参与国际合作的机会，促进人才交流和合作，从而吸引更多的优秀人才来德国工作和生活。

在此基础上，德国还注重为数字化创新人才提供职业发展和成长的机会。通过提供培训、进修和职业发展指导等服务，帮助人才不断提升自己的能力，实现个人职业发展。

（六）持续学习和技能更新

随着数字化技术的不断发展，持续学习和技能更新对于数字化创新人才至关重要。德国鼓励企业和个人持续投入时间和精力，学习新的数字化技能和知识。同时，部分传统工作岗位发生了变革，企业也需要升级改造生产设备。德国开展重点资助项目"职业教育数字学习迁移网络"，在中小型企业中创建实施数字化学习的组织结构，到 2022 年，将有 110 多家企业（中小型企业为主）获得资金和支持。

德国联邦教育与研究部还发布了《企业实践教育师资人员的媒体能力培训资助指南》，着眼于学习场所合作，对企业的培训师，尤其是中小型企业的培训师，开展数字媒体能力培训，为提升企业内职业教育专业人才的媒体素养和媒体教学能力提供资助，将数字媒体胜任能力纳入企业职业教育实践教学过程。中小型企业提供真实的生产工作岗位，保障学生实习顺利进行。学徒通过在中小型企业的数字化技能培训，如应用软件与程序、在线辅导、开放式在线课程等，获取更多的工作知识与行动技能，实现自主性学习。

此外，德国联邦教育与研究部启动了"跨企业职业教育培训中心与能力中心数字化"项目，支持跨企业培训中心适应数字化教育需求，更新基础设施，开发新的教育教学实施方案、课程设计和课程内容，运用人工智能机器人、3D 打印机、互动式平板电脑和移动智能设备等数字媒体，模拟数字化劳动和工作过程，对学徒进行现代化技能培训，帮助数字化创新人才跟上技术的发展步伐。

三、德国数字化创新人才培育模式借鉴

（一）顶层规划与制度设计

国家的顶层设计和制度规划是推进数字化创新人才发展的重要支撑，2019 年，德国修订《联邦德国职业教育法》《联邦德国基本法》，为实施职业教育数字化教育扫清了法律障碍。借鉴德国在职业教育数字化建设中的制度规划，我国应加强顶层设计，国家和地方须共同制定长期的职业教育数字化建设战略，可实施"完善基础设施 + 探索改革项目 + 保障技术创新"行动计划。

加强数字化创新人才的顶层规划与制度设计是确保数字化创新人才持续、健康发展的重要保障。这涉及对数字化创新人才的整体布局、发展方向、政策措施等多个方面的全面考虑和规划。

首先，顶层规划需要明确数字化创新人才发展的战略目标。包括确定数字化创新人才的数量、结构、质量等目标，以及实现这些目标的时间表和路线图。同时，还需要明确数字化创新人才在经济社会发展中的重要地位和作用，以提高全社会对数字化创新人才的关注度和支持度。

其次，制度设计是确保数字化创新人才发展的关键因素。包括制定和完善数字化创新人才培养、评价、激励、流动等方面的政策和制度。例如，可以建立数字化创新人才培育体系，提供多样化的培训和教育资源；建立科学的评价机制，对数字化创新人才的能力和贡献进行客观、公正的评价；制定激励政策，鼓励数字化创新人才发挥创新能力和创业精神；同时，还需要完善数字化创新人才的流动机制，促进人才在不同领域、不同行业、不同地区之间的合理流动和优化配置。

此外，加强数字化创新人才的顶层规划与制度设计还需要注重以下方面：

一是加强政策协同和资源整合。各部门之间需要加强沟通和协作，确保数字化创新人才政策与经济社会发展政策、科技创新政策等相互衔接、相互促进。同时，还需要整合各方面的资源，为数字化创新人才提供全方位的支持和服务。

二是推动数字化创新人才发展的国际化。加强与国际先进水平的对接和交流，引进海外先进的数字化创新人才培育模式和经验，提高我国数字化创新人才的国际竞争力。

（二）加强产学研合作

德国注重高校、研究机构和企业之间的紧密合作，共同开展数字化研究项目，分享研究成果。这种合作模式有助于将理论知识与实践经验相结合，提高数字化创新人才的综合素质。我们可以借鉴德国的产学研合作模式，加强企业、高校和研究机构之间的合作，促进资源共享和优势互补，推动数字化创新人才的培养和发展。

在我国，虽然已经有不少高校、研究机构和企业在数字化创新领域开展了合作，但仍存在一些问题和挑战。例如，合作机制不够完善，资源共享程度不够高，人才培养和流动存在障碍等。因此，为了加强数字化创新人才的培养和发展，我们需要进一步加强产学研合作。

首先，政府应发挥引导和协调作用，建立健全产学研合作机制，促进各方共同参与数字化创新项目的研究和开发。可以通过制定相关政策、提供资金支持、建立合作平台等方式，推动高校、研究机构和企业之间的深度合作。

其次，各方应积极参与资源共享和优势互补。高校和研究机构可以提供先进的科研设备、技术支持和人才培养资源，企业可以提供实践经验、市场需求和资金支持。通过资源共享和优势互补，可以降低研发成本，加速创新成果的转化和应用。

此外，还应加强人才培养和流动。高校和研究机构可以与企业合作开展实习、实训、研究等项目，为学生提供更多的实践机会。同时，可以建立人才交流和合作平台，促进不同领域、不同行业、不同地区之间的人才交流和合作，提高人才的综合素质和创新能力。

最后，需要优化政策环境，为产学研合作提供有力的支持和保障。政府可以制定相关政策，鼓励和支持产学研合作，提供资金、税收等方面的优惠和扶持，为数字化创新人才的培养和发展创造良好的政策环境。

（三）提供具有竞争力的薪资和福利待遇

德国为了吸引和留住优秀的数字化创新人才，提供了具有竞争力的薪资和福利待遇。我国应该借鉴德国吸引优秀数字化创新人才所采取的一系列措施，提高薪资及福利待遇，可以提供良好的工作环境和生活条件，为数字化创新人才提供更好的职业发展机会和成长空间。

首先，提供具有竞争力的薪资是吸引数字化创新人才的基础。企业应根据市场行情和人才价值，制定合理的薪资标准，确保数字化创新人才的薪资水平与其能力和贡献相匹配。同时，还应根据人才的发展潜力和工作表现，提供具有激励性的薪资增长机制，激发人才的创新活力和工作动力。

其次，除了薪资之外，提供优厚的福利待遇也是吸引和留住数字化创新人才的关键。包括提供完善的社保和公积金制度，确保人才的社会保障权益得到充分保障；提供舒适的工作环境和先进的办公设备，提高人才的工作效率和舒适度；提供多样化的培训和教育资源，帮助人才不断提升技能和能力；提供丰富多彩的员工活动和福利待遇，增强人才的归属感和凝聚力。

此外，为了保持薪资和福利待遇的竞争力，企业还应建立定期的市场调研和薪酬调查机制，及时了解市场行情和人才流动情况，对薪资和福利待遇进行动态调整和优化。同时，还应加强与员工的沟通和交流，了解他们的需求和期望，提供更加个性化的福利待遇方案，满足不同人才的需求和期望。

（四）建立国际化的研究机构和合作项目

德国通过建立国际化的研究机构和合作项目，吸引了海外优秀人才参与德国的数字化创新活动。我们也可以借鉴这种做法，与国际知名高校和研究机构合作，共同开展数字化创新项目，为数字化创新人才提供更多的国际合作机会和交流平台。

首先，建立国际化的研究机构有助于吸引海外优秀人才。通过与国际知名高校和研究机构合作，共同建立研究机构，可以吸引这些机构中的优秀科研人员和学者，为我国数字化创新领域注入新的活力和思想。这些海外人才不仅带来了丰富的科研经验和技术积累，还能为我国培养更多的数字化创新人才提供有力支持。

其次，国际化的研究项目可以促进国际间的交流与合作。通过与国际合作伙伴共同开展数字化创新项目，可以共享资源、技术和经验，共同解决全球性的数字化问题。这种合作模式有助于我国数字化创新领域与国际接轨，提高我国在全球数字化领域的地位和影响力。

此外，建立国际化的研究机构和合作项目还有助于培养具有国际视野的数字化创新人才。通过参与国际化的研究项目和合作，我国的数字化创新人才可以接触到更前沿的技术，提升他们的创新能力和国际竞争力。同时，这种合作模式还能为我国培养更多的国际化人才，为我国在全球数字化领域的长期发展奠定基础。

为了建立国际化的研究机构和合作项目，我们可以加强与国际知名高校和研究机构的合作，共同建立研究机构，开展数字化创新项目。在此基础上，鼓励和支持国内高校和研究机构参与国际数字化创新合作组织和平台，加强与国际同行的交流与合作。并且提供具有国际竞争力的薪资和福利待遇，吸引海外优秀人才参与我国的数字化创新项目。同时加强国际交流与合作项目的管理和评估，确保项目的质量和效益。

（五）加强数字化教育和培训

德国注重数字化教育和培训，为数字化创新人才提供全面的技能培养。我们要加强数字化教育和培训，提高数字化创新人才的技能和知识水平，以满足数字化时代的需求。

首先，加强数字化教育应从基础教育抓起。在中小学阶段，应增加与数字化技术相关的课程，培养学生的数字素养和基础技能。同时，高等教育机构也应调整课程设置，增加与数字化技术相关的专业和课程，为学生提供更多选择和发展机会。

其次，加强职业培训也是关键。针对在职人员，应提供数字化技术的培训课程，帮助他们掌握最新的数字化技能。同时，可以建立与行业合作的培训机制，根据行业需求和趋势，提供定制化的培训课程，确保培训内容与实际工作需求紧密结合。

此外，加强数字化教育和培训还需要注重实践和创新能力的培养。可以通过设立实验室、实践基地等方式，为学生提供更多实践机会，让他们在实践中掌握数字化技能和创新思维。同时，还可以鼓励学生参与数字化创新项目、竞赛等活动，激发他们的创新潜力和创造力。

最后，为了加强数字化教育和培训的效果，还需要建立完善的评估和反馈机制。可以对学生的学习成果、培训效果等进行定期评估，根据评估结果及时调整教育和培训策略，确保教育和培训质量不断提升。

（六）推动创新文化的建设

德国在推动创新文化建设方面也有着成功的经验。通过鼓励创新思维、倡导开放合作、鼓励尝试和容错等方式，德国营造了有利于数字化创新人才成长的创新文化环境。我们可以借鉴德国的做法，推动创新文化的建设，为数字化创新人才提供更好的创新氛围和条件。

首先，推动创新文化建设有助于营造开放、包容、创新的氛围。在这样的环境下，人们更加敢于尝试、敢于冒险，愿意挑战传统观念和方法，从而推动数字化技术的不断创新和发展。这种氛围能够吸引更多的数字化创新人才，激发他们的创新潜力，推动我国在数字化领域实现领先地位。

其次，创新文化建设可以促进跨学科、跨领域的交流合作。数字化创新往往涉及多个学科和领域的知识和技术，需要不同领域的人才共同合作、交流创新。通过推动创新文化建设，可以促进不同学科、不同领域之间的交流合作，打破壁垒，实现资源共享和优势互补，推动数字化创新的发展。

此外，创新文化建设还可以培养人们的创新意识和创新思维。通过举办创新竞赛、创业活动等方式，激发人们的创新热情和创造力，培养他们的创新思维和解决问题的能力。这种培养方式有助于为我国培养出更多的数字化创新人才，推动数字化技术的不断创新和应用。

为了推动创新文化的建设，我们要加强创新教育和培训，提高人们的创新意识和创新能力，并鼓励和支持创新型企业的发展，为数字化创新提供良好的市场环境。同时建立创新平台和合作机制，促进不同领域之间的交流合作，以及加大对创新成果的保护和推广力度，激发人们的创新热情和创造力。

第三节　英国数字化创新人才培育的模式与借鉴

随着全球经济的深入发展和科技的飞速进步，数字化转型已成为国家竞争力和企业生存发展的关键。在这一进程中，数字化创新人才的培育对国家综合竞争力的提升显得尤为重要。英国作为世界上科技创新的领先国家之一，为提升其在数字领域的国际地位和竞争水平，多措并举大力推进数字科技人才的培养引进，在数字化创新人才培育方面形成了独特的模式和经验。其围绕建设公共数字学习平台、开发推广教育数字资源、提升教师数字教育教学能力、加强数字教育公平等议题，从国家层面出台了推动教育数字化转型的战略政策，通过政府监督、市场参与、学校推进、局部试点、全民参与等方式，构建系统协同推进教育数字化转型的治理体系。这些都值得我们深入研究和借鉴。

英国历来重视科技创新和人才培养，其教育体系、科研实力和创新环境都为数字化创新人才的培养提供了有力支撑。可以发现，英国在教育改革与战略布局中始终围绕着一条主线，即培养服务于国家社会发展的人才。尤其是在第二次世界大战后，英国综合国力削弱，传统的教育理念和政策已经后继乏力，亟须进行教育改革，以为国家再度强盛积蓄大量高素质人才资源。英国政府和企业界在数字化创新人才培育方面采取了一系列有效的措施，形成了具有特色的培育模式。本节将对英国数字化创新人才培育的模式进行详细探讨，并提出我国在此方面的借鉴策略。

一、英国数字化创新人才培育的模式

英国在数字化创新人才培育方面具有多种模式，其中包括高校的学术研究和实践机会、政府的政策支持以及企业的合作参与，这些模式共同构成了一个多元化、开放性和创新性的人才培育体系，促进了数字化创新人才的培育和行业发展。

（一）政策导向——构建数字化创新人才培育的战略框架

英国政府高度重视数字化创新人才的培育，以加强数字教育质量控制和提升数字包容性为目标，健全数字教育保障体系，为培育和壮大数字人才队伍提供支撑。通过制定一系列政策和战略，为数字化创新人才的培养提供了有力的保障。为确保人才培养的可持续性，英国政府明确了数字化创新人才培育的长期目标和短期目标。这些目标包括提高数字化技能水平、增加数字化创新人才的供给、促进数字化技术在各行业的应用等。通过设定明确的目标，政府能够充分引导各方资源向数字化创新人才培育倾斜，确保人才培养工作的高效推进。在优化数字化教育资源配置方面，英国政府通过加大对数字化教育的投入，从增加数字化教育课程、加强数字化教育师资队伍建设、改善数字化教育设施入手，为数字化创新人才培育提供了坚实的基础支持。在英国，数字化人才培育工作的国际前瞻性十分突出，政府致力于将数字化人才推向国际，在与其他国家建立合作关系、开展交流项目的过程中为学生创造更多的国际化教育和实践机会，拓展学生的国际化视野，进一步强化学生的跨文化沟通能力和国际竞争力。英国政府致力于完善数字化创新人才的评价体系，这一点不仅确保了人才评价的公正性和准确性，也在制定评价标准、建立评价机构等一系列措施落地实施的过程中，能够对人才给予激励和支持。

（二）教育体系——打造数字化创新人才培育的摇篮

英国数字化人才的培育从教育体制入手，重视培养学生的数字化思维能力、创新意识和实践能力，引导学生利用信息技术进行学习和创新实践。同时致力于构建更加开放、灵活的教学体系，将数字化技术、创新理念融入各个学科，促进跨学科的交叉融合，营造出良好的培育环境。英国教育体系从基础教育阶段就开始全面整合数字化教育内容。无论是中小学的课堂教学，还是大学的专业课程，都强调数字化技能的培养。这种整合确保了学生在学习的各个阶段都能接触到最新的数字化知识和技能，为他们的未来发展打下坚实基础。英国教育体系非常注重实践与应用能力的培养。通过项目制学习、实习实训等方式，学生能够在实践中学习和应用数字化技术，提高解决问题的能力。这种以实践为导向的教育方式，有助于培养学生的创新思维和实践能力。数字化创新往往需要融合多个学科的知识和技能。因此，英国教育体系鼓励和支持学生进行跨学科学习。通过选修不同学科的课程、参与跨学科研究项目等方式，学生能够拓宽视野，培养综合素质，提高创新能力。英国的高校和研究机构建立了多个跨学科的创新实验室，通过跨学科的合作和研究，培养学生的创新思维和实践能力。这些实验室为学生提供了丰富的实践机会和资源，有助于他们在数字化领域取得突破和创新。英国教育体系重视学生的评价和反馈。通过定期评估学生的学习成果、收集学生的意见和建议等方式，教育体系能够及时调整和优化教学内容和方法，确保数字化创新人才培育的质量和效果。英国在中小学阶段就加强了计算机科学和信息技术教育，通过普及编程课程、开展科技竞赛等活动，激发学生对数字化技术的兴趣和热情。英国充分利用在线教育和远程教育的优势，为学生提供更加灵活和便捷的学习方式。通过在线课程和远程教育平台，学生可以随时随地学习数字化知识和技能，提高数字化创新人才培育的效率和覆盖面。

（三）校企合作——构建数字化创新人才培育的生态系统

英国的教育体系和企业界一直在密切合作，以构建一个数字化创新人才培育的生态系统。这种生态系统将教育资源、产业需求和创新精神相结合，为学生提供一个全方位、多层次的数字化创新学习和发展平台。英国的高校和企业紧密合作，共同制定数字化创新人才培育方案。这些方案结合企业的实际需求和高校的教育资源，确保学生能够在学习过程中获得实用的技能和知识。同时，企业界的参与也使得培育方案更具前瞻性和创新性，能够紧跟数字化技术的发展趋势。

英国校企合作注重实习实训和项目合作。学生可以在企业中进行实习实训，参与真实的项目工作，从而深入了解数字化技术在企业中的应用和实践。同时，高校和企业也可以共同开展研究项目，推动数字化技术的创新和应用。英国校企合作还涉及资源共享和平台建设。高校和企业可以共享彼此的资源，如实验室、设备、数据等，从而为学生提供更丰富的学习和实践机会。此外，双方还可以共同建设数字化创新平台，为学生提供在线学习、交流和实践的空间。英国校企合作重视评价与反馈机制。通过定期评估学生的学习成果、收集企业和学生的意见和建议等方式，校企双方可以及时调整和优化培养方案，确保数字化创新人才培育的质量和效果。同时，这种评价与反馈机制也有助于加强校企之间的沟通和合作，推动生态系统的不断完善和发展。

（四）创新创业支持——激发数字化创新人才的创造力和创新精神

英国一直以来都非常重视创新创业，特别是在数字化领域。为了激发数字化创新人才的创造力和创新精神，英国政府、企业和社会各界都提供了广泛的支持和资源。

英国政府通过制定和实施一系列创新创业政策，为数字化创新人才提供良好的发展环境。例如，政府设立专门的创新基金，用于支持创新型企业的发展和创新项目的实施。此外，政府还提供了税收优惠、贷款担保等政策措施，降低了创新创业的风险和成本。英国各地都设立了众多的创业孵化器和加速器，这些机构为数字化创新人才提供全面的创业支持。包括提供办公空间、资金支持、导师指导、网络资源等，帮助创业者快速成长并实现商业化。同时，这些机构还经常举办创业培训、创业大赛等活动，为数字化创新人才提供展示自己才华的平台。英国鼓励高校、研究机构和企业之间进行产学研合作，共同推动数字化技术的创新和应用。通过合作研究、技术转移等方式，高校和研究机构的科研成果能够快速转化为实际的产品和服务，同时也为数字化创新人才提供更多的实践机会和职业发展空间。英国的风险投资和天使投资市场非常活跃，为数字化创新项目提供充足的资金支持。这些投资者不仅提供资金，还为创业者提供宝贵的商业建议和资源支持，帮助他们更好地应对市场挑战和把握发展机遇。英国社会普遍重视创业精神和创新意识，这为数字化创新人才提供了良好的文化氛围。政府、企业和社会各界都鼓励和支持创新创业，为创业者提供广泛的资源和支持。同时，英国的媒体和社交平台也积极宣传创业故事和成功经验，激发更多人的创业热情和创新精神。

（五）国际化视野——拓展数字化创新人才的国际交流与合作

英国在数字化创新人才的培养过程中，非常注重拓宽学生的国际化视野，加强与国际的交流与合作。这种国际化的视角不仅有助于学生更好地适应全球化的工作环境，还能够促进不同文化之间的交流与融合，从而培养出具有国际竞争力的数字化创新人才。

英国的高校和研究机构积极与国际合作伙伴开展交流与合作项目，如双学位项目、联合培养项目、学生交换项目等。这些项目为学生提供了在国际环境中学习和实践的机会，使他们能够深入了解不同国家的文化、科技发展和市场需求。通过与国际同行的交流，学生能够拓宽视野，增强跨文化沟通能力，为未来的国际化职业发展打下坚实的基础。英国积极鼓励学生参与国际性的数字化创新竞赛活动，如国际大学生程序设计竞赛、国际机器人大赛等。这些竞赛活动为学生提供了展示才华的平台，同时也能够帮助他们结交来自世界各地的优秀人才。通过参与国际竞赛，学生能够锻炼自己的创新能力和团队协作能力，提高在国际舞台上的竞争力。英国的高校和研究机构与国际合作伙伴共同开展数字化创新领域的研究项目，推动国际间的科研合作与交流。这种合作模式有助于汇聚全球的智慧和资源，共同解决数字化领域的全球性挑战。通过参与国际合作研究，学生能够接触到最前沿的科研成果和技术动态，提升自己的研究能力和创新水平。英国的高校和研究机构注重引进和培养具有国际化背景的师资队伍。这些教师不仅具有丰富的教学经验和实践经验，还能够为学生提供国际化的教育视角和跨文化交流的机会。通过与国际师资的互动和学习，学生能够更好地了解国际化的教育理念和教学方法，提高自己的国际化素养和竞争力。英国积极与国际知名企业和组织建立合作关系，为学生提供实习和就业机会。通过与这些企业和组织的合作，学生能够深入了解国际企业的运作模式和市场需求，积累国际化的工作经验。同时，这些企业和组织还能够为学生提供职业发展规划和就业指导等方面的支持，帮助他们更好地适应国际化的职业环境。

（六）教育设施建设——完善 STEM 教育体系教育设施建设

英国政府认为 STEM 作为科技创新与发展的主要驱动力，应纳入未来经济与社会发展规划。实践表明，国家从战略高度进行顶层设计，通过出台政策、搭建平台和开展项目，有助于缓解 STEM 人才短缺问题。英国政府坚持数字普通教育和数字职业教育"不同类型、同等重要"的原则，英国教育部在三个财政年度（2022—2023 年至 2024—2025 年）投资 7.5 亿英镑，支持 STEM（科学、技术、工程、数学）教育教学设施建设，并提供 3 亿英镑的经常性战略优先拨款，支持数字课程建设，推进数字教育教学改革。

英国教育部将数字编码课程作为中小学必修课程，通过举办计算机科学中等教育证书考试、计算机科学 A 级考试，提升中学和小学教育的"数字含量"。鼓励高等学校开设 STEM 课程，扩招 STEM 专业大学生，扩大奖学金资助规模。针对数字化学习、使用数字技术制定战略或框架，将数字能力嵌入学习课程，并制定评估策略，通过数字设备、数字媒体及数字应用程序开展学习和教学活动，包括教职员工的数字化学习和发展、学生的正式与非正式学习，丰富学习者的数字学习主观体验，提升其成就感及幸福感。在推进数字职业教育发展进程中，英国教育部推出了 T-Level 职业技术课程，为 16~19 岁的青少年提供明确的技术教育选择。该课程是与富士通、亚马逊等 250 多家科技企业共同合作开发，为培训人员提供至少 315 小时（约 45 天）的教育环境学习和"在职"体验，将课堂学习和行业实习相结合，帮助顺利进入职场、成为学徒或是继续深造。职业技术课程的数字科目有三个 T 级，包括数字商业服务、数字设计和开发；数字支持服务。T-Level 课程将工作与学习相结合，完成学习后，既可以通过转换学分的方式申请高等学校，也可以在学业结束时选择就业。英国数字化人才培育完善的特征体现在数字科技人才培养保障力度的日趋提高，措施的日渐成熟，英国政府以加强数字教育质量控制和提升数字包容性为目标，健全数字教育保障体系，为培育和壮大数字人才队伍提供支撑。通过重组数字技能委员会，为政府和行业之间在数字人才培养领域的联络与合作提供组织协调和智力支持，解决了数字技能人才短缺和质量不足的问题。该委员会以提升全民的数字素养为目标，深化推动数字科技行业走向主导的趋势，致力于解决行业对数字技能的需求和雇主面临的数字技能挑战，提升就业人员重新掌握数字技能和提高数字技能的机会，为非数字岗位的人员提供进入数字行业和获得数字工作的途径。教育服务专门机构提供支持，英国高等教育职业服务中心为 STEM 授课教师提供培训，以提升授课教师的专业技能和教学水平，提高学生进入就业市场的数字技能水平，同时中心还为成年人提供免费、公正的职业信息、求职建议和培训指导，确保他们了解在数字科技领域可以获得的学习和工作机会。学徒制和技术教育研究所推出数字职业地图，实现学徒培养目标，搭建与企业之间的信息交流平台，并就工作安排、工作经验同数字科技企业展开密切合作。英国学生事务办公室建立以课程设置、教学质量评估、学生就业三方面的评价标准，提升学校数字科技人才培养质量。学生事务办公室要求学校开展课程质量监测，衡量数字课程设置与培养目标、社会需求的匹配度，实现对课程的动态调整；以教授学生基础数据技能为核心建构教学质量评估方法，对教学质量评估表现不佳的数字教育机构施加撤销注册资格、减少财政资助等处罚；以就业成功率和就业去向为参考，对低就业率的数字教育机构进行罚款，激励教育机构采取有力举措，提升人才培养能力。英国对数字科技人才终身学习给予极大的支持，英国《数字经济战略》报告指出总人口中仍有 27% 的人口只具备最低的数字能力，这意味着他们难以进行在线互动且有被社会排除在外的风险，社会的数字包容性方面存在重大缺失。因此促进终身学习，培育终身数字技能被英国政府视为增强数字包容、壮大数字人力资源队伍、提升人才质量的关键手段。推出新的数字技能认证标准，英国教育部发布了基本数字技能的新国家标准，该标准以基本数字技能框架为基础，在与雇主、数字技能和合作伙伴协商的基础上制定。只有符合基本数字技能国家标准的新入门级和一级资格，才有资格获得成人教育预算资助，支持申请人参加数字课程培训。英国推出了终身数字技能支持政策，该政策通过税收减免和优惠手段激励企业扩大招收学徒，促进学徒流动。企业已在数据科学、网络安全、数字和技术解决方案、人工智能、数据和创意数字设计等一系列职业中开发了 26 个高质量的学徒计划，让年轻人有机会获得前沿科技技能。鼓励企业开办技能训练营，为没有或者数字技能较低的成年人免费学习新的数字知识提供保障，技能训练营包括软件开发、数字营销和数据分析等内容，可以为参与者提供获得数字工作机会的知识储备和实务培训。加强与产业部门和公共服务部门合作，这也是英国重视企业在数字人才培养中发挥作用的重要体现，通过推动产业部门提供高质量的员工培训，提升受雇员工的数字技能，发挥公共图书馆等基础设施在数字人才培养中的作用。英国 2900 家公共图书馆承诺提供免费无线网络连接、电脑和其他技术设备，并通过提供技能培训和用户支持，拓宽普通人获取数字科技知识，培育数字科技能力的渠道。为了汇集全球优秀数字科技人才，英国政府对招揽科技人才的签证体系进行了巨大的调整，高潜力人才签证面向毕业于全球顶尖大学的学生开放申请。

该签证不需要申请人提供第三方担保，便可快捷获得工作签证，使人才可以灵活地在英国就业或者择业。这种调整表现为增长型企业签证和创新家签证。增长型企业签证旨在帮助增长型公司发展，允许那些拿到增长型公司技术工作机会的人才来到英国。只要公司三年内的年平均收入或就业增长率超过20%，并且在三年内公司至少有10名员工，签证持有人就可以进行签证的续签及永居申请。创新家签证允许海外有才华的创新者和企业家在英国创办和经营一家风险投资或创新型企业，3年可获永久居留，这样的措施在很大程度上能够起到激发人才活力和增强人才流动性的积极作用。英国在全球竞争中正在不断失去创新人才，这一趋势在脱欧之后更加严重，认识到这一问题的英国政府扬汤止沸，从个人税收上加强优惠力度来留住创新人才，为此，英国政府呼应创新型企业需求，将新冠肺炎疫情期间个人所得税税收优惠、个人免税额及各税档征税点政策延续到2026年4月。同时新增健康及社会照护费优惠政策，允许符合条件的外籍员工在2022—2023税务年度享受社保豁免，从而吸引更多全球顶尖人才，确保到2030年扭转人才流失局面。英国政府建立了全球人才网络，全球人才网络计划于2022年启动，将与英国企业合作，确定海外校园、创新中心和研究机构的技能需求和人才来源。该网络还将在美国和印度推出，然后在2023年扩展到全球。英国政府还推出全球企业家计划，该计划已经成功吸引了拥有丰富知识产权的高科技企业创始人移民英国，支持英国创新技术的发展。英国数字化人才培养一大特色在于拥有可互操作的数字人才队伍，以数字和信息能力通用化和专业化为基础建立数字科技人才共同发展的专业分析框架，设计明确的能力标准、职业发展道路和通用的人才管理方法，营造敢于冒险和创新的文化环境，推动数字科技人才能够在不同职能部门之间灵活使用。

二、英国数字化创新人才培育的模式借鉴

英国在数字化创新人才培育方面采取了一系列具有前瞻性和创新性的模式，这些模式不仅为英国自身的数字化转型提供了有力支持，也为其他国家提供了宝贵的借鉴经验。以下将从多个方面深入探讨英国数字化创新人才培育模式，以期为我国数字化创新人才培育提供有益的启示。

（一）构建数字人才培育新模式

随着教育数字化进入"超越工具性"的新阶段，高校应统筹推进育人模式，重视数字化转型中知识从开发、应用到交流的全过程。

1.优化高等教育学科建设和专业设置

加快数字技术相关新兴学科、交叉学科建设。聚焦国家数字化战略紧缺人才，带动企业共商动态培养方案，制定涵盖低端技术人员和高端技术专家的培养目标。在专业课程设置上，要兼顾基础性和专业性，避免"大而全、多而空"。

2.建立产学研深度融合、协同育人的"学徒"机制

政府、教育部门、企业应协力打造数字人才链，形成与市场需求相适应的数字人才教育结构。通过建立"学徒制"，允许中小企业按比例，以提供数字技能培训抵免税收的方式，为学生提供专业培训、职业体验或短期模块化训练营，搭建职业需要与技能提升之间的桥梁，真正帮助学生获得可持续发展的终身数字能力，成为数字中国建设的长期内源性动力。加强与国内外企业、大学的密切合作，提升知识应用、交流的实际价值，培养具有全球胜任力的数字人才。

3.完善数字人才培养教学和评价体系

教学上充分利用慕课、翻转课堂、云课堂、人工智能等新兴数字教学手段，实现资源共享，提升学生与数字经济密切关联的职业素养。同时，

制定线上线下相融合的测评手段，利用信息跟踪挖掘、建立数字档案等方式，确保学习者及时获得数字技能的形成性反馈。

4.打造双向驱动型数字文化生态

文化变革是数字化转型的内源动力。数字文化直接决定着高校处理数字化相关问题的方法，决定着实施数字化变革的深度。良好的组织心态和生态文化，能够反映组织的优先事项和价值观，是实现数字化转型的助推器。相对而言，英国对数字文化的界定更宽泛，真正从理念层面实现数字文化对整体组织的浸润。我国高校应突破以图书馆数字化为核心的单一数字文化建设，打造以人为本的数字文化生态，实现管理层与其他利益相关者间的双向驱动，全面推进数字化转型自驱式、内涵式发展。提升管理层数字领导能力，实现自上而下驱动。

（二）培养数字化人才可借鉴的经验

从内部制度发展的角度来看，组织变化呈现一种自上而下或自下而上的发展趋势，而前者是由高层管理人员制定政策和战略，并采取措施使之在整个组织中传播。因此，高校管理层的数字领导能力对数字化转型起到至关重要的引领作用。我国高校可以借鉴英国通过投资数字化人才的经验，提升数字领导力的方式。

1.优化提升组织架构

从组织系统整体入手，通过组织定期培训，直接提升管理层自身数字能力，弥补在数字化决策方面存在的思维和意识差距，这是破解我国当前数字化人才困境的重要途径。向内优化团队专业结构，设立专门的数字化岗位，使其直接参与学校决策过程，例如可以设立数字副校长、首席信息官、内部咨询员等专门的数字化岗位。数字化岗位负责人可以根据数字技术发展变化做出及时调整，创设新的组织愿景、打造新管理模式、研判数字化风险投资、协调不同利益相关者的关系，在教学、服务、研究等核心数字化战略领域做出明智决策。向外大力鼓励所有利益相关者参与，实现自下而上驱动。以人为本是实现组织发展愿景的核心动力。学校应鼓励师生积极参与数字治理、组织战略决策，共同构建机构数字文化，营造一种创新、共享、协作、安全的工作和学习环境。

2. 提高战略规划效能

数字技术已成为企业生产经营和管理决策的新手段。根据态势分析法（SWOT）涉及的内部优势、弱势、外部机会、威胁等要素，高校应不断提高数字技术、数字基础设施建设战略规划效能，加强新型数字基础设施建设，打造坚实的数字底座。英国的已有经验告诉我们必须不断优化数据驱动型资源供给服务。充分利用大数据、云计算、人工智能等新一代信息技术，打破数据壁垒，放大叠加效应，建立数据系统间有机衔接，全面建设教学、财务、人力资源数字化运行支持体系，实现组织高效化运作。在改善数字基础设施硬件条件，建设新型智慧校园的过程中，高校应将智慧建筑理念有机嵌入校园整体设计，在教学、生活用地规划、开发、管理和维护上，充分考虑数字基础设施的可持续性，配备专业人员，提供一系列同步和异步远程服务，实现物理、虚拟教学空间的高效融合。利用智能环境中的数据分析，精准识别校园交通和物理空间的使用情况。优化数字基础设施建设业务流程。确保数字基础设施在规划上的包容性、安全性、可持续性，实现长期规划、科学投资、定期审查，避免投资华而不实的教育数字平台和产品，实现数字化转型战略投资的价值。

3. 注重实践导向

在数字化创新人才培育过程中，我国应强调实践的重要性，为学生提供更多的实践机会和实践导向的教育项目。通过实践导向的教育模式，可以帮助学生将理论知识转化为实际操作能力，提高他们的就业竞争力。具体措施包括：加强实验室和实践基地建设，为学生提供充足的实践资源；

鼓励学生参与科研项目和实践活动，培养他们的实践能力和创新意识；与企业合作开展实习实训项目，让学生在实践中了解行业需求和职业发展路径。

4. 建立终身学习体系

我国应建立数字化创新人才的终身学习体系，提供多种形式的培训和教育资源，帮助他们不断更新知识和技能。通过终身学习体系的建设，可以确保数字化创新人才始终保持领先地位和竞争优势。具体措施包括：建立在线课程平台和学习资源库，提供丰富的数字化创新课程和培训资源；开展定期的培训活动和工作坊，为数字化创新人才提供持续学习的机会；建立数字化创新人才的认证和评价体系，激励他们不断学习和提升自己的能力。

5. 统筹提升师生数字素养

师生数字素养"软"建设是数字化转型的重要环节。只有师生熟练掌握数字教学的操作流程、善于选择适配的数字技术和工具，才能充分发挥数字化教育潜力，师生数字素养的提高必须落实到数字化教师队伍的建设上。强教先强师，政府、学校统筹推进数字素养提升计划，将数字培训（如数字学习、数字研究、数据分析）纳入教师专业发展框架，利用国家级教师研修平台，培养数字化教学技能和信心。培训应针对实践操作和集体反思，重构高质量混合式教学新模式，避免教师在虚拟世界简单复刻传统教学模式。师生数字化素养的提高必须重点关注数字贫困学习者，要提升数字素养、弥补数字鸿沟。划拨专款定向培训经济弱势、学习不善者群体，满足学生未来就业需求的数字技能偏好。通过建立同伴互助、激励补偿机制，鼓励学生实现自由、全面及个性化数字技能发展。推出行业主导的数字技能认证服务。政府、高校可以与重要的数字化相关行业建立合作，通过培训、测试、发放认证等手段，为学生提供靶向式职业数字技能培训和认证服务。

此外，我国还可以从以下几个方面借鉴英国的经验：

一是强化政策支持。政府应加大对数字化创新人才培育的政策支持力度，制定和完善相关政策和法规，为数字化创新人才的成长和发展创造良好的环境和条件；二是加大资金投入。政府和企业应加大对数字化创新人才培育的资金投入，支持高等教育机构和科研机构开展数字化创新研究和人才培养工作；三是加强国际合作与交流。我国可以加强与国际先进国家在数字化创新人才培育方面的合作与交流，学习借鉴他们的先进经验和做法，提升我国数字化创新人才的培养水平和国际竞争力。

综上所述，英国数字化创新人才培育的模式借鉴体现在多个方面。通过加强产教融合、推动跨学科教育、注重实践导向以及建立终身学习体系等措施，我国可以不断提升数字化创新人才的培养质量和水平，为推动数字化转型和经济发展提供有力的人才保障。同时，政府、企业和社会各界也应共同努力，为数字化创新人才的成长和发展创造良好的环境和条件。我国应借鉴英国的经验，深化教育体系改革，加强计算机科学和信息技术教育，推广编程课程，培养学生的数字化素养和创新能力。同时，还应注重跨学科的创新教育，培养学生的综合素质和实践能力。

第四节 日本数字化创新人才培育的模式与借鉴

日本既是世界第三大经济体，也是亚洲地区教育最发达的国家之一，近年来，随着物联网、虚拟现实以及人工智能等尖端技术的迅猛进步，日本在"第五次科学技术基本计划"中明确提出了"超智能时代"（即Society5.0）的构想。这一理念的核心在于，借助信息技术和科技创新的力量，推动教育的数字化转型，进而引领整个社会的数字化革新。此外，日本政府认识到，在迈向"超智能社会"的进程中，要实现"让每个学生都能认识自我、发掘潜力，在多元合作中适应社会的变迁，并最终成为推动可持续发展社会的中坚力量"这一教育目标，教育数字化转型无疑是一个不可或缺的环节，日本的教育体系为国家的未来发展培养了大批高素质的人才。

一、日本数字化创新人才培育的现状

（一）政府大力支持与投入增长

近年来，政府对于数字化创新教育的投入呈现逐年增长的趋势，这种增长的背后，是对未来数字化时代发展趋势的深刻洞察和对人才储备的远见卓识。为了确保数字化创新教育的质量和效果，日本政府设立了专项资金，这些资金不仅数额庞大，而且使用方式灵活多样，它们不仅用于支持高校和研究机构开设与数字化创新紧密相关的专业课程，还鼓励这些机构与企业开展深度合作，共同研发新技术、新产品，推动产学研深度融合。除了资金上的支持，日本政府还出台了一系列相关政策，为数字化创新人才的培养提供了全方位的保障，这些政策涵盖了教育、科研、产业等多个领域，旨在构建一个良好的数字化创新人才培育系统。政府提供了税收优惠、资金扶持等实质性支持，减轻了企业在人才培养方面的经济压力；同时，政府还加强了对数字化创新成果的保护和转化，鼓励创新成果的商业化应用，为创新人才提供了更广阔的发展空间和机会。在政府的大力支持与推动下，越来越多的年轻人选择投身这一领域，他们在政府的支持和企业的培养下，迅速成长为具备高度专业技能和创新精神的数字化创新人才。这些人才不仅在日本的数字化进程中发挥了重要作用，还为全球数字化创新领域的发展做出了重要贡献。

（二）产官学共同培养数字化创新人才

为了加快数字化转型的速度，日本各地大学、企业、政府之间开展合作，积极培养数字化创新创新人才。

1. 日本高校与企业之间的合作愈发紧密

这一趋势不仅促进了教育与实践的深度融合，也为企业和高校双方带来了显著的共赢效益。一方面，越来越多的日本高校积极寻求与企业的合作机会，共同开展实习、项目合作和产学研一体化等活动，这些活动为学生提供了宝贵的实践机会，使他们能够在实际工作环境中应用所学理论知识，锻炼实际操作能力和解决问题的能力。通过与企业的紧密合作，学生不仅能够深入了解行业发展趋势和市场需求，还能够积累丰富的职业经验，为未来的职业发展奠定坚实基础。另一方面，企业也积极参与高校的合作项目，通过与高校的合作，企业能够获取到最新的科研成果和技术创新，推动企业的技术升级和产品创新。同时，企业还能够从高校中选拔到具备高度专业素养和创新精神的人才，为企业的发展注入新的活力，这种合作模式不仅有助于提升企业的竞争力，还能够促进企业与高校之间的知识共享和技术转移。

在这种紧密的合作模式下，高校与企业之间的界限逐渐模糊，双方形成紧密的产学研合作关系，这种合作模式不仅有助于培养学生的数字化创新能力，提升他们的职业素养和综合能力，还能够为企业输送大量高素质人才，推动企业的持续发展和创新。例如，为了培养数字化转型所需的人才，2023 年，日本宫崎大学与旭化成、宫崎银行、DENSAN、E&M 共同设立了"宫崎县数字人才联盟"。宫崎县政府对与市町村开展的合作或举办的大型活动等进行支持，希望通过产官学联手一起推进县内的数字化转型。2023 年 9 月之后，该联盟将会以高中生以上学历人员以及社会人士为对象，为提高其数字技能开展各种培训项目。宫崎县数字人才联盟会长、宫崎大学校长鲛岛浩表示，今后各合作方将会取长补短，共同为创造新的产品、新的企业而努力。

2. 政府与高校合作培养数字化创新人才

日本政府为了实现资源共享和优势互补，积极倡导并推动高校间的深度合作与交流，以应对数字化社会的快速发展。为了达成这一目标，爱媛县政府与县内的四所知名大学——爱媛大学、河原学园的人间环境大学、松山东云女子大学和松山大学，共同签署了合作备忘录。爱媛县设定的宏伟目标是，到2030年培养出万名数字化领域的专业人才。根据这一合作备忘录，爱媛县政府将与这四所大学在六大关键项目上展开深度合作。这四所大学将通过设立新的专业课程、提供实战型培训等方式，为企业和社会输送具备实际操作能力的数字化人才，特别是爱媛大学，计划于2025年推出数据科学等前沿专业课程，以满足市场对数字化人才的需求。未来，爱媛县政府将与这四所大学围绕在信息化领域设立新院系、为在职人员提供技能提升或再培训等一系列议题，深入探讨并制定具体的实施策略与步骤，共同为培养更多优秀的数字化创新人才而努力。

3. 政府与企业合作培养数字化创新人才

从2023年开始，日本总务省为切实保障各都道府县政府对数字化人才的需求，通过加强与民间人才服务机构的战略合作，进一步强化对地方政府的系统性支援。在这一框架下，日本总务省将围绕数字化人才招聘策略、人才管理机制优化等关键议题，提供精准而深入的学术性建议，以推动地方政府的数字化转型进程。各都道府县获得该项支援的条件是，需要将确定招募的人才派遣到各市町村政府，从而推进基层的数字化。在日本国内，由于政府和民间在当前对数字化人才的需求很旺盛，地方上的小城镇如果想单独获得数字化人才极其困难，因此希望都道府县政府起到主导作用。日本总务省和人才服务公司针对希望获得支援的都道府县政府，将在招聘人才方面提供长期的咨询服务。同时，对人才的雇佣形态以及报酬标准等具体事项也会提供建设性意见，日本总务省总结过往的经验，制定确保数字化创新人才的细则说明，并在全国范围内推广。

（三）数字化教育普及率提升

日本数字化教育的普及率正在稳步上升，越来越多的学校和教育机构开始认识到数字化教育的重要性，并积极引入各种数字化教学工具和技术。这些工具和技术包括但不限于智能教学平台、在线教育软件、虚拟现实和增强现实等前沿科技。通过这些数字化工具的引入，教育机构能够为学生提供更加丰富、多元的学习资源和学习体验，从而激发学生的学习兴趣和积极性。数字化教育的普及不仅为学生带来更多的学习选择和可能性，更有助于培养他们的数字化素养和创新思维。在数字化教育的熏陶下，学生能够更好地适应数字化时代的挑战和机遇，掌握运用数字技术解决问题的能力。这种能力对于他们的未来发展至关重要，无论是在学术研究、职业选择还是个人生活中，都将发挥重要的作用。此外，数字化教育的普及也为未来的职业发展打下坚实基础，随着数字化技术的不断发展，越来越多的行业和企业开始寻求具备数字化技能和素养的人才。通过接受数字化教育，学生能够更好地适应这一趋势，提高自己的就业竞争力和职业发展潜力。

（四）国际化人才培养趋势明显

在全球数字化浪潮的推动下，日本在数字化创新人才培养方面展现出了明显的国际化趋势。这一趋势不仅反映了日本对于全球数字化进程的深刻认识，也体现了其对于培养具备国际竞争力的数字化创新人才的迫切需求。众多日本高校已经积极行动起来，致力于引进国际先进的教育理念和培训资源。通过与世界顶级学府和研究机构的合作与交流，这些高校得以吸收国际前沿的教育理念和教学方法，从而优化自身的课程设置和教学模式。同时，他们还积极引进国际优秀的教师和学者，为学生带来更为广阔和深入的学术视野。

除了高校之外，日本的企业也在数字化创新人才培育方面展现出了国际化的姿态，在全球化的背景下，具备国际视野和竞争力的数字化创新人才是企业持续发展的关键，因此，许多企业开始与国际知名机构和企业开展深度合作，共同培养数字化创新人才，这些合作不仅涉及技术交流和项目合作，还包括人才培养和资源共享等方面。通过与国际知名机构和企业的合作与交流，日本培养出一批具备国际视野和竞争力的数字化创新人才，这些人才不仅具备扎实的专业知识和技能，还具备跨文化交流和合作的能力，能够在全球范围内发挥他们的创新潜力。随着全球数字化进程的加速，日本在数字化创新人才培育方面的国际化趋势愈发明显，这一趋势将有助于提升日本在全球数字化领域的竞争力和影响力，为其未来的发展和繁荣奠定坚实基础。

二、日本数字化创新人才培育的模式

（一）构建贯通人才培养体系

1．"从小学到大学"连续培养

日本在构建下一代科技创新人才培养体系时，显著强调了"从小学到大学"这一连贯且持续的培养模式。为了实现其在全球科学技术领域的引领地位，日本在第二期科学技术基本计划中明确提出对下一代科技创新人才的系统性和长期性培养策略。为确保日本科学技术的持续创新力，构建涵盖小学至大学的教育体系，旨在连续培养能够担当科学技术创新重任的数字化创新人才。

为了实现培养具备全球视野和卓越能力的新一代科学技术领军人才的战略目标，日本文部科学省特别加大对全国中小学校和大学等高等教育机构的支持力度。这些机构充分依托大学的教育资源、研究优势和师资力量，开展一系列面向高中生的学术讲座、科学实验以及先修课程，此举旨在满足那些对学习充满热情、对科技抱有浓厚兴趣且能力出众的学生的特殊需求。此外，日本还在各地区广泛发掘有志向、有意愿、有能力的高中生，邀请各学科的专家教授为他们提供专业指导，并开设相应的先修课程。对于积极开展选拔工作，并常年为高中生提供高水平实践性学术讲座和研究活动的大学，国家将提供经费支持。这一系列举措不仅有助于拓宽中小学生的国际视野和专业认知，更能激发他们的创新思维，提升创新意识，为未来的科技创新奠定坚实基础，从而培养出一批优秀的科技创新后备人才。

（1）小学引入编程教育激发科学兴趣。日本的新版"学习指导要领"已经将计算机编程纳入小学必修课程内容，为学生创造了一个全面的计算机与信息教育环境。从小学阶段开始，就着重培养学生的程序化、联动性的逻辑思维，激发他们的好奇心，使他们对信息技术领域产生浓厚的兴趣。这一举措旨在帮助学生深入理解程序的功能，认识到信息技术在支撑信息社会运转中的基础性地位。同时，也注重培养学生运用计算机解决日常问题的能力，形成人机互动的编程思维。通过让学生体验如何通过指令让电脑按照个人意图进行图文处理，进一步提升他们的信息技术应用能力，并培养起系统化的逻辑思维和科技创新的基本素养。

（2）初中强化 STEM 教育探究科学规律。日本中央教育审议会在报告中指出，STEM 教育是统合性学习，通过综合性调动各学科领域系统知识与思维，解决 STEM 各学科领域交错相关的社会问题，具有基于问题解决学习的共通性。STEM 教育的主要目的是培养科学技术领域拉动经济增长的创新、创造型人才，培养所有学生必备的公民素养。日本新学习指导要领要求通过"综合学习时间""综合探究时间"和"科学与数学探索"

等规定课时，开展发现和解决问题的项目式、体验式、探究性学习活动，实现主体性、互动式深度学习，明确将 STEM 教育内容列入国家课程计划。此外，文部科学省还将建立一个以全球性社会问题为题材的产学联合 STEM 教育内容的在线实验室，支持各级各类学校在校生自主探索创新，培养学生掌握现实社会必备的知识、技能，思考力、判断力和表现力，让每一个学生以积极的态度主动迎接不可预知的未来社会。

（3）高中培养科学思维奠定创新基础。日本政府在创新战略中明确提出，每年的约一百万高中毕业生需具备扎实的数理及信息技术素养，从而为数字科学和人工智能领域的学习打下坚实基础。为达成这一目标，政府致力于通过优化教育课程，推动主体性、对话性和深度学习，确保全国所有高中均实施数字科学和人工智能的实践课程。同时，通过 IT 兴趣小组和课外活动，为有志于探索数字科学和人工智能的少年儿童提供充满挑战的学习环境，让他们在实践中发现问题、解决问题。为实现上述目标，日本文部科学省持续推动"超级科学高中（SSH）"计划，该计划的核心在于通过"先进的科学技术、理科和数学教育"提升学生的科学素养和技能，培养科学思维、判断力和表达能力，旨在培养出能够在国际舞台上发挥领导作用的科技精英。入选该计划的学校将开展自选课题的实验和研究，并获得文部科学省的专项政策和经费支持。"超级科学高中"计划的科学探索主题将数学和科学培养的能力融为一体，通过探索性的学习和问题解决过程，提升教育效果，激发学生的创新思维和创新能力。这一举措不仅有助于提升学生的综合素质，更为日本培养未来数字创新领军人才奠定了坚实基础。

（4）大学实施 AI+ 专业培养数字化创新人才。"创新战略 2019"明确设定了到 2025 年的教育目标：全国所有高等教育阶段的大学和高专学生，无论其专业背景是文科还是理科，每年大约 50 万的毕业生都将必须接受数理、数字科学和人工智能相关内容的教育。这一举措旨在确保所有大学的所有学科都将 AI、数理、数字科学教育纳入必修课程，从而确保高等教育阶段的毕业生都能掌握初级的数理、数字科学和人工智能基础知识。对于全国规模以上的大学和高等专科学校的学生，每年约 25 万的毕业生，无论其学科背景，都需要在各自的专业领域内掌握数理、数字科学和人工智能的应用能力。为此，日本在所有高等教育专业领域实施与AI、数理、数字科学并设的双学位或主辅修学位制度，如农学 +AI、生物学 +AI、经济学 +AI、心理学 +AI、设计学 +AI 等，以培养学生的跨学科融合能力。日本致力于培养具备数字化分析问题、解决问题能力的数字化创新人才，以应对未来社会的挑战。

日本早在 2017 年度的科学技术综合创新战略中强调，贯通教育——即从小学至高等教育阶段的连贯性教育，是培养科技创新人才的关键途径，同时也是推动创新发展的不竭动力以及实现可持续发展的重要保障。

（二）教育体系改革与课程创新

日本的教育体系在数字化创新人才培育方面已经迈出了坚实的步伐，进行了一系列深入的改革。这些改革不仅体现在教学手段和方法的更新，更在于教育理念的根本转变，以及对未来社会需求的精准把握。

1. 基础教育阶段的改革尤为关键。日本充分认识到信息技术在当今社会的重要性，因此加强了基础教育中的信息技术教育力度。从小学开始，学生便接受计算机编程的启蒙教育，通过编程实践培养逻辑思维能力和解决问题的能力。这种教育方式不仅激发了学生对信息技术的兴趣，也为他们未来的职业发展奠定了坚实的基础。

2. 高等教育阶段也进行了相应的调整和创新。日本的高校纷纷设立与数字化创新相关的专业和课程，旨在培养具备高度专业素养和创新能力的数字化人才。这些专业和课程不仅注重理论知识的传授，更强调实践能力的培养，通过项目式学习、实习实训等方式，让学生将所学知识与实际应用相结合。

3. 日本的教育体系还注重跨学科知识的融合。在数字化创新领域，往往需要综合运用多种学科的知识和技能。因此，日本的高校在课程设置上积极打破学科壁垒，促进不同学科之间的交流和合作。这种跨学科的教学模式有助于培养学生的综合素质和创新能力，使他们能够更好地适应未来社会的需求。

（三）产学研深度融合与协同创新

日本在推进数字化创新进程中，特别重视产学研之间的深度融合，这已成为其提升国家创新能力和竞争力的关键环节。通过构建产学研一体化的创新平台，日本成功实现了资源共享、优势互补和协同创新，为数字化创新提供了强大的动力。在这一模式下，企业、高校和研究机构不再是孤立的个体，而是形成一个紧密合作的生态系统。企业凭借敏锐的市场洞察力和丰富的实践经验，为研发项目提供方向和需求；高校和研究机构则依托强大的科研实力和人才储备，为创新提供坚实的理论支撑和技术支持。这种合作模式使得各方能够充分发挥自身的优势，共同推动数字化创新发展。

具体来说，产学研之间的深度融合体现在多个方面。首先，在研发项目方面，企业、高校和研究机构共同确定研究方向和目标，联合开展研发工作。通过共享研究资源、交流研究成果，各方能够更快地突破技术难题，形成具有市场竞争力的创新成果。其次，在人才培养方面，产学研合作也发挥了重要作用。高校和研究机构根据企业的需求，调整课程设置和教学内容，培养具备数字化创新能力的专业人才。同时，企业也为学生提供实习实训的机会，让他们在实践中锻炼技能、积累经验。这种人才培养模式不仅提高了学生的就业竞争力，也为企业的创新发展提供了源源不断的人才支持。最后，在技术转移方面，产学研合作也取得了显著成效。通过专利转让、技术许可等方式，高校和研究机构的创新成果得以快速转化为实际生产力，为企业的发展注入了新的活力。同时，企业也通过技术引进和消化吸收再创新，不断提升自身的技术水平和市场竞争力。

（四）实践实训与项目驱动

实践实训在数字化创新人才培育中扮演重要角色。日本深知这一点，因此通过一系列举措，确保学生能够在实际操作中深化对理论知识的理解，提升专业技能，并培养解决实际问题的能力。

1. 日本注重实习基地的建设。无论是企业、研究机构还是高校，都积极投入资源，建立先进的实习基地，为学生提供真实的工作环境和实践平台。在这些基地中，学生能够接触到最新的技术设备和行业应用，参与实际项目的开发和管理，从而深入了解数字化创新领域的实际操作和需求。

2. 实训项目的开展也是实践实训的重要组成部分。这些项目往往是由企业、高校和研究机构共同合作，根据实际需求设计的。通过参与这些项目，学生能够在导师的指导下，将所学知识应用于实际问题，进行实际操作和实践。这种实践方式不仅能够帮助学生巩固所学知识，还能够培养他们的团队协作、问题解决和创新能力。

3. 项目驱动的教学方法在数字化创新人才培育过程中也发挥着重要作用。这种方法强调以实际项目为核心，通过项目的开发和实施来推动学生的学习和成长。在这种模式下，学生不再是被动地接受知识，而是主动地参与项目的规划、设计和实施，通过实践来深化对知识的理解和应用。

4. 实践实训与项目驱动的教学方法并不是孤立的，它们往往与理论教学、课程设计等其他教学环节相互融合，形成一个完整的教学体系。通过这种体系化的教学方式，日本能够更全面地培养学生的数字化创新能力和实践技能，为国家的数字化转型和创新发展提供有力的人才保障。

（五）国际交流与合作

通过加强与国际间的互动，日本不仅引进了先进的教育理念和技术手段，提升自身的培养水平，还为学生提供更广阔的舞台，拓宽他们的国际视野，增强国际竞争力。

1.在教育理念和技术手段的引进方面，日本积极与世界各国进行深入的交流与合作。通过派遣学者、举办国际研讨会等方式，日本不断吸收和借鉴国际上的先进经验，将其融入自身的教育体系中。同时，日本还积极引进国际上的先进技术手段，如人工智能、大数据等，为数字化创新人才的培养提供有力的技术支持。

2.在参与国际科技合作和竞赛活动方面，日本也表现出极高的热情。通过参与国际科技合作项目，日本与其他国家在数字化创新领域进行深入的合作，共同推动科技创新的发展。此外，日本还鼓励学生积极参加国际科技竞赛活动，如国际数学奥林匹克竞赛、国际机器人大赛等。这些竞赛活动不仅为学生提供展示才华的机会，还让他们在与来自世界各地的优秀选手的交流中，拓宽视野，增强竞争力。

3.通过国际交流与合作，日本的数字化创新人才培育水平得到了显著提升。学生不仅具备更加丰富的知识和技能，还拥有更广阔的视野和更强的国际竞争力。这些优秀的数字化创新人才将为日本的科技创新和经济发展提供有力的支持，同时也将为国际社会的数字化进程贡献智慧和力量。

三、日本数字化创新人才培育的借鉴

日本在数字化创新人才培育方面的经验和做法对我国具有重要的启示，尤其是在当前全球数字化快速发展的背景下，我国需要借鉴日本的成功经验，加强自身的数字化创新人才培育工作，为数字化创新人才的培养提供有力的制度保障和支持。

（一）强化政府顶层设计与政策支持

在数字化创新人才培育的过程中，政府发挥着举足轻重的作用。借鉴日本政府的成功做法，我国应进一步强化顶层设计和政策支持，为数字化创新人才的培养创造更为优越的环境和条件。

政府需明确数字化创新人才培育的战略目标。这一目标应与国家的数字经济发展规划相契合，旨在通过人才培养推动数字化转型和升级，为此，政府需深入研究数字化创新人才的需求趋势和发展方向，制定针对性的政策和措施。政府应出台一系列相关政策，为数字化创新人才的培养提供有力保障，这些政策可以包括资金扶持、税收优惠、项目支持等方面，例如，政府可以设立专项资金，用于支持高校、研究机构和企业开展数字化创新人才培养项目；同时，通过税收优惠政策，鼓励企业增加对人才培养的投入。政府还应加强跨部门、跨领域的协调与合作，形成合力推动数字化创新人才培育，各部门应明确职责分工，加强信息共享和资源整合，共同构建数字化创新人才培育的生态系统。在实施过程中，政府还需注重政策的落地和执行。要确保政策能够真正惠及到数字化创新人才培养的各个环节和主体，避免政策空转和形式主义，同时，政府还应建立健全监督评估机制，对政策实施效果进行定期评估和调整，确保政策的有效性和可持续性。

（二）深化教育体系改革与课程创新

为了顺应数字化时代的潮流，培养具备高度竞争力的数字化创新人才，我国必须进一步深化教育体系的改革，加强信息技术和数字化创新相关课程的设置，并推动跨学科教育的发展。

1.针对基础教育阶段，我国应加大对信息技术教育的投入，提升信息技术课程的比重和质量。通过引入先进的计算机编程课程和实践活动，培养学生的计算思维、逻辑思维和解决问题的能力。同时，加强与其他学科的融合，使学生能够在跨学科的学习中，更好地理解信息技术的应用和价值。

2.在高等教育阶段，我国应设立更多与数字化创新相关的专业和课程。这些课程应涵盖最新的数字技术、数据分析、人工智能等领域的知识，为学生提供系统的数字化创新知识和技能。此外，高校还应加强与企业的合作，共同开发实践课程和项目，为学生提供真实的实践环境和机会，帮助他们将所学知识应用于实际工作中。

3.推动跨学科教育也是培养数字化创新人才的重要途径。我国应鼓励高校打破学科壁垒，促进不同学科之间的交流和合作。通过开设跨学科课程和项目，让学生在多学科的知识融合中培养创新思维和解决问题的能力。此外，还应加强跨学科研究团队的建设，推动跨学科研究成果的转化和应用。

4.为了保障教育体系改革和课程创新的顺利实施，还需要加强师资力量的培养。通过培训、引进等方式，提高教师的数字化素养和教学能力，使他们能够更好地适应数字化创新人才的培养需求。

深化教育体系改革与课程创新是培养数字化创新人才的关键举措。通过加强信息技术和数字化创新相关课程的设置、推动跨学科教育的发展以及加强师资力量的培养，我们能够培养出更多具备综合素质的数字化创新人才，为国家的数字经济发展提供有力的人才保障。

（三）促进产学研深度融合

为了加速数字化创新人才的培养和数字化创新成果的转化应用，我国应积极推动企业、高校和研究机构之间的深度合作，实现产学研的深度融合。以下是五条具体的措施：

1.建立联合实验室与研发基地。政府可以牵头设立或支持建设一批针对数字化创新领域的联合实验室和研发基地。这些平台将汇聚企业、高校和研究机构的资源，形成产学研紧密结合的创新生态系统。通过共享设备、数据和研究成果，实现资源的优化配置和高效利用。

2.实施产学研合作项目。鼓励企业、高校和研究机构共同申报和承担国家级、省级的数字化创新项目。通过项目的实施，推动各方在技术研发、产品开发、市场应用等方面的深度合作。这种合作模式有助于将高校的科研成果转化为实际生产力，同时为企业提供技术支持和人才储备。

3.推动人才交流与共享。建立人才交流机制，鼓励企业、高校和研究机构之间的人才互访、挂职锻炼和联合培养。通过这种方式，可以促进不同领域、不同背景的人才之间的交流与合作，形成跨界融合的创新团队。同时，也可以为数字化创新人才提供更多的实践机会和发展空间。

4.加强科技成果转化与应用。建立健全科技成果转移转化机制，推动数字化创新成果的商业化应用。政府可以设立专门的科技成果转化基金，为具有市场前景的创新项目提供资金支持。同时，加强知识产权保护和管理，确保创新成果的合法权益得到保障。

5.建立产学研合作评价体系。为了激励和引导产学研深度合作，可以建立相应的合作评价体系。该体系应综合考虑合作项目的创新程度、经济效益、社会效益等方面，对表现突出的合作团队和个人给予表彰和奖励，这将有助于形成产学研合作的良好氛围和长效机制。

（四）完善人才评价与激励机制

1.建立多维度评价体系。在人才评价过程中，除了关注传统的学术成就外，还应重视人才在数字化创新领域的实际贡献、创新能力、团队协作以及技术应用等方面的表现，这种多维度评价体系能够更加全面地反映人才的综合素质和潜在价值。

2.引入市场评价机制。借鉴市场化的人才评价机制，将数字化创新成果的市场价值、经济效益等作为评价的重要指标。这有助于将人才的评价与实际应用和市场需求相结合，推动创新成果的转化和应用。

3. 加强同行评议与专家评审。在人才评价中加强同行评议和专家评审的力度，确保评价结果的客观性和公正性。通过邀请行业内权威专家和学者参与评价过程，提供专业意见和建议，提高评价的准确性和权威性。

4. 完善奖励和荣誉制度。建立健全奖励和荣誉制度，对在数字化创新领域取得杰出成就的人才给予表彰和奖励。这包括设立国家级、省级的数字化创新奖项，以及定期举办数字化创新成果展示和颁奖典礼等活动，增强人才的荣誉感和归属感。

5. 实施动态管理与跟踪评价。人才评价不应是一次性的活动，而应实施动态管理与跟踪评价。定期对人才的创新成果、工作表现等进行评估，及时调整评价标准和奖励措施，确保评价的时效性和针对性。

6. 营造创新氛围与激励机制。除了物质奖励外，还应注重营造良好的创新氛围和激励机制。通过举办创新论坛、交流活动等形式，为数字化创新人才提供交流与合作的平台。同时，加强企业文化建设，倡导创新精神和包容失败的文化氛围，激发人才的创新热情和创造力。

综上所述，日本在数字化创新人才培育方面的成功经验为我国提供了宝贵的启示，借鉴日本的成功经验对于我国来说具有重要意义，但是我国在借鉴日本数字化创新人才培育方面不能一味地模仿，我国应结合自身的科技水平和经济发展情况，深入剖析日本的数字化创新人才培育经验，并将其融入自身的数字化创新人才培育工作中，不断提升自身的数字化创新人才培育水平，为国家的数字化发展提供有力的人才保障，推动经济社会的高质量发展。

第六章　数字化创新人才培育体系的构建

数字经济时代对数字化创新人才的需求日益增长，构建一个有效的培育体系对于培养数字化创新人才至关重要。数字化创新人才培育体系的构建应从以下方面考虑和着手。

第一，要构建数字化创新人才培育体系我们首先应该明确培育的目标。未来我们培育的数字化创新人才是要具有数字化创新的思维以及能力，跨界整合资源的综合能力，具备数字战略管理、数据深度分析、数字产品研发、数字化运营和营销等多方面能力的创新人才，他们能进行组织数字化战略规划、推动组织数字化转型和处理数字化转型所带来的问题和挑战。这需要他们在掌握数字化技术知识的同时，还要具备敏锐的商业洞察力和团队协作能力。

第二，要构建数字化创新人才培育的课程体系。我们构建的进行数字化创新人才培育的课程体系是模块化、进阶式、理论与实践相结合的课程体系，课程体系中应该包括数字技术、创新战略、项目管理、市场运营与实践等内容，让我们的学生在实际的项目中学习、掌握并且能运用数字化的知识与技术解决问题。

第三，培育数字化创新人才要注重他们的创新实践能力培养，因而需要进行实践教育体系建设。在实践教学中，我们可以采取产教融合的模式，加强与行业、企业的合作，共同制定培养方案、共建实习基地、开展项目合作、开展创新实践、创业辅导等活动，以提升学生的实践能力和对行业的理解，培养学生的创新意识和务实能力。同时，应鼓励他们将创新思维应用于解决实际工作中出现的问题。

第四，数字化创新人才培育要注重师资队伍的建设。聘请具有数字技术背景和行业经验的国内外的优秀教师从教，同时还要鼓励相关任课教师进行持续的专业学习和进修，以提升自身知识技能，保障教学质量与时俱进。师生还要树立终身育人和学习的理念，在培育过程中，教师应注重培养学生的自主学习能力，树立终身学习理念，使他们能够在不断变化的环境中持续学习和进步。

第五，数字化创新人才培育要建立长效的评估和反馈机制，注重质量监控与保障体系的建设。对学生的学习进度和培育体系育人的效果进行定期评估，并根据反馈数据和结果进行培育方案的优化和调整。同时，要完善政策环境，营造税收优惠、资金支持等有利于数字化创新人才培育的政策环境。

第一节　数字化创新人才培育的课程体系建设

数字化创新人才培育的课程体系建设是一个系统性的工程，需要从多个方面进行考虑和实施。高校要探索"课程设置先于专业形成"的人才培养体系。

首先，在构建课程体系之前要明确数字化创新人才的培养目标。例如，是要培养具备数字技术应用能力的人才，还是聚焦于数字产品和数字化服务的创新和开发。明确人才培育的目标，这样有助于构建有针对性的人才培育的课程体系。

其次，根据人才培育的目标，开设相关课程，形成人才培育的课程体系。开设的课程可以包括技术类课程（比如数据分析、人工智能、云计算等）、创新思维类课程（比如设计思维、创新管理等）、实践类课程（比如项目实施与运营、实验实训、竞赛比赛和实战演练、实习等）。

再次，根据所开设的课程采用多元化的教学模式、方法和手段，如案例分析、项目实践、角色扮演、自主学习等方式，激发学生的学习兴趣和主动性。同时，可以利用在线教育资源和技术，实现线上与线下相结合的教学。

数字化技术发展迅速，数字化创新人才培育的课程体系应保持持续更新，及时将新技术、新趋势纳入课程，使学生的知识和技能始终保持在前沿。数字化创新人才培育的课程体系建设需要综合考虑培养目标、课程设置、教学方法、师资队伍、实践教学、评估与反馈等多个方面。通过不断完善和更新课程体系，可以培养出更多具备数字化创新能力的优秀人才。

一、数字化创新人才培育中课程体系设置应遵循的原则和标准

（一）数字化创新人才培育中课程体系设置应遵循的原则

1. 要坚持目标导向原则，我们所开设的课程应紧密围绕数字化创新人才培育的目标，确保学生通过课程学习能够掌握所需的知识、技术和能力。

2. 要坚持理论与实践相结合的原则，我们所开设的课程要强调实践与理论的结合，为学生提供充足的实践机会，培养其实际操作能力和创新思维。

3. 要坚持系统性、动态更新和适应性原则，我们所开设的课程应根据数字化技术的发展和行业需求的变化，及时调整和更新所开设的课程以及课程的内容，确保所开设课程的前沿性、动态性、实用性、适应性和系统性。

4. 要坚持个性化发展原则，我们所开设的课程应关注学生的个性化需

求和发展，提供多样化的课程选择和灵活的学习路径，激发学生的潜能和创新意识。

5. 要坚持合作与交流原则，我们所开设的课程应以国际化为导向，加强校企合作和国际交流，引进国内外的优质资源，拓宽学生的视野、格局和思维方式。

（二）数字化创新人才培育体系中课程设置的标准

1. 数字化创新人才培育体系的课程设置首先要做到内容完整，课程内容应涵盖数字化技术的核心知识和技能领域，确保学生能够全面了解本专业在数字化新领域的发展现状和未来的发展趋势。

2. 数字化创新人才培育的课程体系中设置的理论与实践课程比例应适中，设置的理论教学环节以及实践教学环节应系统、合理、科学，我们在进行理论与实践学时学分分配的时候，务必要更加重视学生的创新实践能力与独立思考解决问题等多方面能力的培养。

3. 多元化的教学方式与方法，比如：典型案例分析、项目实践、角色扮演等，使学生明确学习目标，产生爱好，激发学生的学习主动性，培养他们的自律性以及分析问题的能力和发散式思维。

4. 要建设多元开放的教学资源，提供丰富的教学资源，包括教材、课件、实践案例和实践软件、在线学习平台等，方便学生进行自主学习和拓展学习。

5. 学习效果的评估与反馈机制需要设置合理，我们对于学生的学习效果要建立有效的课程学习成效的评估反馈机制，定期对学生的学习进行科学合理的评价，并且对评价结果要进行及时的反馈。课程设置单位要根据评估和反馈的结果和建议，对设置的课程进行调整和完善，确保教学质量螺旋式的提升。

6. 要配备充实的师资力量，我们为保证教学质量和效果，要鼓励教师积极参与数字化项目和实践，保持对最新技术的了解和掌握，确保教师具备数字化知识技能和相关的教学经验，这样能够为学生提供高质量的教学和指导。

数字化创新人才培育体系的课程设置遵循以上的原则与标准，将会使数字化创新人才培育体系更加的科学、系统、合理、全面和高效，也有助于培养出高质量、高素质的具备数字化创新能力的优秀适用性人才。

（三）数字化创新人才培育体系中的课程更新机制

数字化创新人才培育的课程体系应保持对所设置课程内容进行定期的审查，对不合理或者过时的课程进行及时更新。培育单位要多与行业企业的专家进行沟通交流，以便于明确行业发展的动向和社会对最新技术的需求，对所设置的课程做出及时的调整，以保持所设置课程和教学内容的时效性和前瞻性。数字化创新人才培育体系的课程更新机制主要包括以下几个方面：

1.设置合理的课程更新周期。对于较长周期的课程类型，可以学期为单位进行定期更新。在制定课程更新周期时，我们需要平衡课程的稳定性和变革性，确保所设置的课程在保持它的稳定性的同时，能够根据该知识领域的最新发展做出适当的更新，使课程具有变革性。

2.加快建立课程效用的评估以及反馈机制。我们对所设置的课程进行更新必须建立在科学化、系统化以及合理化的基础上，因此我们需要对已经设置的课程进行科学精确的评估。课程效用的评估与课程更新之间是相辅相成的，课程定期更新要建立在对课程效用的评估基础上，同时，课程效用的评估也要根据课程更新周期来进行。

3.建立课程资源整合的机制。课程资源是保障课程高质量实施的重要因素，而课程资源的整合更新还是课程更新的重要基础之一。因此，我们需要对课程资源进行充分的开发和利用，以建立有效的课程资源整合新机制。

4. 课程的设置与更新要以社会需求和国家政策为导向。培育单位的课程评审与更新需要以国家政策和社会的发展需求为导向进行调整。这样既可以确保课程内容符合社会需求和国家政策导向,还能提高人才培育的有效性和实用性。在实际操作中,培育单位可以结合实际情况设置由教学管理人员、教师、职业导师、企业中高层成员等组成的课程小组,来收集课程更新的需求和意见,进行数据分析和评估,制定课程更新计划和方案,并监督实施。

二、数字化创新人才培育课程体系的核心课程与内容

在实际的教育教学中,不同培育单位应根据不同行业和专业的发展需求和学生的特点以及成长需要,灵活调整课程内容和教学模式、教学手段与方法,以帮助学生全面了解数字化创新领域的核心知识与技能,使师生创新思维和实际操作能力得以巩固和发挥,培养出满足不同社会领域需求的数字化创新人才。

数字化创新人才培育课程体系的核心课程与内容应涵盖以下几个方面:

1. 数字技术基础课程。这类课程介绍数字技术的核心原理与应用,具体包括数据的采集、存储、传输、处理、分析和反馈等。该课程内容应注重数字技术的实际应用,让学生理解并掌握基本的数据处理流程和技能。

2. 数字化商业模式创新课程。这类课程主要说明数字化时代商业模式的创新变革和发展趋势。通过案例分析、模拟实战演练等方式,培养学生多领域的创新思维和参与商业新模式设计的能力。

3. 人工智能与深度学习类课程。这类课程主要介绍人工智能和深度学习的原理和实践应用,详细的内容包括简单程序算法、自然语言处理、数据挖掘、人工智能的实践应用等。这类课程应注重实际的案例分析和模拟

应用，让学生掌握人工智能和机器学习的基本原理和实际应用技能，并能参与相关项目的研发。

4. 数据分析与可视化的课程。这类课程重点介绍的是数据分析的基本方法以及可视化的实现技术。学生通过学习和参与项目实践，具备运用数据分析工具解决实际数据分析问题的能力，并且能实现可视化。

5. 网络安全与隐私保护的课程。这类课程主要介绍网络安全保护和隐私保护的原理与技术，比如：加密技术、防火墙、数据脱敏等。这类课程内容授课时要注重培养学生的安全意识和应对解决网络安全事件的思维和能力。

6. 物联网技术与云计算课程。这类课程主要说明物联网技术和云计算的基础原理与应用，详细课程可以包括物联网技术、传感器技术、云计算技术、网络通信原理与技术等。这类课程注重实际的案例操作与分析，通过授课和项目实践让学生掌握物联网和云计算的实际原理和应用技能，并能利用这些技术参与相关领域实际项目的开发。

7. 数字化运营与社交新媒体管理运用的课程。这类课程主要说明数字化运营的基本理念、策略以及社交新媒体的管理运用技巧。通过让学生分析和参与实际项目的运营，培养学生运用数字化营销工具进行数字化运营的思维和能力，以通过数字化营销达到提升企业品牌知名度和顾客忠诚度、满意度的目的。

8. 创新与创业理念与案例分析课程。这类课程注重培养学生的创新思维，打造学生的创业精神，这些课程涵盖的内容包括创新创意开发、团队沟通与协作、组织管理、市场分析、市场管理与开拓、商务谈判、电子商务等方面。通过让学生参与项目实战，激发学生的创新意识、创新思维和创业潜能。

9. 相关领域的专业课程。因为数字化创新人才分布在各类行业的各个领域，他们除了要理解并且掌握自己所属的专业领域的知识技能，还要弄懂数字化理论与技术，在自己行业领域使所属专业的专业知识技能与数字化专业知识技术相融合，使两者融合发挥更大的效用，服务社会和经济发展。

三、数字化创新人才培育的课程体系的教学模式、方法与手段

（一）数字化创新人才培育的课程体系的教学模式

1. 产学研融合模式。在这种模式下教学，可以使学生接触实际工程项目。具体过程是企业下达真实的研发和生产任务后，由企业的职业技术指导人员和学校教师共同指导学生进行综合训练，学生通过操作项目、完成任务，成为数字化设计与智能制造产业的能手。

2. 项目驱动式教学模式。在这种模式下，教师围绕实际项目展开授课，通过实际项目引导学生参与解决实际问题，培养学生的创新思维、解决问题的能力和实践能力，培养他们的团队合作精神，学生在完成项目的过程中学习和掌握相关知识和技能。具体项目可以涉及产品设计与开发、系统开发、数据处理与分析、市场开发等多领域、多方面。

3. 问题导向式教学模式。在这种教学模式下，教师引导学生通过对问题的探究来发现问题、分析问题和解决问题，以此来推动学生有针对性地进行主动学习。这种模式可以激发学生的学习兴趣和主动性，培养学生的批判思维和创新思维。

4. 线上线下相互结合的教学模式。这种教学模式注重使传统的线下课堂教学与数字化教学平台和在线教育资源结合，形成线上线下相结合的新教学模式。

5. 跨学科融合式教学模式。在这种教学模式下，教师在教学过程中将不同学科的知识和技能进行融合和衍生，形成跨学科知识技能的教学模式。

这种方式可以拓宽学生的知识视野，培养他们的综合素质和创新能力。

6. 翻转课堂教学。这种教学模式的优势在于能够提高学生的自主学习能力和问题解决能力，培养学生的创新精神和合作精神，同时也能够减轻教师的授课压力，提高教学效率。翻转课堂教学中教师实现从传统的知识传授者的角色转变为学生学习的引导者和促进者。教师提前设计优质的数字化教学资源，如教学视频、电子书籍、在线测试等，学生可以充分利用这些数字化资源，随时随地进行自主学习。而在课堂上，教师主要负责解答学生的疑问、引导学生进行深入的讨论和实践操作，采用在线测试、小组讨论、项目实践等多元化的方式进行评价，以全面、科学地反映学生的学习能力和学习成果。然而，翻转课堂也需要教师具备较高的信息素养和教学设计能力，同时需要学生具备一定的自律性和学习能力。因此，在实际应用中需要根据实际情况进行适度的调整和优化。

（二）数字化创新人才培育的课程体系的教学方法

在数字化创新人才培育的课程体系的教学中，教学方法应该紧密围绕创新能力的培养，结合数字化技术，提供多元化、灵活的学习体验和个性化的学习路径，以适应数字化时代的知识传播和技能培养需求。

1. 协作学习和实战演练。鼓励和组织学生个人或者团队进行项目合作和实战演练，比如参加创业大赛、创新设计竞赛等，让他们在竞争环境中锻炼自己的创新能力和技术实践能力，同时培养他们的团队协作和沟通能力。

2. 进行案例游戏化教学。这种方法可以帮助学生将理论知识与实际应用相结合，提高他们的实践能力。在教学过程中，通过引入真实的数字化创新案例，将学习内容设计成有趣的游戏或挑战任务，让学生进行角色扮演，引导学生发现问题、分析问题、寻找解决方案，并进行总结，激发学生的学习兴趣和动力，培养他们的问题解决能力和批判性思维。

3.多元化的学历和执业资格认证。针对不同类别和年龄层次的培育对象，我们可以采取多元化的学历认证和执业资格认证的模式，而不是仅限于学校教育，可以采取全日制、非全日制、自学考试模式等进行学历和执业资格的认证。

4.开展技能实训。开展针对开设课程的特定知识技能模块，开展技能实训，如编程、可视化、市场开拓等，使学生将知识学以致用，提高实际动手操作能力。

5.制定和实施职业导师制度。给学生安排专业的职业导师，对学生进行个性化"一对一"的指导，帮助他们解决学习中、就业中、工作中的困惑和问题。

6.探究式的教学方法。学生在教师的指导下，自主选择主题进行探究性的研究与学习。这种方法有利于培养学生的自主学习能力与创新思维。

（三）数字化创新人才培育课程体系实施的教学手段

1.利用数字化的教学平台。这种方式可以利用数字化的在线教学平台，提供丰富的教学资源和互动工具，为学生的自主学习和协作学习提供有力支撑。

2.利用云计算、在线文档编辑等在线协作工具，这样可以为学生在线进行协作编辑和实时交流提供支持，提高师生团队协作的质量与效率。

3.建立和使用数字化资源库。建立电子图书、教学视频、在线课程等数字化资源库，可以为学生的自主学习和拓展知识领域提供丰富的资源。

4.构建虚拟仿真实验室。培育单位可以利用虚拟现实仿真技术，构建虚拟实验教学环境，让学生自主的在虚拟环境中进行探究式学习与实践操作。

5.采用移动式学习方式。这种方式下学生可以利用移动设备（如手机、平板电脑等）进行学习，支持学生随时随地的个性化学习需求，如果控制管理有效的话，这种方式有利于培养学生的自律性。

培育单位在选择具体的教学手段和教学方法的时候可以根据具体的教学目标和课程内容进行教学模式、方法和手段的选择与组合运用，以达到最佳的教学效果。同时，任课教师和相关的管理人员也需要不断提升自己的数字化素养和教学能力，以适应数字化时代的教学需求。

我们在构建数字化创新人才培育的教学模式并采取不同的教学方法和手段进行实际教学时，需要注意以下几点：

1. 我们要明确目标，以学生需求为根本，注重学生个性化发展，对不同层次和不同专业的同学，提供不同的学习支持和指导。

2. 增强实践环节，注重实操，让学生有机会参与实际的专业项目的实施与操作，提高学生的实践经验与能力。

3. 鼓励学生独立解决问题和创新，激发学生在参与项目的过程中独立提出新的想法、工作思路和问题的解决方案，以培养他们的责任感、创造力。

4. 注重评价，建立科学的评价体系，对学生的学习成果和能力进行全面的评价，为他们进一步发展提供有力的支持。

5. 构建数字化教学环境，基于数字化和云计算等技术利用多媒体教室、平板电脑、手机等现代化移动互联设备，采用"云课堂"等高效、便捷、实时互动的远程教学形式，为学生提供随时随地的学习机会。

6. 培育数字化教师。数字化教师具备较强的创新思维能力、良好的信息素养，以及整合数字技术的学科教学能力，是学习资源的开发者、提供者，是学生学习过程的设计者、管理者、组织者、沟通者和合作者，更是学生学习的引导者和激励者。

7. 鼓励跨学科领域学习。鼓励学生涉猎不同领域的学科专业知识，打破学科壁垒，培养他们跨学科的综合思维、创新能力、分析解决问题的能力。

8. 注重数字化教学资源合理开发与利用。利用数字化教学资源，如在线课程、教学软件、虚拟实验室等，为学生提供丰富的学习资源和实时在线的学习支持。

综上所述，数字化创新人才培育的课程体系以及教学模式应以学生为中心，注重实践和创新，强化数字化教育资源的建设和利用，采用多元化的教学方式，以培养和提升学生的综合素质、创新能力和思维。

四、数字化创新人才培育的课程体系实施的注意事项

数字化创新人才培育的课程体系实施时，需要注意以下几个方面：

1. 课程定位与目标明确。在实施数字化创新人才培育的课程体系之前，需要明确课程的定位和目标。这包括确定课程所针对的受众群体、培养的技能和知识点，以及课程在整个人才培养体系中的位置和作用。

2. 对课程内容与结构进行规划。根据课程定位和目标，需要合理规划课程内容与结构。课程内容应涵盖数字化创新所需的基础知识、技术工具和实战案例等，同时要注重理论与实践的结合。课程结构应按照学生的认知规律和技能形成过程进行设计，确保学生能够逐步掌握所需知识与技能。

3. 教学方法与手段适当。数字化创新人才培育的课程体系实施中，需要选择适合的教学方法和手段。例如，可以采用线上与线下相结合的教学方式，利用数字化教学资源和学习平台，提高教学效果和学习体验。同时，要注重学生的参与和互动，激发学生的学习兴趣和主动性。

4. 实践教学与项目实训。数字化创新人才培育的课程体系中，实践教学和项目实训是非常重要的环节，通过实践教学和项目实训，学生可以更好地将理论知识应用于实际场景中，提高解决实际问题的能力。因此，需要注重实践教学和项目实训的设计与实施，确保学生能够获得充分的实践机会和实战经验。

5. 教师团队建设。教师是数字化创新人才培育的关键因素之一。数字

化创新人才培育单位需要建设一支具备数字化创新能力和教学经验的教师团队，确保他们能够提供高质量的教学和指导。同时，要注重教师的培训和提升，不断更新教师的知识和技能，以适应数字化创新人才培养的需求。

6.评估与反馈机制建立。数字化创新人才培育的课程体系在实施中，需要建立评估与反馈机制。通过定期的评估和反馈，可以了解学生的学习效果和掌握程度，以便及时调整教学计划和教学方法，确保课程的教学质量和效果；同时，也可以为未来的课程设置和改进提供参考和依据。

综上所述，数字化创新人才培育的课程体系通过科学合理地规划和实施，可以培养出具备数字化创新能力和满足社会数字经济发展需要的卓越的数字化创新人才，为数字化时代经济的发展提供有力的人才和智力支撑。

第二节　数字化创新人才培育的实践体系建设

数字化创新人才培育的实践体系建设目标是培养具备实际操作能力和创新精神的人才。数字化创新人才培育的实践体系建设可提升数字化创新人才培育的效率，节省时间和成本，促进教育资源的系统化建设，实现教育资源和育人环境的在线化、自动化、智能化、真实化、协同化，实现信息共享和对实践资源的精细化管理，能够为学生提供更加便捷、快捷、个性化的实践教学服务，推动整合教育资源。整合的实践教育资源在"产学研用"教学模式的各环节实施，可促进推广数字化技术，提高学生数字素养与技能，为社会提供数字化时代的人才。

建立数字化创新人才培育的实践教学体系，包括实践平台、实验室、实训基地、校企合作等的建设，通过实践教学提供先进的数字化设备和软件，供学生进行实践操作，为学生提供实践操作的机会。通过与合作单位合作，共同开展课程设计和人才培养，有助于将企业的实际人才需求融入教学，使学生明确学习目标，加深对理论知识的理解和运用，提升学生自身的综合素质和就业竞争力。

一、数字化创新人才培育的实践体系设计应遵循的原则与标准

（一）数字化创新人才培育的实践体系设计应遵循的原则

1. 真实目标导向原则

数字化创新人才培育的实践教学体系应紧密围绕数字化创新人才的培育目标，实践教学环节的设计应尽可能模拟真实的工作环境与工作流程，让学生在实际操作中学习和掌握数字化技能，确保学生在实践中能够达到预期的学习效果。

2. 自主性和协同性原则

数字化创新人才培育的实践教学重在鼓励学生自主探索和实践，培养其自立、自强、自律、自主学习、独立思考和分析解决问题的能力。同时，实践环节教学还应注重培养学生的团队协作能力，通过角色扮演和小组合作协同完成实践任务，实现项目收益，创造社会价值。

3. 安全性原则

构建数字化创新人才培育的实践体系，要把安全放到第一位，构建和实施实践体系需要注重人、财、物的安全保障和风险管理。

4. 企业参与原则

在实践教学环节中，企业的参与和支持至关重要。通过与企业的合作，可以根据学生的专业，为学生提供真实的岗位和职业工作环境，帮助学生更好地了解行业发展需求，做好自身的职业生涯规划。与此同时，企业可以从我们的学生中获得优秀的人才资源和创新动力。

5. 连续性和系统化原则

数字化创新人才培育的实践教学环节的设计应具有连续和系统性，采

用系统化、科学化的方法，遵循认识规律和教育教学规律，结合自身专业特点，将各实践环节有机地衔接起来，确保学生在整个实践过程中能够逐步掌握相关技能。

6.整体最优和创新性原则

数字化创新人才培育的实践教学环节不仅要注意各要素环节之间的协调统一，还应从人才培养的全面素质和能力提高的角度出发，实现各实践环节的相互配合，同时使得理论教学与实践教学的相互渗透。鼓励学生进行创新尝试，培养其创新意识，激发其创新潜能。

7.适应性、规范化原则

数字化创新人才培育的实践教学应注重教学内容和课程体系的改革，以适应不断变化的社会需求。同时，还要规范实践教学的管理制度、内容和形式，制定相应的实践教学方案、规范、考核标准，确保实践教学的质量和效果。同时，培育单位要建立实践教学评价体系，对开展的实践教学进行定期评估和反馈，以便及时发现问题并进行改进。

8.师资保障原则

数字化创新人才培育的实践教学环节的有效运行需要一支具备丰富实践经验和数字化教学能力的教师队伍。因此，职业学校应加强对教师数字化知识技能的培训和管理，提高他们的实践教学能力，并创建正向激励机制以调动老师们的育人积极性。

（二）数字化创新人才培育的实践体系设计应遵循的标准

1.实践项目内容与实际需求相匹配。数字化创新人才培育的实践环节的实践项目内容应与社会、行业和企业的实际需求相匹配，确保学生所学的技能有实用价值，学生个人通过服务社会，创造社会价值。在体现个人价值的同时，形成良性循环。

2.实践环节设计要具备可修改性、完整性和系统性。实践环节应具备完整性和系统性，要涵盖数字化创新的多个方面，学生通过在实践环节的学习体验，帮助学生全面掌握自己专业领域内的数字化技能。

3.实践环节设计要把握好"两性一度"。实践环节的设计应具有一定的创新性、挑战性和高阶度，激发学生的探索欲望，促进其深度学习和思考。

4.实践资源的充足性。确保提供充足的实践资源，如设备、软硬件、数据、项目、案例、单位、岗位等，满足学生的实践需求。

5.指导的及时性和有效性。学生的老师和职业导师应对学生的实践过程进行及时全面的指导及反馈，在帮助学生解决实践过程中遇到的多方面的问题的同时，帮助他们树立正确的世界观、人生观和价值观。

6.实践成果的评价与反馈。培育单位要建立有效的实践成果评价体系，对学生的实践成果进行客观评价，并提供及时反馈和问题的解决措施。根据评价结果的反馈和行业的发展，对实践环节进行渐进式的改进和更新，以保持其实践内容的前沿性和实用性。

数字化创新人才培育的实践体系构建遵循以上原则与标准，设计出的数字化创新人才培育体系更加有助于提高学生的实践能力、创新能力和就业竞争力。

二、数字化创新人才培育的实践模式、环节与内容

（一）数字化创新人才培育的实践模式

1.校内实践教学。结合理论课程，设计实践教学。学生可以通过完成模拟项目等方式，将所学知识应用于实践中，提高临场应变能力和解决实际问题的能力。

2.校企多元化合作。学校与企业建立紧密的多元化的合作关系，共同开展实践教学。企业可以提供真实的项目、案例和实际岗位，学生可以参与企业实习、顶岗，在实际职业环境中锻炼自身的操作能力。

3. 创新项目和竞赛。鼓励学生参与创新项目，培养其创新思维和实践能力。可以设立创新创业基金或竞赛，激发学生的创新创业热情，培养其团队合作精神。

4. 资源共享。利用数字化技术实现实践教学资源的共享。可以通过在线平台提供实践教学资源，如实验实训教程、案例分析、软件实践平台等，方便学生随时随地地进行学习、总结和实践。

（二）数字化创新人才培育的实践环节

1. 项目实践。组织学生进行实际项目实践，通过参与真实的数字化项目，学生可以将所学的知识与技能应用于实际工作中，切实提高分析和解决实际问题的能力。项目实践可以涉及相关专业领域的应用软件开发、数据挖掘、智能系统开发等。

2. 实验实训操作。学生可以通过实验实训操作理解并且掌握数字化设备和工具的使用，提高技术应用能力。

3. 团队合作。学生可以通过团队合作，在团队中定位自己的角色并发挥自己的优势，完成工作目标，提高团队协作能力。

4. 案例分析。通过对成功或失败的数字化案例进行分析，学生可以深入理解数字化创新的原理和方法，提高分析问题和解决问题的能力。

5. 创新挑战竞赛。通过参与创新挑战竞赛活动，学生可以锻炼创新思维和创新能力，提高应对复杂问题的能力。

6. 技能认证。通过参加理论与实践技能认证考试，学生可以获得数字化技能相关的官方认证，提高职业竞争力。

7. 反馈与改进。在不同的实践环节学习中，学生应定期进行自我反馈和评价，找出自己的不足之处并加以改进。同时，职业导师或任课教师也应给予学生指导和建议，帮助学生进一步提高水平。

以上这些实践环节可以帮助学生全面提升数字化创新能力和实际操作

技能，为未来的职业发展打下坚实的技术基础。

（二）数字化创新人才培育的实践内容

1.数字化技术的实训。通过实验课程，让学生亲自动手操作，加深对数字化技术的理解。这类实验实训包括数字化技术和工具等方面的各种技术实验实训，比如人工智能、云计算、大数据、编程、数据分析、机器学习、物联网等，并能够熟练地使用数字化工具。

2.计算机科学基础知识的实训。这是数字化发展的基础，包括计算机硬件、软件、网络等方面的知识。学生需要熟练的进行计算机的操作，掌握编程语言和算法设计，能够进行软件和网络的简单开发和实际应用。

3.创新创业实践。创新创业是数字化创新人才的核心能力，包括创新思维、创新方法、创新实践等方面的知识技能。学生需要了解创新的基本原理和方法，能够进行创新设计和创新实验，掌握创新工具和平台的使用。教育单位提供创业辅导和孵化支持，帮助学生将创新想法转化为实际项目，培养他们的创业精神和创新能力。

4.技术项目实践训练。这是数字化创新人才培养的重要环节，实践项目包括真实的数字化项目和技术训练可以涉及软件开发、数据挖掘、智能系统开发等。学生需要参与实际的数字化项目，了解项目流程和项目管理，掌握项目开发和实施技能，能完成实际工作和解决实际问题。组织学生进行实际项目实践，他们能在实践中运用所学知识解决实际问题。

5.跨学科知识的实践。这是数字化创新人才的必备素质，跨学科知识的实践包括与数字化技术相关的各个领域的技能。学生需要了解不同领域的前沿技术和应用场景，掌握跨学科的知识和技能，能够进行跨领域的创新和实践。

6.团队协作和沟通能力的实践。这是数字化创新人才的重要素质，实践项目可包括团队协作、沟通交流、领导力等方面的知识。学生需要了解团队协作的原理和方法，能够进行有效的沟通和交流，提高领导力和团队合作能力。

7. 国际视野和跨文化交流能力的实践。这是数字化创新人才的未来发展趋势，包括国际化和跨文化交流方面的技能。学生需要了解国际市场的需求和文化差异，掌握跨文化交流的技能和语言，单位可以组织学生参加国内外学术交流活动，如研讨会、讲座等，进行国际化的创新和实践，拓宽他们的视野和思维方式。

这些实践内容旨在帮助学生全面提高数字化创新能力和实际操作水平，帮助学生在数字化时代具备全面的知识和技能，成为符合社会需求的、具有创新能力和实践经验的高素质数字化创新人才。同时，学校和企业应加强合作，不断共同设计和实施实践环节与内容，以确保培育的学生与行业需求紧密相关。

三、数字化创新人才培育的实践教学方法与手段

数字化创新人才培育的实践教学方法与手段应多样化，以适应数字化时代的知识传播和技能培养需求。在实际的实践教学中我们可以采用以下方法和手段。

1. 项目驱动式学习。通过实际项目引导学生解决实际问题，培养他们的创新思维和实践能力。项目可以涉及产品设计、系统开发、数据分析等多个方面。

2. 案例分析法。引入真实的数字化创新案例，让学生分析、讨论和总结，培养他们的问题解决能力和批判性思维。

3. 工作坊或者研讨会。通过组织工作坊或研讨会、学术交流的形式，引导学生参与学术研究，培养他们的科研能力和学术素养。学术研究可以涉及人工智能、大数据、云计算等领域。

4. 技能培训。定期组织技能培训，提高学生的专业技能和职业素养。技能培训可以包括数据分析、软件工程、网络安全等方面的培训。

5. 社区服务。鼓励学生参与社区服务项目，运用数字化技术解决社会问题，培养他们的社会责任感和公益意识。

6. 跨界合作。跨界合作可以涉及艺术与科技、设计与工程等领域。通过推动不同专业领域的学生进行跨界合作，培养他们的跨学科知识技能和团队合作能力。

7. 协作学习法。鼓励学生分组进行项目合作，在合作中他们扮演不同的角色，完成不同的任务，这样可以培养他们的团队协作能力与沟通能力。通过扮演不同的角色，学生可以在不同视角下完成数字化创新实践，增强他们的团队意识。

8. 创新竞赛。培育单位可以鼓励和组织学生参加各类创新竞赛，激发学生的创新意识和团队合作精神，提高解决实际问题的能力。

9. 虚拟实验室。它是一种综合性的、开放型的、先进的、数字化的实验教学环境。它利用先进的计算机技术、网络通信技术、多媒体技术等相关的信息加工处理传播技术，将现实中的各种实验资源数字化，并通过计算机进行实验教学管理，为学生提供了一个以学生为中心的、人性化的实验教学支持服务系统，它包含了大量的数字化实验，利用数字化模拟实验室，让学生在模拟的实践环境中进行技能训练和实验操作，提高学生的动手实践能力。同时，虚拟实验室可以重复利用，具有经费少、使用次数多、成本低、易于管理、低消耗的特点。此外，虚拟实验室还可以改善学生实验操作环境，避免事故发生，提高教学质量。

10. 实地学习与实习。培育单位安排学生到企业等相关的专业合作单位进行实地学习与实习，让学生在真实具体的工作环境中，了解未来从事工作的实际工作内容和流程，通过动手实践掌握相关技能，提升学生们的实际工作能力。

11.职业导师制度。这是一种在职业教育和培训中广泛采用的模式，目的是为学生提供实践经验和职业技能方面的指导。该制度通常涉及企业或专业机构中的资深员工或专家，他们以导师的身份，对所负责的同学提供实际工作中个性化服务与指导，帮助他们解决工作与学习中的困惑和问题。职业导师制度的核心目标是帮助学生能更好地理解运用所学技能知识，提高职业技能和就业竞争力。同时，帮助学生更加深入的了解行业的工作流程和实际需求，积累实践经验。

12.实践教学学习效果评估。建立实践教学学习效果的评估体系，对学生的实践效果进行定期或者不定期的多元化评估。根据评估结果，引导学生对实践过程进行反思和总结，帮助他们提炼经验、总结教训，提高解决问题的能力。也促进教育单位对实践教学内容和方法进行调整和改进，确保实践教学质量的不断提升。

以上这些实践教学方法与手段可以根据具体的实践教学目标和实践课程内容进行选择和组合，以达到最佳的实践教学效果。同时，教师需要不断提升自己的数字化素养和教学能力，以适应数字化时代的教学需求。

数字化创新人才培育的实践体系建设需要从多个方面入手，包括实践平台建设、实践教学、校企合作、创新项目、实践教学效果评估和资源共享等。通过不断优化和完善实践体系，可以为学生提供更多实践机会，培养他们的动手操作能力和创新精神，为他们成长为数字化创新人才打下坚实基础。

四、数字化创新人才培育的实践体系实施的注意事项

数字化创新人才培育的实践体系实施时，需要注意以下几个方面：

1.实践环节的设计与实施要与专业课程内容紧密结合，确保学生在实

践中能够理解、运用和巩固所需所学的知识。培育单位在设计相关的实践环节时，要充分考虑课程内容的深度和广度，以及学生的专业特点与技术能力水平。

2. 设计和实施的实践项目要具有多样性、创新性和挑战性。为了培养学生的创新能力、分析与解决问题的能力，培育单位设计和实施的实践项目应具有一定的多样性、创新性与挑战性。这可以包括企业实际项目、科研项目、创新竞赛等，以激发学生的学习兴趣和主动性。

3. 保证实践资源的充分利用，在实施数字化创新人才培育的实践体系时，需要充分利用各种实践资源，如实验室、企业实习基地、科研平台等。同时，要与相关企业和机构建立紧密的合作关系，为学生提供更多的实践机会和实践指导。

4. 实践导师中筛选具备丰富实践经验和教学经验的专业领域的实践导师，为学生提供实践的指导与帮助。同时，我们还要建立健全的导师选拔和培训机制，确保导师的素质和能力符合实践体系教学的要求。

5. 为了确保实践体系执行的效果和质量，我们需要对学生的实践成果进行评估和反馈。这些成果可以包括学生的实践报告、实践成果展示、实践考核等方式。通过评估和反馈，可以了解学生的学习效果和掌握程度以及教师教学中存在的不足和漏洞，及时调整实践计划和教学方法。

6. 在实践体系实施过程中，需要注重安全保障和风险管理。要建立健全的安全管理制度和风险防范机制，确保学生在实践过程中的安全和健康。同时，要加强对实践环节的监管和管理，避免出现意外事故和风险。

第三节　数字化创新人才培育的师资队伍建设

数字化教育是未来教育发展的趋势，加强师资队伍建设是保障人才培养质量的关键。同时，推动数字化教育改革，可使教育更加适应数字化时代的需求，提高教育的现代化水平。而建设一支既有丰富实战经验又有教学能力的、具备数字化知识和教学经验的数字化创新人才培育的师资队伍，可以提高教学质量和培养高质量的数字化创新人才，还可以提高学校的综合实力，增强学校的竞争力和影响力。因为，教师的素质和能力直接影响到学生的素质和能力。加强师资队伍建设可以提高教师的素质和能力，从而为学生提供更好的教育和学习环境，培养出更多高素质的数字化创新人才。

一、数字化创新人才培育的师资需求的特点与来源

（一）数字化创新人才培育的师资需求的特点

1. 要具备数字化素养和技能，教师首先需要具备数字化素养和技能，包括对数字化技术的理解、应用和创新能力。他们应能够使用数字化工具进行教学，并引导学生探索数字化创新领域。

2. 数字化创新人才培育的师资应具备多元化的专业背景，包括计算机科学、数据科学、人工智能、产品设计、物流、医药、机电、新媒体等领域，这种多元化背景有助于提供更广泛的知识体系和视角。

3. 教师要具备一定的数字化创新实践经验，能够将理论知识与实践相结合，更好地指导学生进行实践操作和创新活动。

4. 随着数字化技术的快速发展，教师需要保持持续学习的态度与能力。他们应关注行业动态和技术的发展趋势，及时调整和更新教学内容和方法。

5. 教师应对教学充满热情，具备良好的教学能力和教学方法，能够激发学生的学习兴趣和创新精神。

6. 教师需要具备合作与沟通能力，与其他教师、行业专家和企业建立

良好的合作关系，共同推进数字化创新人才培育工作。

7. 教师本身应具备创新意识和能力，能够引导学生探索新的思路和方法，培养他们的创新思维和实践能力。

（二）数字化创新人才培育的师资的来源

为了满足数字化创新人才培育的师资的多方面的不同需求，数字化创新人才培育的师资可以考虑从以下几个方面获取：

1. 高校相关专业教师。他们具备扎实的专业基础和较高的学术水平，可以通过与企业的合作实践提升自己的实践指导能力。

2. 行业专家和企业研发人员。他们具有丰富的实践经验和最新的技术动态，可以为教学提供实际案例和实践指导。

3. 有潜力的青年学者和相关的研究人员。这类人员可以作为数字化创新人才培育的师资队伍的重要补充，他们具有创新思维和较高的学术素养，能够为教学带来新的思路和方法。

4. 技术公司培训师和认证专家。他们在技术培训和认证方面具有丰富的经验，可以为教学提供实际操作和技术支持。

5. 成功创业者或创新团队成员。他们具有丰富的创业经验和创新思维，可以为学生提供创业指导和行业洞察。

通过多种渠道吸引和培养具备数字化素养和创新能力的教师，可以建立一个多元化、高素质的师资团队，为数字化创新人才培育提供有力保障。

二、数字化创新人才培育的师资培养的途径

进行数字化创新人才培育的师资培养的途径主要有：

1. 引进和定期组织现有的教师参加数字化技术培训和进修、教学研讨会和教学方法培训，教师进行专业培训和进修内容应涵盖数字化技术的前沿领域和应用实践案例。通过让教师参加专业的数字化知识和技能培训，

教师能够全面提升自己的数字化素养，提高他们的数字化教学能力和技能水平。同时，积极引进具备数字化技能的教师。

2.教师通过参加学术交流活动、与企业及研究机构进行合作，共同开展数字化创新研究，能够拓宽视野、深入了解数字化领域的最新研究成果、实际应用情况、前沿动态和发展趋势，学习先进的数字化教学方法和经验，提升自己的学术水平、创新能力和数字化的教学能力，同时也可以为"产学研用"相结合的教学模式提供更好的支持和帮助。

3.教师通过深入企业实践，能够了解数字化技术的应用场景和实践经验，增强自己的实践能力和行业经验，提高教学质量和效果。

教师企业实践的形式可以包括以下几种：

（1）教师到企业进行实地考察和观摩，了解企业的运营情况、生产流程、技术应用等方面的情况，从而丰富教学内容，提高教学质量。

（2）企业通常会为其员工提供各种技能培训，教师可以参加这些培训，了解最新的技术和行业发展趋势，并将其应用到教学中。

（3）教师可以到企业中担任兼职或全职的生产和管理岗位，深入了解企业的运营和管理情况，获取运营和管理的相关经验，丰富自己的教学资历和教学管理能力。

（4）教师可以通过参与企业的产品研发和技术创新活动，了解最新的科研成果和技术应用，将其融入数字化创新人才培育的教学中，帮助学生更好地掌握前沿知识技术。

（5）教师可以与企业合作，共同开展项目式教学，将企业的实际运营作为教学案例，引导学生将所学知识能进行实际应用。

4.通过跨学科学习交流，教师能够提高自己的综合素质和教学能力，掌握培育复合型的数字化创新人才所需的各个相关领域的知识技能。教师通过跨学科合作与交流，还可以开拓教学和科研思路，促进不同专业领域的教师之间的合作与共同进步。

5.教师通过建立现实或者虚拟的教学团队，可以实现教师之间的沟通、协作和教育资源的共享，提高整个团队的综合素质与能力，提升单位的育人的质量、效率。

6.教师可以通过参与教学创新实践、数字化创新项目，积累实践经验。培育单位要鼓励教师探索在线课程设计、虚拟实验室等数字化的教学方法和手段，提高自己的创新能力、适应能力和教学水平。

7.加强学校与企业的合作，实现资源共享，通过项目合作、共建共享实习基地等形式，为教师提供更多的实践机会和教学资源。

这些培养途径可以加强对师资的培养，帮助教师全面提升数字化知识、技能和创新能力，掌握数字化教学方法和手段，为数字化创新人才培育提供有力支持和帮助，培养出更多高素质的数字化创新人才。同时，学校应持续关注师资队伍的建设和发展，根据实际情况调整和完善相关措施，确保师资力量的不断提升。

三、数字化创新人才培育的师资的使用

在数字化创新人才培育中，教师的使用是至关重要的。数字化教育不仅需要教师具备扎实的学科知识，还需要他们掌握数字化工具和数字化教学方法，以便有效地指导和支持学生的创新学习。针对数字化创新人才培育的师资的使用要做到以下几点：

1.教师需要掌握使用数字化工具和平台的能力，例如在线教育平台、虚拟教室、数字内容创作工具、新的教育技术等。这样他们才能有效地利用这些工具进行教学，提升学生的学习效果。

2.在数字化环境下，教师可以尝试采用新的教学方法，如翻转课堂、协作式学习、项目导向学习等。这些方法能够激发学生的学习兴趣，培养

学生的创新能力和合作精神。

3.通过组建由不同学科背景和专长的教师组成数字化教学团队,可以实现教学资源的共享和优化配置。这样的团队能够共同开发创新课程和编制教学方案,为学生提供更加优质的教育资源。

4.在数字化教育环境中,教师的角色需要从传统的知识传授者转变为学习引导者和教练。教师应该学会利用数字化工具来监控学生的学习进度,并提供及时的反馈和个性化的指导。鼓励教师采用项目导向、协作式和探究式的以学生为中心的教学方法,激发学生的创新思维和自主学习能力。

5.学校应该为教师提供定期的专业发展课程和研讨会,帮助他们更新知识,掌握最新的教育技术和教学方法,这样有助于教师与时俱进,提高他们的教学质量。

6.学校应该建立一个科学的教师评价和激励机制,将数字化教学能力纳入评价指标,激励教师不断提升自己的数字化教学能力。认可和奖励那些在数字化教育创新方面取得突出成就的教师,树立榜样,这可以激发其他教师的创新热情,推动整个学校的教育创新氛围。

7.支持教师开展跨学科合作,促进教师间的交流与合作,共同开发融合数字化元素的创新课程。学校可以组织教师分享会等活动,促进教师之间的经验交流和知识共享,促进教师间相互学习,拓宽视野,增强创新能力,共同提高教学水平。

8.教师可以通过数字化资源平台,获取丰富的教学材料和案例,为课堂注入新的内容和活力。鼓励教师利用在线协作工具,与学生进行实时互动,提高教学效果和学习参与度。

通过合理的师资使用策略,结合数字化工具和教学方法,可以充分发挥教师在数字化创新人才培育中的关键作用,为学生提供更加优质的教育体验、教育资源和教学支持,培养学生的创新能力和综合素质。同时,也有助于提升教师自身的专业素养和教学能力，实现教育与数字技术的深度融合。

四、数字化创新人才培育的师资激励机制

建立完善的激励机制，鼓励教师在数字化创新人才培育方面取得优异成绩。数字化创新人才培育的师资激励机制主要包括以下几个方面：

1. 薪酬激励。提供具有竞争力的薪酬待遇，如提高教师的工资水平、奖金等，以吸引和留住优秀的师资。

2. 职业发展激励。提供良好的职业发展机会，如晋升机会、职称评定、参加学术交流活动等，以满足教师个人职业发展的需求。

3. 教学和研究激励。鼓励教师进行数字化教学创新研究，提供科研经费、研究平台和合作机会，以提升教师的学术水平、科研热情和创新能力。对教学效果优秀的教师给予奖励，如设立教学质量奖、教学成果奖、优秀教师奖、创新项目奖等，以激发教师的教学热情、积极性和创新性。

5. 工作环境激励。提供良好的工作环境和生活条件，如改善教学设施、提供舒适的工作场所、解决住房问题、子女教育问题等，以提高教师的工作满意度和归属感。

6. 社会声誉激励。对优秀的教师给予社会荣誉和表彰，如优秀教师称号、教学名师等，以提高教师的社会知名度和影响力。

7. 学生评价激励。建立完善的学生评价机制，对教师的教学效果和教学质量进行科学合理的评价评估，并以此作为激励教师的重要依据，以促进教师不断改进教学方法手段和提高教学质量，保证育人效果。

8. 创新成果转化。鼓励教师将数字化创新成果转化为实际应用，为社会发展做出贡献。学校可以提供成果转化支持和资源，帮助教师实现成果的市场化，实现教师、学生、学校、成果使用单位和社会的多方受益。

以上这些激励机制可以激发教师的积极性和创造力，提高教师的教学水平和创新能力，为数字化创新人才培育提供更好的支持和帮助。同时，这些激励机制也可以提升教师的职业满意度和归属感，增强学校的影响力。

五、数字化创新人才培育的师资考核与评价的内容

数字化创新人才培育的师资队伍的考核与评价内容应综合考虑多个方面，以全面评估教师的数字化素养、专业能力、教学能力、教学成果、技术技能和综合素质。以下是考核评价的主要内容：

1.建立教学质量评估体系，对教师的数字化教学能力进行评估，确保教学质量。

2.对教师的数字化素养、技术和技能进行评估，包括教师个人对数字化技术的理解、运用和创新等方面。可以通过教师的实际操作测试、案例分析报告、项目成果等方式进行评估。

3.对教师的学术科研成果比如课题、论文、专利成果转化、社会经济项目等进行评价。可以邀请同行专家进行学术研究能力和成果的应用水平评估，并结合实际应用价值进行综合评价。

4.对教师参与的数字化创新项目和实践成果进行评价。可以关注教师在项目中所起的作用、实践成果的应用价值和社会影响等方面。

5.鼓励教师持续学习和自我发展，对教师参加培训、进修和学术交流等活动的态度和成果进行评价。这样可以关注相关教师在数字化领域、专业领域的知识更新和能力提升的情况。

6.对教师的合作、沟通与交流能力进行评价，包括与同行、企业和其他外部机构的合作与交流情况。可以关注教师是否能够积极分享经验、促进资源共享和协同发展。

通过以上内容的考核评价，可以对数字化创新人才培育的师资队伍进

行全面、客观、公平、公正的考核与评价。评价结果应作为教师晋升、奖励和资源分配的重要依据，同时也可以为师资培养和激励机制的进一步完善提供参考。

六、数字化创新人才培育的师资队伍的保障体系

一套完善的数字化创新人才培育的师资队伍的保障体系，可以为培养高质量的数字化创新人才提供有力的支持。数字化创新人才培育的师资队伍的保障体系的构建是一项复杂的系统工程，需要相关单位从多个方面进行考虑和构建，以确保师资队伍的稳定和发展。数字化创新人才培育的师资队伍的保障体系我们可以从以下几个方面进行构建：

1. 学校需要建立完善的管理和服务机制，保障教师的待遇。为教师提供良好的工资、福利、保险等方面的保障，解决他们在工作和生活中遇到的问题和困难，确保教师的基本生活需求得到满足。

2. 职业发展保障。教师要不断更新自身的知识和技能，以适应数字化教育教学的需要。因此，学校需要建立完善的培训和发展机制，包括岗前培训、在职培训、学术和实践经验的分享交流合作等，以提高教师的专业素养和数字化教学能力。同时，提供晋升机会、国内外交流等方面的支持，促进教师的职业发展。

3. 工作环境保障和硬件设施保障。提供良好的办公条件、教学设施、实验设备等，建立数字化教学资源库，实现教师间的资源共享，提升教学效率。确保教师能够顺利开展工作，确保教学的顺利进行。

4. 身心健康保障。关注教师的身心健康，提供健康检查、心理咨询等方面的服务，帮助教师缓解工作压力。

5. 建立科学合理的用人制度、奖励制度和激励机制。这是保障师资队伍稳定和发展的关键。学校需要制定合理的招聘和选拔制度，确保能够吸

引和留住优秀的教师。同时，还需要建立有效的激励机制，如提供具有竞争力的薪资待遇、晋升机会、奖励制度等，以激发教师的工作热情和积极性。建立激励机制和奖励制度，对在数字化创新人才培育方面取得优异成绩的教师给予奖励和表彰。奖励制度可以与考核评价结果相结合，以激发教师的教学和科研热情。

6. 建立科学的评价、考核与反馈机制，对教师的教学和科研成果进行客观评价。评价结果应作为教师晋升、奖励和资源分配的重要依据，这是保障师资队伍质量的重要手段。学校需要建立科学、公正、客观的评价和考核机制，对教师的教学质量、科研能力、社会服务等方面进行全面评估，并根据评估结果进行奖惩。

七、数字化创新人才培育的师资队伍体系建设的建议

数字化创新人才培育的师资队伍体系的建设是确保教学质量和培养高素质人才的关键。以下是关于数字化创新人才培育的师资队伍体系建设的建议：

1. 提升教师数字化素养。对教师进行数字化知识和技能的培训，使其具备利用数字化工具、技术和资源进行数字化教学和科研的能力。

2. 引进优秀人才。积极引进具备数字化背景和丰富实践经验的优秀教师，充实师资队伍。可以从企业、研究机构等引进具有数字化创新经验的人才，为教学提供更多实践案例和前沿知识。

3. 建立教学团队。组建跨学科、跨领域的教学团队，共同开展不同专业领域的数字化创新人才培育。通过教学团队成员之间的协作、沟通和交流，可以共享教学经验和教学资源，提升整体的教学水平和学生的学习效果。

4. 鼓励教师参与数字化项目。鼓励教师参与真实的数字化项目的研究和实践，提升其数字化创新能力和实践能力。同时，可以将项目经验融入

教学，使学生了解实际项目运作的流程、方法、技巧和注意事项等。

5. 建立教师评价机制。建立科学合理的教师评价机制，对教师的教学质量、研究成果、实践成果等进行综合评价。根据评价结果，对教师进行激励和奖励，提升其教学积极性和创新精神。

6. 加强校企合作、产学研结合。与企业、协会等单位合作，共同开展数字化创新人才培育。教师可以深入企业等单位了解社会对数字化创新人才的实际需求和技术要求，同时将他们的资源整合利用并引入课堂，为学生提供更多的学习素材、项目和实践岗位。数字化创新人才的培育需要与企业、科研机构等联合进行深度合作，加强这类教师的师资队伍建设可以促进产学研结合，使教师更加了解企业和科研机构的需求和趋势，为产学研结合提供更好的支持和帮助。

7. 培养教师的创新思维。鼓励教师尝试新的教学方法和手段，培养其创新思维。可以通过举办教学研讨会、交流教学经验等方式，激发教师的创新灵感，打开教师的思路和格局，提升教学质量。

数字化创新人才培育的师资队伍建设需要从提升教师数字化素养和技术技能、引进和培养优秀人才、建立教师团队、鼓励教师参与数字化项目、建立教师的评价机制、加强与外单位的交流合作以及重视培养教师的创新发散思维、提升教师视野格局等方面入手。通过不断优化和完善师资队伍，提升教学质量，培养更多具备数字化创新能力的优秀人才。

第四节　数字化创新人才培育的质量保障体系建设

十四五时期，数字经济迅速发展，导致当前数字化人才缺口巨大，而且随着产业数字化与数字产业化的快速推进，这一人才缺口还将进一步呈现扩大趋势。数字化创新人才培育的质量保障体系建设有助于引进海外高素质数字人才（关键核心数字技术人才、实用型数字人才）、优化数字化人才引进结构；通过建立完善的质量保障体系，可以对数字化创新人才培育的全过程进行监控和管理，及时发现和解决存在的问题，从而提高教育质量，促进数字化创新人才培育的公平性和公正性，培养出更多高素质的数字化创新人才；数字化创新人才培育的质量保障体系的建设还可以促进教育的国际化和交流合作，增强我国数字化产业和人才的国际影响力和竞争力，为我国数字化产业在国际交流合作提供更好的支持和保障。

数字化创新人才培育的质量保障体系建设需要从制定明确的原则和质量标准、建立完善的教学质量评估机制、强化实践教学环节的质量管理、建立有效的反馈机制、持续改进和优化课程体系、加强师资队伍建设以及建立数字化教学资源库等方面入手。通过不断优化和完善质量保障体系，可以确保数字化创新人才培育的高质量发展。

一、数字化创新人才培育的质量保障体系构建原则与标准

（一）数字化创新人才培育的质量保障体系构建的原则

1. 科学性原则。数字化创新人才培育的质量保障体系的建设应该基于科学的理论和方法，对数字化创新人才培育的过程进行全面、客观、科学的评估和监测，确保体系的有效性和可靠性。

2. 系统性原则。数字化创新人才培育的质量保障体系应该是一个系统性的工程，涉及数字化创新人才培育的各个方面和环节，需要全面考虑各种因素之间的相互影响和作用，确保体系的完整性和系统性。

3. 可操作性原则。数字化创新人才培育的质量保障体系的建设应该注重实际操作和实施，保障体系的可行性和可操作性，避免过于复杂和烦琐，以提高体系的实用性和有效性。

4. 可持续发展原则。数字化创新人才培育的质量保障体系的建设应该

注重可持续发展，不断完善和优化体系，保持体系的动态性和适应性，以适应数字化创新人才培育的发展变化。

5. 以学生为本的原则。数字化创新人才培育的质量保障体系的建设应该注重以学生为本位，关注学生的个性化发展需求，提高服务的针对性和个性化服务的质量和效果，以促进学生的全面健康发展。

6. 国际化原则。数字化创新人才培育的质量保障体系的建设应该与国际接轨，借鉴国际先进的教育质量保障理念和方法，提高数字化创新人才培育质量保障体系的竞争力，为我国培育的数字化创新人才提升国际竞争力和国际化发展提供更好的支持与保障。

遵循以上的原则可以帮助我们在构建数字化创新人才培育的质量保障体系时，确保体系的科学性、系统性、可操作性、可持续发展性、以人为本和国际化发展。同时，可以建立完善的质量保障体系，提高数字化创新人才培育的质量和效果，为社会的数字化发展提供更好的支持和保障。

（二）数字化创新人才培育的质量保障体系构建的标准

数字化创新人才培育的质量保障体系构建应注重系统性、规范性、实践性、创新性和跨学科性等，以提高数字化创新人才的培养质量和满足行业需求。该体系构建的标准可以包括以下几个方面：

1. 要制定具体的数字化创新人才培养质量标准，明确人才培养的质量目标，这是质量保障体系的基础，它们指导整个体系的运行方向和工作的重点。

2. 制定标准化与个性化相结合的人才培养方案。制定数字化创新人才培养的标准和计划，确保人才培养的规范性和系统性。针对社会不同领域和行业的人才需求，制定学生个性化的培养方案，以满足不同行业对数字化创新人才的需求。人才培养方案应根据市场趋势、技术发展和社会需求进行定期评估和调整。

3. 采用多元化的培育方式，采用线上线下相结合的包括理论教学、实践教学、项目实训等多种形式，以提升数字化创新人才的综合应用素质。

4. 整合完善的教学资源，提供包括教材、课程、案例、实践项目等丰富的教育教学资源，以全面支持数字化创新人才的培育。

5. 建立一套高效、灵敏、科学、公正的多元有效的质量信息评估、反馈、调整系统。该质量信息评估反馈系统采用 PDCA 循环流程，能够实时收集和分析育人质量和服务质量等方面的信息，同时，对人才的学习成果、实践能力、创新能力等进行评估，及时发现问题、解决问题，以确保人才培养的质量，使质量保障工作正常运行，持续改进，在这个过程中让全体成员参与到质量管理中来，在提高大家的质量服务意识和责任感的同时，促进人才培养质量提升。

6. 持续开展师资培训，加强对相关教师的培训，确保任课老师具备数字化创新人才培养所需的技能和知识。

7. 具备良好的实践教学环境和强大的校企合作网络，构建与企业合作的广泛网络，可以满足数字化创新人才培养的需求，共同推进数字化创新人才实践教学水平和人才培养质量的提升，提高人才的实践能力和就业竞争力。

8. 完善的政策支持，政府和社会各界应加大对数字化创新人才培养的支持力度，制定相关政策，鼓励企业参与人才培养，提供平台、机会和资金支持。

9. 要做到跨学科的综合性培养，数字化创新人才需要具备跨学科的综合能力，因此，在培养过程中应注重跨学科的综合性培养，涵盖计算机科学、数据科学、人工智能、市场营销等多个领域。

10. 建立一个综合质量管理机构，遵循规范性和可操作性的原则，负责制定和执行政策、标准和流程，确定落实质量保障组织的领导机构、管理机构、执行机构、监督机构及各自质量职责，并协调各个部门之间的质量管理活动。确保全部过程的灵活性、一致性、系统行和公平公正性。

11. 该质量保障体系应关注社会认可度，培养学生应具备的适应性、创新意识和创新能力，通过毕业生就业率、企业满意度等指标，衡量数字化创新人才培育的质量和效果，确保其适应行业发展和市场需求。

12. 该质量保障体系应关注国际标准和发展趋势，与国际接轨，提高数字化创新人才培育的国际竞争力。

通过遵循以上标准，可以构建一个科学、合理、有效的数字化创新人才培育的质量保障体系，该体系将有助于提高数字化创新人才培育的质量和效果，为数字经济和社会发展提供有力的数字人才支撑，满足社会和各行业的需求。

二、数字化创新人才培育的质量保障体系建设的环节与内容

在数字化创新人才培育的质量保障体系建设过程中，需要注重整体性和系统性，确保各个环节和内容的协调性和一致性。同时，需要不断调整和优化各个环节，以适应时代发展的需要。

（一）数字化创新人才培育的质量保障体系建设的环节

1. 确定育人的质量标准，这是质量保障体系的基础，包括制定各类标准，以及明确数字化创新人才培育的质量管理体系的要求。

2. 质量管理策划，对数字化创新人才培养质量实现的整个过程进行具体的规划和计划，确保质量管理工作的顺利进行。

3. 质量检验与控制，通过一系列具体的方法和工具，对培养的数字化创新人才的质量进行检测、监督和改进，以确保其符合预定的质量标准。质量检验与控制的目标在于确保人才培养质量能满足要求，包括明示的、习惯上隐含的或必须履行的需求或期望。质量检验与控制是一个持续的过

程，需要不断地监视、评估和改进，以确保培育的学生始终满足质量要求。质量检验与控制的过程大致可以分为以下四个步骤：

（1）制订培养标准。

（2）评价符合标准的程度。

（3）必要时采取措施。对影响培育结果的各个因素采取措施，解决问题。

（4）制订改进计划。制订降低成本，提高人才培育标准的计划。

4.在育人的质量管理过程中，提供充分的依据，确保育人质量满足相关要求。

5.通过不断的教育教学改进，以提高育人的质量水平。

以上这些育人的环节相互关联、相互支持，相辅相成，共同构成一个完整的育人质量保障体系。通过建立这个科学有效的育人质量的保障体系，可以保证培育的数字化创新人才的质量水平，增强他们的市场竞争力和占据一定的市场地位。

（二）数字化创新人才培育的质量保障体系建设的内容

数字化创新人才培育的质量保障体系建设是一个长期的过程，需要从多个方面入手。以下建设的内容是我们提供的参考建议：

1.制定明确的培养目标，学校或培育机构应明确人才培养的目标，并确保其与国家、社会和行业的发展需求相一致。目标应具有可操作性，能够指导课程设置、教学计划和教学方法等。

2.建立完善的运行机制，提供有力的政策支持与保障。建立以公平、公正、透明为原则，包括招生与选拔、教学管理、学生评价、教师评价等方面的机制。政府和社会还应给予数字化创新人才培育的政策支持和保障，鼓励数字化技术的研发和应用，为创新人才提供良好的发展环境。

3.提升师资队伍素质，加强师资队伍建设和保障。学校应注重师资队伍的建设与保障，选拔具有高素质和专业背景的教师，为其提供持续的培训和发展机会，建立一支高素质、专业化的具备数字化素养和实践能力的师资队伍，为数字化教学的质量提供有力保障。同时，应鼓励教师参与行业企业实践和学术交流研究，以促进教师提高自身的教学质量和科研能力。

4. 持续改进和优化课程体系，学校应根据行业发展、市场需求、学生需求和培养目标，注重理论与实践相结合，设置科学合理的课程体系，引入新的教学方法和手段，注重课程内容的更新和整合。确保课程设计符合数字化创新人才培育的目标，内容更新及时，能够反映不同行业数字化技术的最新发展，还要保证教学内容的前沿性和实用性，以提高学生的知识储量、技术技能和创新能力。

5. 制定明确的教学质量标准，完善理论与实践教学质量的监控体系。学校应根据数字化创新人才的培养目标，制定明确的理论与实践教学质量的标准，这些标准应包括知识技能、实践能力、沟通协作能力、解决问题和应变能力、创新能力等方面的要求，为教学质量评估提供依据；培育单位应完善教学质量监控体系，对教学过程进行全程跟踪和评估。同时，应鼓励教师进行教学反思和教学手段与方法的创新，以全面提高育人质量。

6. 学校应提供包括心理疏导、职业规划、学术交流支持等服务，这些服务应以学生为中心，满足学生的成长需求。

7. 学校应定期对人才培养质量和教师的教学效果进行评估和反馈，发现问题及时采取改进措施。同时，应将评估结果及时反馈给相关的学生、教师和管理人员，不断完善数字化创新人才培育的质量保障体系，持续改进人才培养体系。

8. 要充实数字化教学资源库与设施，我们在确保教学设施设备的先进性和适用性的前提下，为学生提供包括数字化教育资源、实验设备、在线学习平台、数字图书馆等充足的数字化资源库和设施，为学生提供丰富的实践机会，以满足学生的学习需求，以此保障教学质量，提升学生学习效果。

9.要加强"产学研用"各个环节的结合，培育单位要加强与企业的合作，共同制定不同领域数字化创新人才的培养标准。通过产学研用结合，让学生从零基础快速熟悉数字化知识与技能，能参与甚至运营真实的数字化企业项目，成为真正的社会生产力。

产学研用相结合的教育运行方式是指产业、学术界、研究机构和企业之间为了共同的新目标而进行的紧密合作和互动。这种运行方式旨在促进科技创新、人才培养、产业升级和社会发展。产学研用的运行通常包括以下几个关键方面：

（1）产业界、学术界、研究机构和企业之间建立紧密的合作关系。这些合作可以是双方或多方之间的协议、合同或备忘录等形式。通过合作关系的建立，各方可以明确共同的目标和利益，共同推进科技创新和产业发展。

（2）产学研用合作中，各方可以共享资源、设备、人才、技术等，实现资源的优化配置和高效利用。同时，各方可以互相借鉴和学习，共同推动科技创新和产业升级。

（3）产学研用合作的核心是项目合作和研发。各方可以共同申报科研项目、制定研发计划、开展实验研究和产品开发等活动。通过项目合作和研发，可以推动科技创新成果的转化和应用，提高产业的核心竞争力。

（4）产学研用合作还可以促进人才培养和交流。学术界和研究机构可以为学生提供实践教学和科研训练机会，企业可以为学生提供实习和就业机会，同时也可以从学术界和研究机构引进优秀人才。通过人才培养和交流，可以提高他们的素质和能力，为产业发展提供有力的人才保障。

（5）产学研用合作的最终目标是实现科技创新成果的转化和推广。

合作的各方可以共同推动科技成果的商业化、产业化和国际化，促进产业升级和社会发展。

10.与行业机构合作，提供相关证书和资质的认证服务。通过证书和资质的认证，证明学生在数字化创新领域的专业能力和水平，增强学生的就业竞争力。

11.营造一个有利于数字化创新人才培育的环境和文化氛围。鼓励师生之间的交流与合作。

12.实践教学是数字化创新人才培养的重要环节，应加强对实践教学的质量管理。建立实践教学的评估标准，对实践教学内容、方法、效果等进行评估，确保实践教学质量的不断提升。

数字化创新人才培育的质量保障体系建设需要培育单位从多个方面入手，注重整体性和系统性。同时，应加强与行业、企业和社会各界的合作与交流，以增强人才培养的针对性和适应性。总之，该体系将有助于提高数字化创新人才培育的质量和效果，培养出具备数字化素养、创新能力和实践经验的高素质人才，为经济社会发展提供有力的人才支撑。

三、数字化创新人才培育的质量保障体系的运行机制与效果评价

（一）数字化创新人才培育的质量保障体系的运行机制

明确数字化创新人才培育的质量保障体系的运行机制，确保培育单位的组织体系内部的各个部门和环节能够协同工作，高效地推进数字化创新人才培育工作。该运行机制主要包括以下几个方面：

（1）建立管理机构并且制定明确的培育目标。要进行数字化创新人才培育，首先需要建立管理机构，明确数字化创新人才培育的目标，即培养具备数字化素养、创新能力和实践经验的高素质数字化人才。这一目标

应贯穿整个培育过程，为后续的课程设置、实践教学和评估反馈提供指导。其次，要明确工作流程，设置管理工作岗位，明确岗位职责和责任分工

（2）建立完善的课程体系。根据培育目标，建立完善的课程体系，确保课程内容与数字化创新人才的需求相匹配。课程体系应注重理论与实践相结合，包含数字化技术、创新思维、实践操作等方面的课程。

（3）加强实践教学环节。实践教学是数字化创新人才培育的关键环节。通过建立实验基地、开展项目实践、组织实习实训等方式，提供充足的实践机会，提高学生的实际操作能力和创新思维。

（4）建立评估与反馈机制。建立科学的评估与反馈机制，对学生的学习以及教师的教学效果进行定期与不定期的全面评估。评估结果作为调整教学方法和课程内容的重要依据，同时关注师生的反馈意见，持续改进培养和保障体系。

（5）加强校企合作与产学研结合。学校与企业合作，共同参与数字化创新人才培育过程。通过产学研结合，让学生接触到真实的项目和实践环境，提高培育质量和学生的实际操作能力。

（6）营造创新氛围与环境。鼓励师生进行创新实践，营造一个有利于数字化创新人才培育的环境和文化氛围。通过举办创新竞赛、学术交流等活动，促进创新思维和创新实践。

（7）制定制度，提供政策支持与保障。政府和社会应给予数字化创新人才培育的政策支持和保障。制定相关政策，鼓励数字化技术的研发和应用，为创新人才提供良好的发展环境。

（8）持续改进与发展。数字化创新人才培育是一个持续改进和发展的过程。应关注市场人才需求和技术发展动态，及时调整培养方案和课程设置，确保人才培育质量与市场需求相匹配。

通过以上运行机制的协同作用，数字化创新人才培育的质量保障体系

将得以有效运行。该体系不断完善和发展，为培养出高素质的数字化创新人才提供有力支持。同时，该质量保障体系也将推动数字化创新人才培育工作的持续改进和发展，适应社会和行业不断变化的需求。

（二）数字化创新人才培育的质量保障体系的运行效果评价

1. 设立评价指标。根据数字化创新人才培育的目标和要求，设立科学、合理的评价指标。评价指标应涵盖教学质量、学生成果、师资队伍、实践教学等方面，以便全面评估数字化创新人才培育的保障体系的质量。

2. 进行定期评估与反馈。定期对数字化创新人才培育的质量进行评估，收集学生、教师、企业等相关方的反馈意见。通过评估结果和反馈意见，及时调整和优化培养方案、课程设置和实践环节，提高培育质量。

3. 采取第三方评价、外部认证与评价。与行业机构合作，引入第三方评价机构、外部认证和评价机制，对数字化创新人才培育的质量保障体系进行评价。第三方评价可以提供客观、公正的意见和建议，促进体系的持续改进。通过专业认证机构对数字化创新人才培育的质量进行评估和认证，提高社会认可度。

4. 跟踪毕业生就业情况。培育单位通过收集毕业生的就业率、职业发展情况、企业对毕业生综合表现的反馈信息等，分析和关注毕业生的就业与发展情况，以此作为衡量数字化创新人才培育的质量和效果的重要指标之一。

5. 比较分析法。通过与国内外同类院校或专业的数字化创新人才培育质量进行比较分析，找出自身的优势和不足，进一步优化质量保障体系。

6. 关键绩效指标法。选取关键绩效指标（KPI），对数字化创新人才培育的核心领域进行重点监测和评估。例如，学生的创新能力、实践成果、项目经验等关键指标，以衡量数字化创新人才的培育质量。

7. 满意度调查。定期或者不定期地开展全面或者抽样的学生满意度调查，用这种途径来掌握学生对教学质量、课程设置等方面的意见和建议。通过对学生的满意度调查结果，发现育人过程中存在的问题，明确下一步的改进方向。

8.技术监测与数据分析。利用技术手段对数字化创新人才培育过程进行监测和分析。通过数据分析，了解教师与学生的教学进度、实践成果和创新能力等方面的表现，为保障质量提供数据支持。

通过实施以上的评价过程与方法，并将其不断地完善和发展，数字化创新人才培育的质量保障体系将得以有效运行，为培养出高素质的数字化创新人才提供有力支持。同时，该质量保障体系也将推动数字化创新人才培育工作的持续改进和发展。

四、数字化创新人才培育的质量保障体系运行的注意事项

在运行数字化创新人才培育的质量保障体系时，需要注意的关键事项：

1.确保评估的公正性和客观性。在进行课程、教学和学生评估时，要采用科学、客观、公正的方法和工具，避免主观臆断和偏见。评估结果应该基于事实和数据，而不是个人喜好或偏见。

2.注重学生的综合素质和专业技能的发展和评估。数字化创新人才培育的质量保障体系不仅要保障学生掌握知识和技能运用，更要关注学生的创新创造能力、沟通协作能力、批判与发散思维、分析与解决问题的能力等多方面的发展。

3.及时总结反馈与有效沟通。在质量评估后，要给予培育单位、企业合作伙伴和学生及时的反馈，并进行有效沟通，让他们了解自身的优点和不足，指导他们采取措施有效改进，共同解决培育过程中出现的问题。

4.灵活适应变化。由于数字技术和领域在不断拓展和发生变化，质量保障体系需要保持一定的灵活性，能够适应这些变化。定期审查和调整质

量标准、评估方法等，确保它们始终与数字化创新人才的需求保持同步。

5.强化过程和决策的数据驱动。过程和决策的数据驱动强调收集和分析大量的数据，是一种基于数据和事实的管理，决策和程序推进强化数据驱动可以帮助组织更加科学和客观地做出行动和决策，减少主观臆断和偏见的影响，提高行动和决策的质量和准确性。要强化数据驱动的过程与决策，需要做到以下几点：

（1）培育单位需要建立成熟的大数据收集和分析平台，并构建完善的体系，确保数据收集与分析的准确性、完整性和及时性。同时，还需要掌握数据分析技巧，能够从数据中提取有用的信息。

（2）在决策之前，需要明确决策的方向和目标，确保决策的重点明确。同时，还需要对问题进行深入的分析和研究，找出问题的本质和根源，为决策提供有力的支持。

（3）在组织内部鼓励员工积极使用数据来做决策制定和实施的支撑，在决策过程中，充分利用数据进行决策分析。通过对数据的分析和比较，发现不同方案之间的优劣和差异，为决策提供更加客观和科学的依据。同时，还要建立相应的激励机制和考核机制，确保数据驱动的决策能够得到有效执行。

强化数据驱动的决策是一种重要的管理决策方式，在数字化创新人才培育的质量保障体系的运行过程中，我们要收集和分析学生的学习数据、课程评估数据等，充分利用数据来支持决策，为改进人才培育质量提供有力依据。

6.质量文化是指组织内部普遍存在的一种价值观、理念和精神，它强调质量的重要性和对质量的追求，并贯穿于组织的各个层面和各个环节。质量文化是一种组织文化，它影响组织内所有成员对质量的态度和行为，包括组织的领导者、管理者和员工。

整个教育机构或组织中要培养一种重视质量、追求卓越的文化氛围，让每个人都明白质量是数字化创新人才培育的核心，每个人都应该为提升质量做出贡献。质量文化具有系统性、全员性、预防性和持续改进性等特点。它要求组织内部的各个部门和员工都参与到质量管理的实践中，注重预防和提前控制，并不断追求卓越。

数字化创新人才培育的质量文化的重要性主要体现在以下几个方面：

（1）提高人才培育的质量标准

通过培养全员的质量意识和质量技能可传播质量文化，质量文化可以促进人才培育的质量标准不断提高和持续改进。

（2）增强客户忠诚度

良好的质量文化可以赢得合作伙伴的信任和忠诚度。

（3）提高组织绩效

质量文化可以促进组织内部各个部门和员工之间的协作和沟通，提高组织绩效和效率。

要构建卓越的数字化创新人才培育的质量文化，需要建立健全人才培育的管理制度和工作流程，制定严谨、细致的质量管理规范，并加以相关的过程控制和管理。同时，开展全面的质量管理活动，鼓励培育单位和相关合作单位的全体员工积极参与人才培养质量的改进和创新，不断提高服务，强化"追求卓越质量"的理念。

7.质量保障体系本身也是一个持续改进和优化的过程。我们要不断收集数据进行分析，根据数据分析结果衡量我们质量保障体系运行的有效性，总结经验教训、制定改进计划、实施改进措施等进行调整和改进。持续改进与优化的关键是不断地发现问题、分析问题和解决问题，实现螺旋式上升。

持续改进与优化的实现需要建立在良好的质量管理体系基础上，包括明确的质量目标、完善的质量管理制度、科学的质量控制方法、有效的质量评估机制等。同时，培育单位需要建立一种积极向上的质量软文化，激励全员参与人才培养质量的改进与创新，提高整个组织的质量意识和质量能力。

总之，运行数字化创新人才培育的质量保障体系时，需要确保评估的公正性和客观性、注重学生的全面发展、及时反馈与有效沟通、灵活适应变化、强化数据驱动的决策、培养质量文化以及持续改进与优化。这些注意事项将有助于确保数字化创新人才培育的质量得到有效保障和提升。

第七章　数字化创新人才培育体系的应用探索

第一节　数字化创新人才培育的目标与模式

一、数字化创新人才培育的目标

数字化创新人才培育的目标是培养一批具备数字化创新思维，精通数字战略管理、数据深度分析、数字产品研发、数字化运营和营销能力的杰出创新人才。他们不仅能够进行组织数字化战略规划，精准把握数字化转型的脉络，还能积极推动组织数字化转型，将传统业务模式与数字技术相融合，打造全新的数字化生态。在数字化转型的过程中，这些人才需要有能力应对和处理各种可能出现的问题和挑战，如数据安全问题、技术更新迭代、市场变化等。他们应该拥有敏锐的洞察力，能够及时发现并分析数字化转型过程中的风险点，提出有效的解决方案，确保数字化转型的顺利进行。具体而言，数字化创新人才培育的目标包括：

（一）提升数字技能与专业素养

提升数字技能与专业素养对于数字化创新人才而言至关重要。在当今数字化快速发展的时代，仅仅掌握传统的知识和技能已经无法满足市场的需求，数字化创新人才必须具备扎实的数字技术和专业知识，以便在数字化浪潮中脱颖而出，数据分析、人工智能、云计算等是数字化创新人才必须掌握的核心技能。数据分析能够帮助他们深入挖掘数据背后的价值，为决策提供有力支持；人工智能则能够提升他们的创新能力，开发出更智能、更便捷的应用；而云计算则能够为他们提供强大的计算和存储能力，满足大规模数据处理的需求。为了培养数字化创新人才，需要通过系统的教育和培训来提升他们的数字技能和专业素养。这包括开设相关课程，邀请业内专家进行授课，组织实践活动等方式。通过这些教育和培训活动，数字化创新人才能够逐步掌握这些核心技能，并将其熟练运用到实际工作中。

（二）培养创新思维与跨界能力

数字化创新并不仅仅局限于技术层面的革新，它更是一个涉及思维方式和合作模式的全方位变革。因此，我们的培育目标之一便是深度激发人才的创新潜能，鼓励他们勇于挑战传统思维的束缚，敢于跨界合作，从而共同探索并开拓新的数字化应用场景和商业模式。创新思维的培养，需要营造一个开放、包容、鼓励试错的创新环境，同时，还需要通过一系列的创新训练和实践，帮助他们掌握创新思维的方法和技巧，如逆向思维、发散性思维等，以应对日益复杂的数字化挑战。跨界能力的培养，则要求数字化创新人才具备广泛的知识背景和多元化的技能，他们应能够跨越不同领域和行业的界限，与不同背景和专业的人员进行深度合作，共同解决复杂问题。

（三）强化实践能力与项目经验

数字化创新人才要想在激烈的竞争中脱颖而出，就必须通过参与实际项目、实习实训等方式，不断积累实践经验，提升解决实际问题的能力。参与实际项目是提升实践能力的重要途径，通过深入参与项目，数字化创新人才能够将所学理论知识与实际工作相结合，了解数字化技术在各个领域的应用情况，掌握项目管理和团队协作的技巧。同时，项目中的挑战和问题也能够激发他们的创新思维和解决问题的能力，使他们在实践中不断成长。实习实训也是提升实践能力的重要方式，通过实习实训，数字化创新人才能够亲身体验工作环境和流程，了解行业需求和趋势。在实习过程中，他们可以接触到真实的数据和场景，进行实际的数据分析和应用，从而更好地理解数字化技术的实际应用和价值。

（四）培养领导力与团队协作能力

在数字化时代，随着技术的飞速发展，创新项目的复杂性和跨领域合作的需求也在不断增加，在这样的背景下，团队合作和领导力显得尤为关键。因此，培养数字化创新人才的领导力与团队协作能力，成为我们培育目标中不可或缺的一部分。首先，一个优秀的领导者能够带领团队朝着共同的目标前进，激发团队成员的积极性和创造力。通过提升他们的战略规划、决策分析、沟通协调等能力，可以帮助他们更好地担任起领导角色，引领团队在数字化创新领域取得突破。其次，团队协作能力的培养也是数字化创新人才不可或缺的一部分，在数字化创新项目中，往往需要不同领域、不同背景的人才共同合作，才能取得最佳成果。因此，我们需要通过一系列团队建设和协作训练，帮助他们建立起良好的团队合作精神，提升他们在团队中的沟通、协调、分工和合作能力。

（五）塑造国际视野与跨文化交流能力

随着全球化的步伐日益加快，数字化创新人才的培养也逐渐聚焦于塑造国际视野与跨文化交流能力。塑造国际视野意味着数字化创新人才需要站在全球的高度去审视和思考问题，他们需要了解不同国家和地区的文化、经济、政治等方面的差异，以及这些差异对数字化创新的影响。通过深入研究和理解国际前沿技术和发展趋势，他们能够更好地把握全球数字化创新的脉搏，为组织的发展提供有力的支持。跨文化交流能力的培养则是数字化创新人才在国际舞台上发挥作用的关键，他们需要掌握不同文化背景下的沟通技巧和礼仪规范，以便在与来自不同国家和地区的合作伙伴、客户进行交流时，能够建立有效的沟通机制，促进合作和共赢。此外，他们还需要具备跨文化谈判和解决问题的能力，以应对在国际合作中可能出现的各种挑战。参与国际交流与合作项目是塑造国际视野与跨文化交流能力的有效途径。通过参与这些项目，数字化创新人才可以亲身感受不同国家的文化氛围和市场环境，了解国际前沿技术和市场动态。

综上所述，数字化创新人才培育的目标是培养具备全面素质和创新能力的数字化人才，为国家的数字经济发展和科技创新提供有力的人才支撑。通过系统的教育和培训，结合实践经验和国际交流，使这些人才能够在数字化领域发挥重要作用，推动社会的持续进步和发展。

二、数字化创新人才培育的模式

数字化创新人才培育的模式是一个多元化且综合性的体系，旨在培养具备数字化技能、创新思维和跨界合作能力的人才。以下是一些常见的数字化创新人才培育模式。

（一）产学研深度融合模式

产学研深度融合模式，是一种推动高校、科研机构与企业之间紧密合作，共同促进研发创新、人才培养和技术转移的高效模式。在这一模式下，各方发挥自身优势，形成良性互动，共同推动数字化创新人才的培养和技术成果的转化。

高校和科研机构在产学研深度融合模式中扮演着重要的角色。它们不仅拥有深厚的学术积淀和丰富的研究资源，还能够培养出大批具备数字化技能和创新思维的优秀毕业生。通过与企业的合作，高校和科研机构可以将自身的科研成果和技术优势转化为实际应用，为企业的发展提供有力支持。企业在这一模式中同样发挥着不可或缺的作用。它们为高校和科研机构提供实习实践基地和真实应用场景，使得学生在校期间就能接触到实际的工作环境和问题，积累宝贵的实践经验。同时，企业还能够从高校和科研机构引进具备数字化技能和创新思维的优秀人才，为企业的创新发展和数字化转型提供人才保障。

通过产学研深度融合模式，高校、科研机构与企业之间形成了一种互利共赢的合作关系。这种合作模式不仅有助于推动数字化创新人才的培养和技术成果的转化，还能够促进产业结构的优化和升级，推动经济的持续发展。

（二）项目驱动式培养模式

项目驱动式培养模式是一种高度实践性的教育方法，它强调通过具体的数字化创新项目，让学生在实践中学习、应用和创新。这种培养模式不仅有助于提升学生的实际操作能力，还能培养他们解决实际问题的能力，使他们更好地适应数字化时代的挑战。

在项目驱动式培养模式下，学生会参与到项目的需求分析、设计、开发、测试等全过程。通过组建团队，他们可以在项目中扮演不同的角色，充分发挥自己的专长和优势。在需求分析阶段，学生需要深入了解项目的背景和需求，与团队成员共同讨论并确定项目的目标和方向。在设计阶段，他们需要运用所学的知识和技能，提出创新的解决方案，并不断完善和优化设计方案。在开发和测试阶段，学生需要亲自编写代码、调试程序，确保项目的顺利实现和稳定运行。在这个过程中，学生不仅能够将理论知识与实践相结合，还能在实践中不断积累经验，提升自己的专业素养和综合能力。通过参与项目的全过程，学生可以更深入地了解数字化创新的实际应用和价值，掌握数字化技术的核心技能和方法，提高自己的创新思维和解决问题的能力。

（三）跨学科交叉培养模式

跨学科交叉培养模式是一种打破学科壁垒，鼓励学生跨专业学习，融合不同领域的知识和方法的培养模式。这种培养模式有助于培养学生的综合素质和创新能力，使他们在数字化时代更具竞争力。

在跨学科交叉培养模式下，高校和科研机构积极开设跨学科课程，涵盖了计算机科学、数据科学、人工智能、管理学等多个领域。这些课程不仅为学生提供了丰富的知识资源，还为他们提供了跨领域学习的机会。通过跨学科课程的学习，学生可以了解不同领域的知识和方法，掌握跨学科思维和创新技能，为未来的职业发展打下坚实的基础。此外，跨学科交叉培养模式还注重举办跨学科讲座和研讨会。这些活动为学生提供了与不同领域的专家、学者和业界人士交流的机会，让他们能够更深入地了解跨学科研究的前沿动态和应用场景。通过参与这些活动，学生可以拓展自己的视野和人脉，激发创新思维和灵感，为未来的研究和创新提供源源不断的动力。跨学科交叉培养模式还鼓励学生参与跨学科项目和研究。通过组建跨学科团队，学生可以结合不同领域的知识和方法，共同解决复杂问题，推动科技创新和产业发展。

（四）线上线下相结合的培训模式

利用在线教育平台和技术手段，可以为学生提供丰富多样的数字化学习资源和学习途径，从而极大地拓宽他们的学习视野，提升学习效率。在线教育平台凭借其灵活性、便捷性和互动性，正在逐渐改变传统教育的方式和形态，使教育更加普及和个性化。在线教育平台汇聚了海量的数字化学习资源，包括视频课程、在线文档、互动教材等，这些资源涵盖了各个学科领域，为学生提供了丰富的学习选择。学生可以根据自己的兴趣和需求，随时随地在线学习，不再受时间和地点的限制。同时，这些资源通常都经过精心设计和制作，具有高度的互动性和趣味性，能够激发学生的学习兴趣和积极性。

除了提供数字化学习资源，在线教育平台还可以与线下实践相结合，为学生提供更加完整和深入的学习体验。例如，学生可以通过在线课程学习理论知识，然后参与线下实践项目，将所学知识应用于实际场景中，这种线上线下的结合，不仅可以帮助学生巩固所学知识，还可以培养他们的实践能力和创新思维。此外，在线教育平台还可以提供远程指导服务，为学生提供个性化的学习支持。学生可以通过在线交流、作业批改等方式，与老师和同学进行互动和讨论，解决学习中遇到的问题。这种个性化的学习支持，可以帮助学生更好地理解和掌握知识，提高学习效果。

（五）创新创业支持模式

为数字化创新人才提供创新创业的平台和支持，是培育新时代创新力量的关键环节。在这一过程中，为他们提供创业指导、资金支持和政策扶持等全方位服务，通过举办创业大赛、设立创业基金等方式，进一步激发学生的创业热情和创新精神。在创业指导方面，为学生提供一对一的咨询和指导，定期举办创业沙龙和讲座，分享创业心得和成功经验。同时，积极对接各类金融机构和投资人，为学生搭建融资平台，帮助他们解决资金问题，推动项目落地。政策扶持方面，与政府部门紧密合作，争取为数字化创新人才提供更多的政策优惠和扶持措施。这些政策涵盖了税收减免、场地租赁、人才引进等多个方面，旨在降低创业成本，提高创业成功率。为数字化创新人才提供创新创业的平台和支持，是一个系统工程，需要从多个方面入手，为学生提供全方位的服务和支持。只有这样，才能真正激发学生的创业热情和创新精神，培养出更多优秀的数字化创新人才。

（六）国际合作与交流模式

国际合作与交流模式强调高校、科研机构及企业与国际先进教育机构和企业的紧密合作，引进国外优质的教育资源和经验，提升学生的国际竞争力。通过与国际先进教育机构的合作，引进国外先进的课程体系、教学方法和评价体系，为学生提供更加全面和深入的学习体验。同时，还可以借鉴国外在数字化创新人才培养方面的成功经验，结合我国的实际情况，探索出更加符合国情的人才培养模式。

通过与国际企业开展联合研发、实习实践等活动，学生可以接触到国际先进的技术和管理经验，提升自己的专业素养和实践能力。此外，这种合作模式还有助于推动产学研深度融合，促进科技成果的转化和应用。鼓励学生参与国际竞赛、交流项目、实习实践等活动，是拓展学生国际视野和跨文化交流能力的重要途径。通过参与这些活动，学生可以深入了解不同国家和地区的文化、经济、科技等方面的差异，增强自己的跨文化意识和沟通能力。通过加强与国际先进教育机构和企业的合作与交流，引进国外优质的教育资源和经验，鼓励学生参与国际竞赛、交流项目、实习实践等活动，可以培养出更多具备国际视野和跨文化交流能力的数字化创新人才，为我国的科技创新和产业发展贡献力量。

数字化创新人才培育的这些模式并不是孤立的，而是可以相互融合、互为补充的。在实际应用中，可以根据具体需求和条件选择合适的模式进行组合和创新，以形成具有特色的数字化创新人才培育体系。同时，还需要注重培育环境的营造和优化，包括政策支持、资金投入、文化氛围等方面，为数字化创新人才的成长和发展提供有力保障。

第二节　数字化创新人才培育的路径与过程

数字化创新人才培育涵盖了从教育培养到实践应用和持续学习等多个阶段和过程。

一、教育培养阶段

（一）课程体系建设

在教育体系中增加数字技术的比重，并构建包含数字技术基础、创新思维、数据分析、人工智能等多领域的课程体系。同时，教育体系必须紧跟时代步伐，加大数字技术教育的力度，为培养数字化创新人才奠定坚实基础。

1.在课程设置上，需要增加数字技术的比重。这不仅仅是在信息技术课程中增加数字技术的内容，更需要在各个学科中融入数字技术的元素。例如，在数学课程中引入数据分析、统计学的知识；在物理、化学等自然科学课程中引入计算机模拟、实验数据处理等内容。这样，学生就能在各个学科中感受到数字技术的魅力，从而激发他们学习数字技术的兴趣。

2.构建多领域的课程体系是数字化创新人才培育的重要保障。数字技术基础、创新思维、数据分析、人工智能等领域相互关联、相互促进，共同构成了数字化创新人才所需的知识体系。我们要在课程设置上充分考虑到这些领域的融合，开设跨学科课程，让学生在掌握专业知识的同时，也能够学习到其他相关领域的知识。

3.推广跨学科教育也是至关重要的。在数字化时代，单一学科的知识已经无法满足复杂问题的解决需求。因此，我们要鼓励学生在掌握专业知识的基础上，广泛涉猎其他领域的知识，培养综合能力和创新思维。这可以通过开设跨学科课程、组织跨学科研究团队、举办跨学科竞赛等方式来实现。

（二）实践教学环节

在数字化创新人才的培育过程中，引入实践项目、案例教学和模拟实验等教学方法，以及加强与企业的合作，为学生提供实习机会，这些方法让学生在实践中学习和应用知识，培养解决实际问题的能力，并为他们提供在真实工作环境中锻炼技能、积累经验的宝贵机会。

首先，实践项目、案例教学和模拟实验等教学方法能够帮助学生将理论知识与实际操作相结合。通过参与实践项目，学生可以亲自动手解决实际问题，从而深入理解知识的应用过程。案例教学则通过剖析真实案例，让学生从中汲取经验和教训，提高解决问题的能力。模拟实验则能够模拟真实的工作环境，让学生在安全的环境中尝试不同的解决方案，锻炼他们的实践能力和创新思维。

其次，加强与企业的合作，为学生提供实习机会，是培育数字化创新人才的重要途径。通过实习，学生可以深入了解企业的运作流程、业务需求和技术应用，将所学知识应用于实际工作中。在实习过程中，学生还能够与企业的专业人员进行互动交流，学习他们的经验和技能，为未来的职业发展打下坚实基础。此外，实习还能帮助学生建立职业网络，拓展人脉资源，为未来的就业和创业提供更多机会。

（三）创新能力培养

创新思维和创新能力不仅是学生个人发展的核心素质，也是推动社会进步和经济发展的重要力量。因此，需要采取一系列措施来注重培养学生的创新思维和创新能力。

1.通过组织创新竞赛、创业大赛等活动，可以有效激发学生的创新热情。这些活动为学生提供了一个展示自己创新想法和能力的平台，让他们在实践中感受创新的魅力。在竞赛中，学生需要充分发挥自己的想象力和创造力，提出新颖的解决方案，通过与其他同学的交流和竞争，不断提升自己的创新水平。

2.提供创新创业指导和支持是帮助学生将创新想法转化为实际项目的关键。可以设立专门的创新创业指导中心，为学生提供个性化的指导服务。

这些服务包括市场调研、项目策划、融资建议等，旨在帮助学生更好地理解和应对创新创业过程中的挑战。同时，还可以邀请成功的企业家担任导师，与学生分享他们的创业经验和智慧，激发学生的创业热情。

3.需要注重培养学生的创业精神和能力。创业精神包括敢于冒险、勇于尝试、持续创新等品质，这些品质是学生在未来创业道路上不可或缺的。通过案例分析、讲座分享等方式，让学生了解创业的过程和要素，培养他们的创业意识和能力。同时，还可以提供创业实践机会，让学生在实践中体验创业的过程，积累创新创业经验。

二、实践应用阶段

（一）企业实习与项目参与

企业实习与项目参与是数字化创新人才培育过程中的重要环节。通过鼓励学生积极参与企业的实习项目，可以帮助他们深入了解行业需求和业务流程，提升数字化技能和实践能力。同时，通过参与实际项目，学生还能够锻炼团队协作能力、沟通能力和问题解决能力。

首先，企业实习为学生提供了一个真实的职业环境，让他们能够亲身体验并了解行业的最新动态和实际需求。在实习过程中，学生有机会与企业的专业人士共事，学习他们的工作经验和技能，这对他们的职业发展和成长具有积极的推动作用。通过实习，学生可以更加清晰地认识到自己的职业方向和发展目标，从而更有针对性地进行学习和提升。

其次，参与实际项目能够让学生在解决实际问题的过程中，锻炼团队协作能力、沟通能力和问题解决能力。在项目中，学生需要与团队成员密切合作，共同完成任务，这要求他们具备良好的沟通能力和协作精神，能够充分发挥自己的优势，为团队的成功做出贡献。同时，项目中的实际问题往往具有复杂性和不确定性，需要学生运用所学知识进行分析和解决，这种过程能够锻炼学生的问题解决能力和创新思维，使他们在面对未来的挑战时更加从容和自信。

（二）产学研合作

在数字化创新人才的培育过程中，产学研合作将教育、科研和产业三者紧密结合，共同推动数字化创新成果的转化和应用，为学生提供了更为广阔的实践机会和资源，促进他们快速成长为数字化创新人才。

1.加强与科研机构的合作，可以共同开展研发项目和技术转移等活动。科研机构拥有丰富的科研资源和先进的技术实力，能够为学生提供前沿的科技知识和实践平台。通过与科研机构的合作，学生可以参与到研发项目中，深入了解技术的研发过程和应用前景，提升自己的实践能力和创新水平。同时，科研机构的技术转移项目也可以为学生提供创业和就业的机会，推动科技成果的商业化应用。

2.与企业的合作是产学研合作中非常重要的一部分。企业作为市场的主体，对于数字化技术的需求和应用有着深刻的理解。通过与企业的合作，可以了解行业的最新动态和市场需求，共同开展符合市场需求的研发项目。这种合作可以为学生提供更多的实习和实践机会，让他们在实际工作环境中锻炼技能、积累经验。同时，企业也可以从合作中获得人才支持和技术创新，推动企业的数字化转型和升级。

3.产学研合作还有助于推动数字化创新成果的转化和应用。通过合作研发和技术转移，可以将科研成果转化为实际的产品和服务，推动数字化技术在各个领域的应用。这不仅有助于提升我国数字化产业的竞争力，也为学生提供了更多的创新实践机会和创业平台。

4.产学研合作还可以促进教育资源的共享和优化配置。学校、科研机构和企业可以共享彼此的资源和优势，共同构建数字化创新人才的培养体系。这不仅可以提高教育质量和效益，也可以为数字化创新人才的成长提供更好的支持和保障。

三、持续学习与更新阶段

在数字化创新人才培育的过程中，强调持续学习与自我更新的能力至关重要。随着科技的飞速发展和市场的不断变化，数字化创新人才必须保持敏锐的洞察力和学习动力，以适应日新月异的技术环境。

持续学习与更新能力不仅是个人职业发展的关键，也是推动行业进步的重要动力。数字化领域的技术更新迅速，新的工具、平台和方法层出不穷，为了保持竞争力，数字化创新人才需要不断学习新知识、掌握新技能，并将其应用于实际工作中。只有如此，才能紧跟行业发展趋势，为企业和社会创造更多价值。

为了支持人才的持续学习和更新，可以提供多样化的学习资源。首先，精心打造一系列在线课程，涵盖数字化技术的各个领域，包括人工智能、大数据分析、云计算等，这些课程由行业专家和资深教师授课，内容前沿、实用，能够帮助人才快速掌握新知识。此外，定期举办研讨会等活动，邀请业内专家和学者分享最新的研究成果和实践经验。这些活动为人才提供了一个与同行交流、学习的平台，有助于拓宽他们的视野，激发创新思维。除了提供学习资源，还要鼓励人才保持自主学习的习惯，可以建立学习社群，让人才在社群中分享学习心得、交流经验，相互激励、共同进步。同时，也要关注人才的职业规划和发展，为他们提供个性化的学习建议和职业发展规划，帮助他们实现个人价值的最大化。

综上所述，数字化创新人才培育的路径与过程是一个系统性、多维度的任务，需要学校、政府、企业等多方共同参与和努力。通过教育培养、实践应用和持续学习等阶段的有机结合，为数字化创新人才的成长提供有力的支持和保障。

第三节　数字化创新人才培育的实践探索

基于第六章提出的数字化创新人才培育体系的构建内容，本节以山东现代学院为例，分析山东现代学院如何进行数字化创新人才培育实施，其中涵盖了课程体系建设、实践体系建设、师资队伍建设和质量保障体系建设等方面。

一、课程体系建设

（一）学校开设了一系列与数字化创新密切相关的核心课程

比如，数据科学与大数据技术专业开设了算法分析与设计、机器学习、Hadoop 大数据分析、数据可视化技术、数据挖掘等课程；人工智能专业开设了机器学习算法基础、神经网络与深度学习、大数据原理与技术、数据库原理及应用、算法分析与设计等课程；市场营销专业开设了数字营销、服务营销、直播营销、新媒体营销、短视频营销等课程；物流管理专业开设了数智企业经营管理沙盘实训、物流管理综合实训等课程。这些课程旨在帮助学生掌握数字化领域的基本理论和方法，建立起扎实的专业基础。通过系统的学习，学生能够深入了解数字化技术的原理、应用和发展趋势，为后续的实践和创新活动提供有力支持。

（二）学校注重跨学科的融合与交叉，鼓励学生开展综合性学习

通过开设跨学科选修课程，学校引导学生将数字化技术与其他学科领域相结合，形成具有创新性的解决方案。这种跨学科的学习方式为学生带来了诸多益处。一方面，它有助于培养学生的创新思维，通过将不同学科的知识和方法进行融合和交叉，学生能够产生新的思维火花，形成独特的创新思路。另一方面，跨学科学习还有助于提升学生的综合能力，学生需要综合运用不同学科的知识和技能，解决复杂的问题，这种综合性的训练

对于提升学生的综合素质和竞争力具有重要意义。

（三）学校不断更新和优化课程体系

随着数字化技术的快速发展，新的应用领域和技术不断涌现，学校紧密关注数字化技术的新趋势和新应用，及时调整课程内容和结构。针对新出现的技术领域和应用场景，学校增设了相应的课程模块，确保学生能够接触到最新的知识和技能，学校对已有的课程进行了优化和升级，使其更加符合行业需求和学生的实际需求。同时，学校还积极引进国内外先进的数字化教育资源和教学方法，为学生提供更优质的学习体验。

山东现代学院在数字化创新人才培育的课程体系建设方面，注重理论与实践相结合，跨学科融合与交叉，以及实践课程的设置与更新。这些措施共同构成了一个全面而深入的课程体系，为学生提供了丰富的学习资源和机会，为培养数字化创新人才奠定了坚实基础。

二、实践体系建设

山东现代学院在数字化创新人才的培育过程中，始终将实践作为关键环节，致力于为学生打造一个多层次、多样化的实践体系。这一体系的构建不仅有助于提升学生的实践能力和创新精神，更为他们未来的职业发展奠定了坚实的基础。

（一）学校重视与企业的合作，通过与企业建立紧密的战略合作关系，共同打造数字化创新实践基地。学校与山东开创集团签订协议，共建数字经济与大数据现代产业学院，围绕数字经济与大数据产业和人才需求构建特色课程体系，实现师资共享、培养成果共享、科技成果共享，协力打造应用型人才培养创新实验区，创建服务于山东省数字经济发展的人才培养培训基地。学校与实践基地共同申报国家级、省级科研项目，共同促进科技成果的转化与应用，发挥应有的经济社会效益，促进双方的高质量发展，为山东省重大发展战略做出应有的贡献。这些实践基地为学生提供了真实的工作环境和项目实践机会，使他们能够深入了解行业应用和发展趋势。学生在实践基地中，可以参与企业的实际项目，与企业工程师共同合作，解决实际问题，从而锻炼自己的实践能力和解决问题的能力。

（二）学校注重校内实践平台的建设。学校实验实训场所建筑面积4.38万平方米，建有10个实验实训中心，设163个实验实训室，所有专业均建有完备的实验实训室，能够满足应用型人才培养的需求。2022—2023学年投资5837.11万元，新建智慧教室、更新教学科研仪器设备、新建和升级改造实验实训室，大幅改善了教学环境和实验实训条件，这为学生提供了良好的实践环境和设施。学生可以在这些实验室中，进行各种数字化技术的实验和研究，探索新的应用领域和创新点。

（三）学院注重学生创新创业教育。成立创新创业学院，构建课程教育、创业竞赛、项目孵化、成果转化一体化的创新创业教育体系。开设《创新创业基础》通识必修课程，设置了76门线上创新创业类通识选修课，学校大学生创业孵化基地获评泉城众创空间。同时，学校鼓励学生积极参加各类实践活动和竞赛，如"互联网+"大学生创新创业大赛、创新挑战赛等，为学生提供展示自己才华的机会。这些活动不仅激发了学生的创新精神和创业热情，也让他们在实践中不断挑战自我，提升自我。

（四）学校鼓励学生积极参与社会实践和志愿服务等活动。将社会实践与志愿服务与其他人才培养环节有机融合，每年开展"三下乡"、志愿公益、勤工助学等社会实践活动。依托学科专业特点，打造了具有学校特色的社会实践品牌系列活动。成立社会实践团队51支，其中护理学院南丁格尔养老照护团队，连续6年开展义诊、敬老院服务、疫情防控等活动；人文与管理学院社会实践团队依托专业技能助力美丽乡村建设，相关情况被中华全国学联网站报道。通过深入社区、企业等一线，学生可以将所学知识应用于实际情境中，为社会做出贡献的同时，也进一步锻炼了自己的实践能力和综合素质。

山东现代学院通过与企业合作建立实践基地、搭建校内实践平台、组织实践活动和竞赛以及鼓励学生参与社会实践等多种方式，构建了多层次、多样化的实践体系。这一体系不仅为学生提供了丰富的实践机会和平台，也让他们在实践中不断锻炼和提升自己，为未来的职业发展和社会贡献奠定了基础。

三、师资队伍建设

师资队伍建设作为数字化创新人才培育的核心要素，一直是山东现代学院高度重视的工作。优秀的师资队伍是提升教育质量、培养创新人才的关键所在，因此，在师资队伍建设上，山东现代学院采取了一系列积极有效的措施。

（一）学校注重引进具有数字化背景和丰富实践经验的优秀教师

通过广泛招聘和选拔，学校吸引了一批在数字化领域具有深厚研究背景和丰富实践经验的教师加入。这些教师不仅具备扎实的专业知识，还能够将最新的数字化技术和应用引入教学中，为学生提供前沿、实用的教学内容。

（二）学校加强对青年教师的培养力度

青年教师是学校师资队伍的重要组成部分，也是未来教育事业的希望。学校构建教学理念、专业建设、课程建设、课堂教学、实践教学、科学研究、信息技术应用等8个模块的青年教师培养培训内容体系，细化各模块任务及目标，提高培养培训的系统性，通过"讲、导、磨、练、赛、研、评"7种方式全面开展培养培训工作。学校搭建青年教师教学展示平台，定期开展教学比赛和教学观摩，通过组织全校教师开展"说课程"活动，有力促进广大教师教学能力的提高。搭建校企交流平台，通过选派教师赴企事业单位锻炼、引进企事业单位技术人员进校园进课堂、共建教师培养基地等举措，加强青年教师对外学习交流，促进实践能力的提升。

（三）学校积极邀请行业专家和学者来校讲座和交流

这些专家和学者在数字化领域具有深厚的造诣和丰富的经验，他们的到来不仅为学生带来了最新的行业信息和前沿技术，也拓宽了师生的学术视野和思路。通过与这些专家和学者的交流和学习，学校的教师能够不断更新自己的知识和观念，提升教学质量和水平。同时，学校通过组织各种培训、研讨会等活动，为青年教师提供学习和交流的平台，帮助他们提升数字化教学和实践能力。学校还鼓励青年教师参与科研项目和实践活动，通过实践锻炼和经验积累，逐步成长为学校的骨干教师。

（四）学校注重教学团队建设

学校形成了以专业或专业群、课程或课程群、教研室等多种形式的高素质、专业化、创新型教学团队。建有 1 个省级教学团队、12 个校级教学团队、42 个教研室、10 个实验实训中心。通过合理配置教师资源、建立教学团队和科研团队等方式，学校打造了一支结构合理、素质优良、充满活力的师资队伍。这支队伍在数字化创新人才的培养过程中发挥了重要作用，为学院的教育事业发展提供了有力的支撑。

山东现代学院在师资队伍建设上采取了一系列积极有效的措施，通过引进和培养优秀教师、加强青年教师培养、邀请行业专家和学者来校交流等方式，不断提升师资队伍的整体素质和能力水平。这些举措为学校培养数字化创新人才提供了坚实的人才保障和支持。

四、质量保障体系建设

山东现代学院深知质量是教育的生命线，尤其在数字化创新人才培育领域，质量的保障更是关乎学生的未来和学院的声誉。因此，学校高度重视质量保障体系的建设，通过一系列有效的措施，确保数字化创新人才培育的质量和效果。

（一）学校制定了教学质量监控与保障体系

建立教学质量监控与保障体系，对于提高人才培养质量和教学管理水平，确保教学工作的制度化、科学化和规范化具有重要意义。山东现代学院教学质量监控与保障体系由五个子系统组成：目标系统、质量标准系统、保障系统、信息采集与评估系统、信息反馈与调控系统。体系不仅涵盖了课程设计、教材选用、教学方法、教学评估等各个环节，还规定了具体的教学要求和标准。评估体系则包括学生评价、同行评价和社会评价等多种方式，通过定期的检查和评估，全面了解教学效果和学生满意度。这些制度和体系为教学质量的管理和监控提供了有力的保障。

（二）学校建立了数字化创新人才培育的跟踪反馈机制

通过收集和分析毕业生在就业和创新能力方面的信息，进行跟踪调查和分析，了解毕业生在数字化领域的表现和发展情况。同时，学校还积极收集用人单位和行业对毕业生的反馈意见，以便及时调整和优化人才培养方案。这种跟踪反馈机制为学院提供了宝贵的参考信息，有助于不断提高数字化创新人才的培养质量。

（三）学校注重质量保障体系的持续改进

学校定期召开教学质量研讨会和经验交流会，分享成功的教学经验和实践案例，共同探讨提高教学质量的有效途径。同时，学校还鼓励教师积极参与国内外的教学改革和研究活动，引进先进的教学理念和教学方法，推动教学质量保障体系的不断完善。

山东现代学院通过制定教学质量监控与保障体系、建立数字化创新人才培育的跟踪反馈机制以及注重质量保障体系的持续改进等措施，构建了一个完善的质量保障体系，这一体系为数字化创新人才培育提供了坚实的保障。

综上所述，山东现代学院在数字化创新人才培育方面的应用探索具有重要的现实意义。它不仅为高校数字化创新人才培育提供了可借鉴的经验和做法，同时也为社会的数字化进程注入了新的活力和动力。未来，山东现代学院将继续深化数字化创新人才培育工作，为培养更多优秀的数字化创新人才贡献力量。

第八章　数字化创新人才的考核评价

数字化创新人才是推动数字经济和数字化转型的关键力量，他们的能力、创新思维和技术水平直接关系到学校或企业的数字化进程和业务发展的成功。对数字化创新人才进行考核评价，有助于识别和选拔出具有高素质和潜力的人才，为学校或企业的数字化发展提供有力的人才保障。同时有助于激发数字化创新人才的积极性和创造力。

美国学者拉尔夫·泰勒（Ralph W.Tyler）最早提出培养目标是人才培养的起点和核心，而目标的达成与否，需要评估来检测，两者前后呼应形成学校人才培养的闭环，这就是著名的"行为目标评价"。"行为目标评价"对后世教育评价影响深远，泰勒据此建立了"行为目标评价模型"。布鲁姆（B.S.Bloom）进一步细化了目标的分类；塔巴（H.Taba）将"行为目标评价"的内容扩展到了 8 个步骤；桑代克（Edward Lee Thorndike）建立了标准化科学评价体系。尽管学者们不断提出新的评价模式，但无不是基于"行为目标评价理论"的修正和拓展。时至今日，主流教育评价模型大多也没有跳出该范畴。

因为行为目标的评价标准是在评价实施前预先设定好的，所以此类教育评价也被称为"预定性评价"。有学者依据评价特点和操作范式将教育评价的进程分成四代，他们认为前三代评价都是预定性评价，适应传统的教育模式。

预定性评价机制以技术理性为指导，追求评价的科学性和标准化，主要特性为：评价目标预设性、评价主体单一性、评价内容标准性及评价方式固定性。传统教育基于学科建设，注重理论知识的传递，在互联网出现前受时空限制，知识的更新和传播速度相对比较缓慢，但易于评价者预先设定评价标准和方式，因此预定性评价模式具有较大优势。但随着信息技术的发展，时空界限被打破，知识、技术的更新与传播速度加快，预定性评价的不足逐渐显现。

中共中央、国务院印发的《深化新时代教育评价改革总体方案》要求着力破"五唯"，改进结果评价，强化过程评价，探索增值评价，健全综合评价，建立符合时代要求的教育评价制度和机制。通过设立合理的考核机制和评价标准，可以激励数字化创新人才不断提升自己的能力和水平，积极投身到数字化创新实践中，为行业的发展贡献更多的智慧和力量。考核评价还有助于优化人才配置和提高团队绩效。通过对数字化创新人才的考核评价，企业可以更加准确地了解人才的优势和不足，进而进行合理的岗位安排和资源配置，使团队的整体绩效得到提升。

然而，要有效地进行数字化创新人才的考核评价，需要制定科学、合理的考核标准和评价方法。这包括明确考核的目标和重点，确保考核内容能够全面反映数字化创新人才的能力和素质；同时，还需要采用多样化的评价手段，如自我评价、同事评价、上级评价等，以获取更加全面、客观的评价结果。

总之，学校或企业应重视并加强数字化人才的考核评价这方面的工作，以培养和选拔出更多优秀的数字化创新人才，为学校或企业的可持续发展提供有力支持。在数字化创新人才的考核评价方面，每个国家可能会因为国情、教育体系、行业需求等因素而有所不同。然而，总体来说，许多国家都重视技术创新、实践经验和业务理解等方面的考核。

第一节　数字化创新人才的考核评价的内容

以美国为例，其数字化创新人才的考核评价内容可能注重技术熟练度和创新能力、实践经验、业务理解和战略眼光、团队合作和领导力和持续学习和适应能力这几个方面。

首先，在美国，个人在相关领域的技术熟练度、创新能力和解决问题的能力通常可以通过项目经验、技术认证、参与开源项目等方式来体现，在各种实践过程中能证明个人在真实环境中应用技术和解决问题的能力，其次企业等会对个人业务的理解程度以及是否具有战略眼光作出评价，通常以技术与业务相结合的方式，考验个人是否能提出新的解决方案，同时为了评估个人在团队中的表现以及潜在的领导能力，会展开一系列活动来考察个人的团队合作和领导力。最后，由于数字化技术更新迭代迅速，企业会鼓励被考察人员持续学习进修，具备适应新技术的能力。

在其他国家，如欧洲、亚洲等地区，在数字化创新人才的考核评价方面可能也有类似的关注点，但可能会根据各自的文化、教育体系和市场需求而有所调整。

总之，无论是哪个国家，数字化创新人才的考核评价都强调技术能力、实践经验、业务理解、团队合作和持续学习等方面。这些要求有助于确保企业能够选拔和培养具备高度专业素养和创新能力的数字化人才，以应对日益激烈的市场竞争和技术变革。

针对我国数字化技术的快速发展和市场需求的迅速变化，本文认为数字化创新人才的考核评价包含以下内容：

一、技术能力

数字化创新人才的考核评价技术能力是一个综合性的过程，这种考核评价通常涉及技术熟练度、创新能力、解决问题的能力、持续学习的能力等多个方面。

在技术熟练度方面，可通过技能测试、项目实践或证书认证等方式来考察个人在数字化工具和平台上的操作熟练度，如编程语言、数据分析工具、云计算平台等；在创新能力的考核上，可通过个人以前的项目经验、创新成果或参加的创新竞赛等来体现个人在数字化领域中的创新思维和解决问题的能力；在考察解决问题能力方面，可通过案例分析、模拟问题或实际项目挑战等方式来体现个人如何运用数字化技术找到解决方案；考察个人是否具备持续学习新技术和适应快速变化的能力，可以通过关注人才的学习记录、参加的培训课程或自我提升的行动等来评估。

二、创新思维

在数字化技术迅速发展的时代，创新思维确实显得尤为关键。数字化技术的不断进步和广泛应用，为各个领域带来了前所未有的机遇和挑战。在这样的背景下，具备创新思维的人才能够更好地适应和引领市场的变化，推动行业的进步和发展。创新思维的考察评价通常涉及创意生成能力、跨领域思考能力、风险承担和容错心态、持续学习和适应变化、反馈和迭代能力等多个方面。

首先考察个人的创意生成能力，可通过要求人才在限定时间内提出多个解决方案，并评估这些方案的创意性和实用性来实现；在考察跨领域思考能力方面，体现在被考察人员是否能够结合不同领域的知识和技术，产生独特的创新思路，这可以通过询问个人如何将不同领域的知识和技术结合起来解决问题，或分析个人过去的项目经验中是否展现出跨领域思考的能力；创新往往伴随着风险，因此个人是否愿意承担风险并接受失败是非常重要的，这可以通过询问个人对失败的态度，以及在过去的项目中是否表现出愿意尝试新事物的意愿来评估；在数字化时代，新技术和新知识不断涌现，评估个人是否具备持续学习和适应变化的能力是非常重要的，这可以通过询问个人的学习习惯和方法，以及过去是如何应对技术和环境的变化来评估；创新是一个不断试错和迭代的过程，评估人才是否能够根据反馈和结果调整创新思路，优化解决方案是非常重要的，这可以通过分析个人过去的项目经验中是否展现出迭代改进的能力，以及是否能够从失败中学习并改进来评估。

三、团队合作与领导力

在数字化技术迅速发展的时代，团队合作与领导力起着至关重要的作用。数字化技术的快速发展不仅带来了技术层面的变革，也深刻影响着团队协作的方式和领导力的要求。

首先，团队合作在数字化时代显得尤为重要。由于数字化技术的复杂性和多样性，很少有个人能够掌握全部知识和技能。因此，团队成员之间需要相互协作，共同解决问题。通过团队合作，可以汇聚不同领域、不同背景的专业人才，形成互补效应，提升整体能力。同时，团队成员之间的信息共享、经验交流和创新思维碰撞，有助于推动项目的顺利进行和创新的产生。

其次，领导力在数字化时代也面临着新的挑战和机遇。传统的领导方式往往注重权威和控制，但在数字化时代，这种领导方式已经无法满足快速变化的市场需求和复杂的团队协作需求。数字化时代的领导力更加注重激发团队成员的潜力、促进团队协作和创新思维的发展。领导者需要具备敏锐的洞察力，能够识别市场趋势和技术变革，为团队提供明确的方向和目标。同时，领导者还需要具备良好的沟通能力、协调能力和决策能力，以应对各种复杂情况和挑战。

对团队合作与领导力的考核评价体现在团队合作能力的评价、领导力的评价和数字化创新能力的评价这三个方面。

首先，在对被考察评价人员进行团队合作能力的评价时，第一，要考察个人沟通协作能力，可以观察其在团队中的沟通表现，是否能够清晰、准确地表达自己的观点，同时积极倾听他人的意见，寻求共识；第二，要考察个人的团队协作结果，评估其在团队项目中的贡献，包括任务完成情况、解决问题的能力和对团队整体目标的贡献；第三，要考察个人冲突处理能力，在面对团队冲突时，是否能够冷静分析、妥善处理，推动团队关系和谐发展。

其次，在对考察评价人员进行领导力的评价时，第一，要观察个人是否具备战略眼光，评价其是否具有长远规划和战略思维能力，能够为团队制定明确、可行的目标；第二，要检验其决策能力，在面对关键问题时，是否能够迅速、准确地做出决策，并承担相应责任；第三，要进行激励与引导，考察其是否能够激发团队成员的积极性和创造力，引导团队朝着既定目标前进。

最后，对考察评价人员进行数字化创新能力的评价时，第一要考察其数字技术应用能力，评估其在数字化工具和平台上的熟练程度，以及运用数字技术解决实际问题的能力；第二，要看其是否具备创新思维，考察其是否能够突破传统思维框架，提出新颖、有价值的创意和解决方案；第三，要考察其是否具备跨界整合能力，评价其是否能够跨越不同领域进行知识整合，形成独特的创新优势。

四、业务理解与战略眼光

业务理解与战略眼光两者相互关联，共同构成了企业在数字化浪潮中保持竞争力并实现持续发展的关键要素。

首先，随着技术的不断进步，各行各业都在经历着深刻的变革。企业要想在这样一个快速变化的环境中立足，就必须对自身的业务有深刻的理解。这包括对市场需求、客户行为、竞争态势等方面的敏锐洞察，以及对自身产品或服务的优势和不足有清晰地认识。通过深入的业务理解，企业可以更加准确地把握市场脉搏，制定出符合市场需求的战略和计划。

其次，战略眼光则是企业在数字化时代实现长远发展的关键。战略眼光要求企业不仅关注眼前的利益，更要具备前瞻性和全局性。在数字化技术的推动下，市场格局、商业模式、产业链结构等都在发生深刻的变化。企业要想在这样一个充满不确定性的环境中立于不败之地，就必须具备战略眼光，能够洞察未来的发展趋势，提前布局和规划。通过制定科学合理的战略规划，企业可以确保自身在数字化时代始终保持领先地位。

此外，业务理解与战略眼光还需要相互支撑和协同作用。一方面，深入的业务理解可以为战略制定提供坚实的基础和依据；另一方面，战略眼光又可以引导企业更加深入地理解业务，发现新的机遇和挑战。两者相辅相成，共同推动企业在数字化时代不断向前发展。

因此，在数字化技术迅速发展的时代，企业必须高度重视业务理解与战略眼光的培养和发展。通过加强市场研究、提升数据分析能力、培养前瞻性思维等方式，不断提升自身的业务理解能力和战略眼光水平。只有这样，企业才能在激烈的市场竞争中脱颖而出，实现持续的创新和发展。

首先对考察人员进行业务理解的考核评价时，要了解个人对于行业知识的掌握，评估个人对当前行业趋势、发展、竞争态势以及核心业务的了解程度；同时要考察个人是否能够深入理解企业的业务需求，将技术与实际业务场景相结合，提出有针对性的解决方案；最后要评估个人是否能够基于对业务的深入理解，对现有的业务流程进行优化，提高效率。

在对被考察人员进行战略眼光的考核评价时，首先要看其是否有长远规划能力，其次要考察个人是否能够对市场变化保持敏感，及时调整战略方向，抓住市场机遇，最后要评估个人在战略规划过程中，是否能够准确识别潜在风险，并制定相应的应对策略。

五、业绩与成果

业绩与成果作为数字化创新人才评价中的重要内容，是衡量人才贡献和价值的关键指标。在数字化技术迅速发展的时代，业绩与成果不仅反映了人才的专业能力和创新能力，还体现了其团队协作和领导力等方面的综合素质。

首先，业绩是指人才在数字化领域所取得的实际成效和贡献。这包括完成的项目数量、项目规模、项目质量、项目效益等具体指标。通过评估人才在数字化项目中的实际贡献，如项目完成度、客户满意度等，可以全面了解人才的工作成果和对组织的贡献程度。

其次，成果则更侧重于人才在数字化创新方面的实际产出和成就。这包括发表的学术论文、申请的专利、开发的软件产品、实现的技术创新等。这些成果不仅代表了人才的创新能力和专业水平，也是推动行业进步和发展的重要动力。

在业绩考核方面，首先要对被考察人员的项目完成情况进行评价，评估数字化创新人才所承担的项目是否按时、按质完成，包括项目进度、质量、成本等方面的控制情况；其次要看其业务增长贡献，考察数字化创新人才在推动业务增长方面的贡献，如销售额、市场份额、客户满意度等指标的提升情况；最后要考察其资源利用效率，评价数字化创新人才在资源利用方面的效率，包括人力、物力、财力等资源的合理配置和有效利用。

在成果考核方面，首先要对被考察人员的创新成果进行评价，评估数字化创新人才在技术创新、产品创新、服务创新等方面的成果，如专利、软件著作权、新产品等；其次考察其业务成果，考察数字化创新人才在业务领域的成果，如业务模式的创新、业务流程的优化、业务效率的提升等；最后考察其团队成果，评价数字化创新人才在团队建设和管理方面的成果，如团队凝聚力、协作效率、人才培养等。

六、学习与适应能力

学习能力是数字化创新人才不可或缺的一项素质。在数字化时代，新技术、新工具层出不穷，创新者需要不断吸收新知识、掌握新技能，以适应不断变化的市场需求和技术环境。具备强大学习能力的人才能够迅速掌握新技术，将其应用于实际工作中，从而推动创新的实现。

适应能力同样是数字化创新人才评价中的重要指标。数字化创新往往伴随着高度的不确定性和快速的变化，创新者需要具备灵活的思维和快速的反应能力，以应对各种突发情况和挑战。适应能力强的创新者能够迅速调整自己的思路和方法，适应新的环境和要求，从而在竞争中脱颖而出。

此外，学习与适应能力还能够帮助数字化创新人才更好地应对未来的挑战。随着技术的不断进步和应用领域的不断拓展，数字化创新将面临更多的机遇和挑战。具备学习与适应能力的人才能够不断提升自己的能力和水平，适应未来的发展趋势，为数字化创新做出更大的贡献。

在进行学习能力考核上，首先要注重的就是学习态度，评估个人是否保持持续学习的态度，是否愿意投入时间和精力去掌握新的知识和技能；其次是学习成效，考察个人学习的实际效果，包括掌握新知识的速度、深度和广度，以及能否将所学应用于实际工作中；最后是学习方法，评价个人在学习过程中所采用的方法和策略，如是否善于利用在线资源、参加培训、与同行交流等。

在进行适应能力考核上，首先要考察个人环境适应能力，考察个人在面对新环境、新任务时的适应能力，包括能否快速融入团队、理解业务需求、适应工作流程等；其次考察变化应对能力，评估个人在面对技术、市场、业务等方面的变化时，是否能够及时调整自己的思维和行为，积极应对挑战；最后要考察个人压力管理能力，在适应过程中，个人可能会面临一定的压力和挑战。因此，考核其压力管理能力，即如何在压力下保持冷静、调整状态，也是评价适应能力的重要方面。

七、社会责任与伦理意识

社会责任是指个体或组织在追求自身目标的同时，应积极关注并满足社会的整体利益。在数字化创新领域，这一概念尤为重要。数字化技术具有广泛的应用领域和深远的社会影响，因此，数字化创新人才在开发新技术、新产品或新服务时，必须充分考虑到其可能带来的社会影响，包括积极和消极的影响。只有具备强烈社会责任感的数字化创新人才，才能确保他们的创新活动真正造福社会，而不是造成危害。

伦理意识是指个体或组织在行为决策中应遵循的道德规范和价值标准。在数字化创新领域，伦理意识同样至关重要。由于数字化技术涉及大量数据的收集、处理和使用，因此必须确保这些活动符合隐私保护、数据安全等伦理要求。数字化创新人才在进行创新活动时，应始终坚守伦理底线，尊重他人的权益，避免滥用技术或数据。

在评价数字化创新人才时，社会责任和伦理意识应作为重要的评价指标。这不仅可以确保评价结果的全面性和准确性，还可以引导数字化创新人才更加重视社会责任和伦理要求，推动数字化创新领域的健康发展。

对于社会责任的考核，首先应考虑社会影响，要对创新人才的创新项目或技术对社会可能产生的影响进行合理评估，包括正面和负面影响，是否有助于社会进步和发展；其次要考察个人在创新活动中是否考虑到可持续发展的原则，如环境保护、资源节约等；最后要评价个人在创新过程中是否以公共利益为导向，而不仅仅是追求个人或企业的利益。

对于伦理意识的考核，首先要注意隐私保护，评估个人在处理用户数据或个人信息时是否遵守隐私保护原则，不泄露、滥用用户信息；同时要注意数据安全，考察个人在创新活动中是否重视数据安全，采取有效措施保护数据免受未经授权的访问和泄露；最后要考察个人的合规意识，评价个人在创新过程中是否遵守相关法律法规和道德规范，不进行违法违规的创新活动。

八、跨领域融合能力

数字化创新往往涉及多个领域的交叉融合。在数字化时代，技术的发展和应用不再局限于单一领域，而是呈现出跨学科、跨行业的趋势。因此，具备跨领域融合能力的数字化创新人才能够更好地适应这种趋势，将不同领域的知识和技能进行有效整合，从而推动创新的发展。

同时，跨领域融合能力有助于发现新的创新点。通过融合不同领域的知识和技能，数字化创新人才能够发现传统领域之外的潜在机会和解决方案，为创新提供新的思路和方向，这种能力使得他们能够跨越传统领域的界限，创造出更具创新性和实用性的技术和产品，从而有助于提升综合竞争力，随着数字化技术的普及和应用，具备跨领域融合能力的人才将更受市场欢迎。他们不仅能够适应不同领域的需求，还能够为企业或组织带来更多的价值和创新点。

在评价数字化创新人才时，跨领域融合能力应作为一个重要的评价指标。这可以通过考察人才在不同领域的知识储备、技能掌握以及实践经验等方面来综合评估。同时，还可以关注人才在跨领域合作和项目中的表现，以了解其跨领域融合能力的实际应用效果。

其中跨领域融合能力评价包含项目实践考核、案例分析考核、创新能力评估、跨学科知识测试和团队合作评估这几个方面。

第一，关于项目实践考核，是通过为被考察人员设计涉及多个领域和学科的实际项目，从而观察他们在项目中的表现。这包括他们如何整合不同领域的知识、技能和资源，以及他们如何在不同学科间进行有效沟通与合作。通过项目的完成情况和成果质量，可以评估他们的跨领域融合能力。

第二，关于案例分析考核，是通过提供涉及多个领域的复杂案例，要求被考察人员进行分析并提出解决方案。案例分析可以考察他们如何运用跨学科的知识和方法，对问题进行全面、深入地分析，并提出切实可行的解决方案。

第三，关于创新能力评估，是通过一些创新性的任务或问题，评估被考察人员是否能够提出新颖、有创见的解决方案。这可以考察他们是否能够将不同领域的知识和技能进行融合，产生新的思维和创新点。

第四，关于跨学科知识测试，是通过设计涵盖多个学科领域的测试题目，评估被考核者的知识面和专业知识掌握程度。这可以考察他们是否具备跨学科的知识背景，以及在不同领域间的知识转换和应用能力。

第五，关于团队合作评估，是通过观察被考察人员在团队中的表现，评估他们是否能够与不同领域的团队成员进行有效的沟通和合作。这可以考察他们是否具备跨学科协作的能力，以及在团队中发挥跨领域融合的作用。

第二节　数字化创新人才的考核评价的方法

由于各国的教育体系、行业要求和文化背景不同，在考核评价数字化创新人才时，采用的方法也不同。

一、德国数字化创新人才考核评价的方法

以德国为例，在数字化创新人才的考核评价方面，往往注重实践导向、专业技能与综合素质的均衡考量，以及行业标准的对接，其考核评价方法主要包括以下几种方式。

第一种方式为实践与项目经验评估，又称项目制学习（Project-Based Learning， PBL），这种方法强调通过实际项目来评估人才的能力，学生或被考察人员需要在团队中合作，解决真实世界中的问题。评估通常基于项目的完成度、创新性、实用性以及团队合作能力等。德国非常看重实际工作经验和项目参与度，在评价数字化创新人才时，会重点考察人才参与过的数字化项目、解决方案的实施效果，以及在实际操作中解决问题的能力。通过查阅项目报告、客户反馈或实际演示等方式，来评估人才的实践能力和创新成果。

第二种方式为行业认证和资格考试（Industry Certifications and Licensing Exams），要求数字化创新人才通过特定的行业认证或资格考试，这些考试通常涵盖了广泛的知识领域和实践技能，可以作为评估人才能力的一种有效方式。德国拥有完善的职业教育和资格认证体系，在数字化领域，人才可能需要获得特定的职业技能证书或参与相关的资格认证考试，以证明其具备相应的专业知识和技能。这些证书和考试往往由行业协会或专业机构组织，确保了评价的权威性和公正性。

第三种方式为同行评审（Peer Review），这是一种常见的评估方法，通常涉及专家或同行的反馈和建议，以帮助被评估者改进他们的技能和表现。在考核评价过程中，可以采用多种方法，如360度反馈、KPI考核、项目评审、案例分析等，以获取更全面、客观的评估结果。同时，要注重定性和定量指标的平衡，避免过于依赖单一的评价标准。此外，考核评价应该是一个持续的过程，与个人的职业发展和公司的战略目标相结合，以便及时调整培养和发展计划。德国也常采用同行评审的方式对数字化创新人才进行评价，邀请行业内的专家和同行对人才的工作成果、创新能力、技术实力等进行评估和反馈。这种评价方式有助于发现人才在行业内的优势和不足，并提供有针对性的改进建议。

第四种方式是采用面试、小组讨论、案例分析等方式，对人才的综合素质进行全面考察，除了专业技能外，德国非常注重数字化创新人才的综合素质，如团队协作能力、沟通能力、解决问题的能力等。

第五种方式是通过对接行业标准，对数字化创新人才进行评价，从而确保人才的技能和知识符合行业要求。这有助于提升人才在行业内的竞争力，也为企业提供了更符合实际需求的人才资源。

二、适用于我国的数字化创新人才考核评价方法

针对我国的数字化创新人才考核评价方法，需要充分考虑我国的文化背景、产业发展情况以及数字化创新人才的实际情况。以下是本文一些建议的考核评价方法：

（一）项目评估法

项目评估法在数字化创新人才的考核评价中是一种非常实用和有效的方法，这种方法通过让被评估者参与或完成一个实际的项目，来全面评估其在实际工作环境中的能力、技能和表现。在进行评价前首先要选择与数

字化创新相关的项目，并且该项目能够充分展示被评估者的技能和能力，并且明确项目的目标和预期成果，以便评估者能够有依据地进行评价。同时要制定明确的评估标准，包括技术能力的应用、创新性、团队协作、项目管理等方面，在此基础上为项目设定一个合理的时间框架，以确保评估的有效性。

此方法分为以下七个步骤：

第一，先确定项目，包括项目的范围、想达到的目标及预测成果；第二，需制定详细的项目计划，包括时间表、分工、资源需求等；第三，按照计划执行项目，期间可能需要与团队成员协作，解决各种问题；第四，在项目执行过程中进行中期评估，了解项目的进展情况，并提供必要的反馈和建议；第五，项目完成后，被评估者需要提交项目成果，并进行项目总结；第六，评估者根据预先制定的评估标准，对项目成果进行全面的评估，并提供详细的反馈和建议；第七，根据评估结果，决定被评估者的能力水平，并为未来的培训和发展提供指导。

此外，实行本方法进行数字化创新人才考核评价时应注意确保项目真实性，项目应该尽可能接近实际工作场景，以便准确评估被评估者的实际能力。评估标准应该清晰、具体，以便评估者能够客观地进行评价。在项目执行过程中和完成后，评估者应该及时提供反馈和建议，帮助被评估者改进和提高。通过项目评估法，企业和组织可以更准确地了解数字化创新人才的实际能力和潜力，为人才的选拔、培养和发展提供有力支持。

（二）能力测试法

能力测试法是一种常用的数字化创新人才考核评价方法，主要用于评估被测试者在特定技能或知识领域的能力水平。主要测试的内容包括确定要测试的技能或知识领域，确保测试内容与实际工作需求紧密相关，同时选择合适的测试工具和明确的测试标准，如在线测试平台、编程测试工具、数据库管理测试软件等，在使用这些测试工具时，要确保测试环境稳定、安全，以免影响测试结果的准确性。

此方法分为以下四个步骤：

第一，根据实际需求，确定要测试的技能或知识领域，并制定相应的测试题目；第二，根据测试内容，选择合适的测试工具，确保测试过程顺利进行；第三，安排被测试者在规定的时间内完成测试，确保测试结果的客观性和准确性。第四，根据测试标准和被测试者的实际表现，对测试结果进行评估，并给出相应的反馈和建议。其中要注意，测试内容应该与实际工作需求紧密相关，以便准确评估被测试者的实际能力，并且测试工具的选择应该根据测试内容和被测试者的实际情况进行，以确保测试结果的准确性和公正性。在测试完成后，应该及时向被测试者提供反馈和建议，帮助他们了解自己在特定技能或知识领域的优势和不足，以便他们能够更好地进行后续学习和提升。

（三）360 度反馈法

360 度反馈法是一种绩效考核方法，也称为全方位反馈评价或多源反馈评价。这种方法的特点是由与被评价者有密切关系的人，包括被评价者的上级、同事、下属和客户等，以及被评价者自己，分别匿名对被评价者进行评价。然后，由专业人员根据这些评价对比被评价者的自我评价，向其提供反馈，以帮助被评价者提高能力水平和业绩。这种方法旨在从多个角度对被考核者进行全面的评价，以了解其长处和短处，进而制定个人发展计划。

360 度反馈法打破了传统的由上级考核下级的考核模式，使得评价更加全面和客观，有助于被考核者了解自己的优点和不足，从而制定个人发展计划，提高自身素质和能力，全员参与的管理方式增加了被评价者的自主性和积极性，提高了其的满意程度。然而，360 度反馈法也存在一定的局限性，如果过分强调考核的全面性和广泛性，可能会削弱硬性考核目标的意义，使被考察人员过于关注自身的工作方式和态度，而忽略了实际的工作成果。并且考核成本较高，需要投入大量的时间和资源来收集和处理评价信息。由于涉及多个评价者，可能会存在评价信息冲突或不一致的情况，需要专业人员进行处理和分析。

因此，企业和组织在使用360度反馈法时需要根据实际情况进行权衡和选择，确保考核结果的有效性和公正性。同时，也需要注意避免过度强调考核的全面性和广泛性，以免对被考察人员产生负面影响。

（四）KPI考核法

KPI考核法，即关键绩效指标（Key Performance Indicator）考核法，是一种目标式量化管理指标，是衡量被考核人员绩效表现的基础。KPI考核法将企业的战略目标分解为可操作的工作目标，并以此为基础制定可量化的关键绩效指标，用于评估被考核人员在特定时期内的工作表现和成果。此方法以企业的战略目标为导向，通过设定关键绩效指标，使被考察人员明确工作方向和目标，从而实现企业战略目标的有效落地，强调指标的可量化性，通过具体的数值或比例来衡量被考察人员的工作表现和成果，使得考核过程更加客观、公正。其关注企业战略目标中的关键领域和重点任务，通过设定关键绩效指标，使被考察人员集中精力完成关键任务，从而推动企业整体业绩的提升。

此方法分为以下五个步骤：

第一，先根据企业的战略目标和业务特点，制定具体的KPI指标，确保指标具有可衡量性、可达成性和挑战性；第二，将这些指标分解到各个部门和岗位，确保每个被考察人员都明确自己的KPI指标和考核标准；第三，根据企业的实际情况，制定合适的考核周期，如季度、半年或年度等；第四，在考核周期结束后，根据设定的KPI指标和考核标准，对被考察人员的工作表现和成果进行评估，确定被考察人员的考核等级和得分；第五，将考核结果反馈给被考察人员，指出被考察人员的优点和不足，并提供改进建议。同时，鼓励被考察人员进行自我反思和改进，不断提升自己的工作能力和绩效水平。

总之，KPI 考核法是一种有效的被考察人员绩效考核方法，通过设定关键绩效指标（如项目完成率、客户满意度、创新成果转化率等），使被考察人员明确工作方向和目标，从而推动企业整体业绩的提升。在实施过程中，需要关注指标的制定、分解、考核周期的设置、考核评估的公正性和客观性等方面，确保考核过程的有效性和公正性。

（五）业绩对比法

业绩对比法是一种有效的数字化创新人才考核评价方法，通过科学设定标准、收集数据、对比分析和综合评价，可以客观、全面地评估创新人才的创新能力和绩效，为企业选拔和培养优秀的数字化创新人才提供有力支持。

此方法分为以下几个步骤：

第一，首先需要明确数字化创新人才的业绩评价标准。这些标准可以根据企业战略目标、行业发展水平以及创新项目的具体要求来制定。标准应涵盖创新成果的数量、质量、市场影响力等多个方面；第二，收集创新人才在创新项目中的实际业绩数据，包括产品开发进度、市场推广效果、用户反馈等。这些数据可以通过项目管理软件、市场调研报告、用户调查问卷等渠道获取；第三，将收集到的实际业绩数据与设定的标准进行对比分析。对比可以包括横向对比（与同行业标准对比）和纵向对比（与个人或团队历史业绩对比）。通过对比分析，可以评估创新人才在创新成果、创新效率等方面的表现；第四，根据对比分析的结果，对创新人才进行综合评价。评价应综合考虑创新成果的创新性、实用性、市场潜力等多个方面，并结合创新人才的个人能力和团队协作能力进行评判。

在运用业绩对比法进行数字化创新人才考核评价时，要确保业绩标准的科学性和合理性，避免主观臆断和偏见；注重数据的真实性和有效性，避免数据造假或失真；综合考虑多个方面的业绩指标，避免单一指标评价带来的片面性；关注创新人才的成长和发展潜力，鼓励其持续学习和创新。

（六）综合评价法

综合评价法是一种全面而系统的数字化创新人才考核评价方法，它通过整合多种评价手段和标准，对创新人才的多个方面进行综合考量，以得出更全面、准确的评价结果。

此方法分为以下六个步骤：

第一，首先，根据数字化创新人才的特性和企业的实际需求，确定评价的维度。这些维度可能包括创新能力、业绩成果、团队合作、学习适应能力、创新意识和价值观等；第二，针对每个评价维度，选择适当的评价方法。例如，对于创新能力，可以采用案例分析、项目评审等方式；对于业绩成果，可以使用业绩对比法、目标达成度等方法；对于团队合作和学习适应能力，可以通过360度反馈、面试和培训参与情况等方式进行评价；第三，通过多种渠道收集评价信息，包括个人自评、同事评价、上级评价、客户反馈等。同时，也要关注创新人才的工作成果、项目报告、学习记录等客观数据；第四，根据每个评价维度的重要性，进行权重分配，然后对收集到的评价信息进行量化评分，形成数字化的评价数据。第五，将各维度的评分进行综合，得出综合评价结果。同时，在综合分析时，要关注各维度之间的关联性和相互影响，避免单一维度评价的片面性；第六，将评价结果反馈给创新人才，帮助他们了解自己的优势和不足，并制定改进计划。同时，企业也可以根据评价结果对创新人才进行奖惩、晋升或培训等方面的决策。

综合评价法的优点在于其全面性和系统性，能够更准确地反映创新人才的综合能力和绩效。然而，这种方法也需要投入较多的时间和资源，对评价者的专业素质和公正性也有较高的要求。因此，在应用综合评价法时，需要确保评价流程的规范性和评价标准的客观性，以提高评价结果的准确性和可信度。

为确保评价的公正性和有效性，在实际操作中，可以根据企业或组织的具体情况和需求选择合适的评价方法。同时，要确保评价过程的公正、透明和客观，以便为数字化创新人才提供准确、有价值的反馈和指导。

第九章 未来数字化创新人才培育面临的问题与对策

近年来，我国数字经济发展取得积极成效，整体呈现蓬勃向上发展态势，为技术创新和经济社会发展注入了生机活力。2022年，我国数字经济规模首次突破50万亿元，数字经济占GDP比重达41.5%，成为国民经济重要支柱。发展数字经济已成为推进新型工业化，迈向中国式现代化的重要驱动力。随着各行业对数字人才的需求与日俱增，人才短缺、数字技能需要提升等问题凸显。

面对数字人才发展所面临的挑战，多个部门已经采取了积极的措施来改进和完善相关的制度和规划。他们致力于构建一个多层次、全方位的数字人才培养体系，以满足社会对数字人才的需求。人力资源和社会保障部发布的《中华人民共和国职业分类大典（2022年版）》中，首次标注了97个数字职业，这占到了职业总数的6%。这一举措不仅反映了数字职业在当今社会中的重要地位，也为数字人才提供了更明确的职业发展方向。

同时，教育部也在积极应对数字经济的快速发展，加大了数字经济领域相关专业的设置力度。他们新设了数字经济、人工智能、数据科学与大数据技术等专业，旨在培养更多具备专业知识和技能的数字人才。

随着新一轮科技革命和产业变革的深入推进，数字化浪潮正以前所未有的速度和规模席卷全球。在这一背景下，加强数字人才队伍自身能力建设、全方位提升数字技能和素养，成为一项长期而紧迫的任务。

为了实现这一目标，我们需要持之以恒地投入努力，不断推动数字人才队伍的建设和发展。这包括加强数字人才的培养和引进，提高数字人才的素质和技能水平，以及推动数字人才在各个领域的广泛应用和深度融合。

只有通过长期的积累和不断地努力，我们才能逐步构建起一支高素质、高水平的数字人才队伍，为新一轮科技革命和产业变革提供有力的人才保障和智力支持。

第一节　未来数字化创新人才培育的趋势和展望

数字技术日新月异、新技术层出不穷，数字人才不仅要加强专业知识学习，还要广泛涉猎多学科、跨行业、宽领域的信息，构建多元知识体系。同时，要积极参加数字技能职业培训，注重所学知识和实用技能双向提升，培育数字化思维、增强数字化意识，提高自身对数字化发展的驾驭能力。

另一方面，数字人才要在生产实际中立足产业需求，不断提升创新能力，积极探索数据要素开发利用，充分用好数字化资源、数字化工具和数字化平台，主动分析问题、解决问题，努力推动产业数字化转型迈上新台阶、数字技术与实体经济融合不断取得成效，为助力数字经济健康发展贡献出自己的光和热。

同时，数字化创新人才培育将面临更多挑战和机遇。一方面，随着人工智能、大数据、云计算等技术的不断发展，数字化创新人才的需求将更加迫切。另一方面，随着全球化和互联网的普及，国际的交流与合作将更加紧密，为数字化创新人才的培养提供更多机会。展望未来数字化创新人才的培育将呈现出更加多元化、全面化和深入化的趋势。

一、数字化创新人才就业前景

（一）互联网行业

互联网行业数字化创新人才的就业前景非常广阔。随着互联网技术的持续创新，数字化创新人才成为推动各行业数字化转型的关键力量。互联网行业本身就是数字化创新的重要领域之一，从产品开发、运营推广到客户服务等各个环节都需要数字化创新人才的参与。这些人才不仅具备深厚的互联网技术背景，还了解市场动态和用户需求，能够为企业带来创新性的解决方案。同时随着人工智能、大数据、云计算等技术的广泛应用，互联网行业对数字化创新人才的需求也在不断增加。这些技术为互联网带来了更多的可能性，推动了各行业的数字化转型。因此，具备相关技能和经验的数字化创新人才在就业市场上具有很高的竞争力。

（二）金融科技行业

随着金融行业对数字化转型的深入推进，对具备数字化创新能力和金融专业知识的复合型人才需求日益旺盛。人工智能、大数据、区块链等技术在金融领域的广泛应用需要数字化人才运用先进的技术手段，推动金融业务的智能化、自动化和数字化，提高金融服务的效率和质量。

同时金融科技行业对数字化创新人才的需求具有跨领域的特点。数字化创新人才不仅需要具备金融专业知识，还需要掌握互联网、大数据、人工智能等相关领域的技术和知识。因此，具有跨领域背景和复合技能的人才在金融科技行业中更具竞争力。

此外，随着金融科技的全球化趋势，掌握国际视野和跨文化交际能力的数字化创新人才将更具优势。这些人才能够更好地理解国际金融市场的发展趋势和规则，为金融机构提供全球化的金融服务和解决方案。

（三）医疗健康行业

随着信息技术的不断发展，医疗健康行业正在经历一场深刻的数字化转型，数字化创新人才在其中的作用愈发重要。从电子病历管理、远程医疗、智能医疗设备等多个领域，都需要数字化创新人才提供技术支持和创新解决方案。这些技术的应用不仅提高了医疗服务的效率和质量，也缓解了医疗资源紧张的问题，为患者带来了更好的就医体验。

同时随着人口老龄化趋势的加剧和人们对健康管理的重视，医疗健康行业对数字化创新人才的需求也在不断增加。个性化医疗、精准医疗等概念逐渐成为行业发展的新趋势，而这些趋势的实现离不开数字化创新人才的技术支持和推动。

（四）智能制造行业

智能制造行业正朝着数字化、网络化和智能化的方向发展，对数字化创新人才提出了更高的要求。这些人才不仅需要具备深厚的计算机技术和信息技术基础，还需要了解制造业的生产流程和工艺要求，能够运用先进的技术手段推动制造过程的智能化和高效化。从智能装备的研发、制造到智能生产线的规划、实施，再到智能制造系统的集成、优化，每一个环节都需要数字化创新人才的参与。特别是在汽车、电子、机械等制造业领域，数字化创新人才的需求更加旺盛。

此外，随着制造业的转型升级和智能化水平的提升，智能制造企业对于数字化创新人才的需求也将不断升级。他们不仅需要能够解决现有问题的人才，更需要能够预见未来趋势并推动创新的人才。因此，具备创新思维和跨界整合能力的数字化创新人才在智能制造行业中将更具竞争力。

（五）新零售行业

新零售行业正在不断融合线上线下，打造全新的购物体验。在这个过程中，数字化创新人才能够运用先进的技术手段，推动线上线下融合，提升消费者购物体验。例如，通过大数据分析消费者行为，实现精准营销；利用人工智能和物联网技术，优化库存管理和物流配送等。同时新零售行业对于数字化创新人才的要求不仅局限于技术层面，还需要具备商业思维和创新能力。这些人才需要了解市场需求和消费者心理，能够结合技术和商业知识，提出创新的解决方案，推动新零售行业的发展。

此外，随着新技术的不断涌现和应用，新零售行业也在不断探索新的商业模式和业态。例如，无人便利店、智能货架、虚拟试衣间等新型零售形式的出现，都需要数字化创新人才提供技术支持和创新思路。

（六）人工智能与大数据分析领域

随着大数据技术的不断发展和普及，越来越多的企业和组织开始意识到大数据分析和人工智能的重要性，对具备相关技能和知识的数字化创新人才产生了极大的需求。这些人才可以运用大数据分析和人工智能技术，帮助企业优化业务流程、提高决策效率、挖掘潜在商机，从而为企业创造更大的商业价值。例如，智能机器人、自动驾驶、智能家居等新兴领域的发展，都需要数字化创新人才提供技术支持和创新解决方案。

（七）教育与培训行业

随着数字技术的快速发展和普及，数字化创新人才在教育与培训行业中的需求不断增加，为从业者提供了广阔的就业空间和职业发展空间。在线教育、远程培训、虚拟教室等数字化教育模式逐渐成为主流，为数字化创新人才提供了大量的就业机会。这些人才可以利用先进的技术手段，为学员提供个性化的学习体验，提高教学效果和学习效率。他们可以运用大数据、人工智能等技术手段，对学员的学习行为、学习需求进行深入分析，为教育机构提供精准的教学建议和个性化学习方案。同时，他们还可以参与教育产品的研发和优化，推动教育资源的数字化和智能化升级。

此外，随着教育与培训行业的市场竞争日益激烈，数字化创新人才在提升机构竞争力和品牌影响力方面也具有重要作用。他们可以通过技术创新和模式创新，为教育机构打造独特的竞争优势，吸引更多的学员和客户。

二、数字化创新人才培育要求

（一）高度专业化与多元化并存

数字化技术涉及众多领域和行业，要求从业者具备深厚的专业知识和技能。同时，随着数字化技术的不断发展和应用领域的拓展，数字化创新人才也需要具备多元化的知识和能力，以适应不同领域和行业的需求。

高度专业化意味着数字化创新人才需要具备扎实的专业基础和深入的研究能力，能够在某一特定领域或技术方面达到较高的水平。这要求教育机构在培养数字化创新人才时，注重专业知识的传授和实践能力的培养，为学生提供丰富的实践机会和深入的研究资源。

而多元化则强调数字化创新人才需要具备广泛的知识背景和多元化的能力结构。数字化技术与其他领域的交叉融合将产生更多的创新机会和应用场景，因此，数字化创新人才需要具备跨学科的知识和能力，以便在交叉领域中发挥更大的作用。这要求教育机构在培养数字化创新人才时，注重跨学科融合教育，鼓励学生探索不同领域的知识，培养复合型人才。

为了实现高度专业化与多元化并存的目标，未来的数字化创新人才培育可以从以下几个方面进行强化，首先第一方面是深化专业教育，为学生提供深入的专业知识和技能培训，确保他们在某一领域具备较高的专业素养和实践能力。第二方面是加强跨学科融合教育，通过跨学科课程设计和实践项目，培养学生的多元化知识和能力，使他们能够适应不同领域和行业的需求。第三方面是强化实践与创新能力培养，通过实践实习、项目参与等方式，让学生在实践中学习和成长，培养他们的创新思维和问题解决能力。第四方面是拓展国际视野与合作，加强与国际一流教育机构和企业的合作与交流，为学生提供更广阔的发展空间和机会，培养他们的全球视野和跨文化交流能力。

（二）持续学习与自我更新

在数字化时代，技术的更新换代速度极快，新的工具、平台和方法不断涌现，这就要求数字化创新人才必须具备持续学习的能力和自我更新的意识，以适应快速变化的工作环境和技术要求。

持续学习意味着数字化创新人才需要不断地更新自己的知识和技能，跟上技术发展的步伐。这包括学习新的编程语言、掌握新的开发工具、了解最新的行业动态和趋势等。通过持续学习，数字化创新人才可以保持与时俱进，不断提升自己的竞争力。

自我更新则强调数字化创新人才需要具备自我驱动和自我提升的动力。数字化领域的发展日新月异，创新人才需要主动寻求学习的机会，不断提升自己的综合素质和创新能力。这包括培养好奇心和求知欲，保持对新技术和新知识的敏感度和探索精神，以及在实践中不断反思和总结，不断完善自己的知识结构和能力体系。

为了培养数字化创新人才的持续学习与自我更新的能力，可以从以下几个方面进行，首先第一方面是建立终身学习的文化，在教育机构和企业中倡导终身学习的理念，鼓励人才持续学习和发展，为他们提供持续学习的资源和平台。第二方面是提供多样化的学习资源，包括在线课程、实践项目、专业书籍、行业报告等，以满足不同人才的学习需求和兴趣。第三方面是培养自主学习能力，通过教育和培训，培养人才的自主学习能力，教会他们如何有效地学习新知识、新技能，并应用于实际工作中。第四方面是激励自我更新的动力，建立激励机制，鼓励人才主动寻求学习机会，提升自我更新的动力。这可以通过设立奖励制度、提供晋升机会等方式实现。

（三）跨界合作与团队协作

在数字化时代，创新往往来源于不同领域、不同专业之间的跨界合作。因此，未来的数字化创新人才需要具备良好的团队协作能力和跨界合作精神，能够与不同背景的人进行有效的沟通和合作。

随着数字化技术的深入应用，不同领域和行业之间的交叉融合趋势日益明显，跨界合作成为推动创新的关键。同时，团队协作也是数字化项目中不可或缺的一部分，能够汇聚多元化的思维和能力，共同推动项目的成功。

跨界合作意味着数字化创新人才需要跨越传统学科和行业边界，与不同领域的专业人员进行深入合作。这种合作能够促进知识和技能的互补，产生新的创意和解决方案。例如，在医疗领域，数字化创新人才可以与生物学家、医学专家合作，利用数字化技术推动医疗诊断、治疗和研究的进步。在智慧城市建设中，数字化创新人才可以与城市规划师、交通专家合作，共同打造智慧交通、智慧环保等解决方案。

团队协作则强调数字化创新人才需要具备良好的沟通和协作能力，能够与不同背景和专业的人员有效合作。在数字化项目中，团队成员可能来自不同的领域和专业，他们需要相互理解、协作和配合，共同推进项目的进展。通过团队协作，可以汇聚多元化的思维和能力，形成强大的创新合力。

为了培养数字化创新人才的跨界合作与团队协作能力，可以从以下几个方面来采取措施。首先第一方面是在教育机构中加强跨学科课程设计，鼓励学生选修不同领域的课程，培养他们的跨学科思维和能力。第二方面是促进产学研合作，通过加强企业与高校、研究机构的合作，共同开展研发项目和技术创新，为学生提供实践机会和跨界合作的平台。第三方面是在教育和实践过程中注重培养学生的团队协作能力，通过团队项目和实践活动，让他们学会与他人合作、沟通和协调。第四方面是鼓励数字化创新人才参加各类跨界交流活动，如行业研讨会、创新论坛等，拓宽视野，结识不同领域的合作伙伴。

（四）创新思维与问题解决能力

数字化创新人才需要具备敏锐的创新思维和出色的问题解决能力。他们能够从不同的角度和层面思考问题，提出新颖的解决方案，并勇于尝试和验证自己的想法。随着技术的不断发展和市场的快速变化，具备创新思维和能够迅速应对复杂问题的人才将成为数字化领域的核心竞争力。

创新思维是指个体在面对问题和挑战时，能够提出新颖、有价值的想法和解决方案。在数字化时代，技术的飞速发展和市场的快速变化要求从业人员不仅要掌握现有知识，更要具备突破传统思维框架、创造新知识和新应用的能力。这种创新思维可以通过鼓励自主学习、提倡跨界合作、开展创新实践活动等方式进行培养。

问题解决能力则是指个体在面对实际问题时，能够迅速分析、判断和找到解决方案的能力。数字化领域的许多问题都是复杂且多变的，需要从业人员具备扎实的技术基础、敏锐的问题洞察力和灵活的思维方式。通过参与实际项目、模拟问题解决场景、学习案例分析等方式，可以培养和提高数字化创新人才的问题解决能力。

为了培养具备创新思维和问题解决能力的数字化创新人才，可以从以下几个方面采取措施，首先第一方面是要营造创新氛围，在教育机构和企业中营造鼓励创新、容忍失败的氛围，激发学生的创新热情，培养他们的创新意识。第二方面是开展创新实践活动，通过组织学生参与创新项目、创业竞赛等实践活动，让他们在实践中锻炼创新思维和问题解决能力。第三方面是加强跨学科教育，通过跨学科课程设计和项目实践，培养学生的多元化知识和跨学科思维，激发他们的创新灵感。第四方面是培养批判性思维，教育学生学会独立思考、分析和评价信息，培养他们的批判性思维，使他们在面对问题时能够做出明智的决策。第五方面是提供问题解决的机会，为学生提供真实或模拟的问题解决场景，让他们在实践中锻炼问题解决能力，学习如何有效地应对挑战。

（五）全球视野与跨文化交流

随着全球化的深入发展，数字化创新人才需要具备全球视野和跨文化交流能力。他们需要了解不同国家和地区的文化、经济、社会等方面的差异和特点，以便更好地进行国际间的合作与交流。

全球视野意味着数字化创新人才需要具备对全球范围内数字化技术和应用趋势的敏锐洞察力和理解力。他们需要关注国际上的技术动态、市场变化和产业发展趋势，以便及时调整自己的研究方向和应用领域。同时，他们还需要具备跨文化交流的能力，能够与不同国家和地区的合作伙伴有效沟通、协作，共同推进项目的进展。

为了培养具备全球视野和跨文化交流能力的数字化创新人才，可以采取以下几个方面的措施，首先，第一方面要鼓励教育机构和企业与国际一流的数字化教育机构、研究机构和企业建立合作关系，为学生提供更多的国际交流和学习机会，拓宽他们的视野和思维。第二方面是在教育过程中注重培养学生的跨文化交流能力，包括语言能力、文化意识和沟通技巧等，可以开设跨文化交流课程、举办国际文化交流活动等方式，让学生在实践中学习和提升跨文化交流能力。第三方面是鼓励学生参与国际项目与竞赛，通过参与国际性的数字化项目、竞赛和创新活动，与国际同行交流、合作，锻炼他们的全球视野和跨文化交流能力。第四方面要教育学生关注全球性问题，培养他们的国际意识和全球责任感，通过参与国际公益活动、国际志愿者等方式，让学生亲身体验和了解不同国家和地区的文化和发展需求。

总之，未来数字化创新人才的发展将更加注重高度专业化与多元化并存、持续学习与自我更新、跨界合作与团队协作、创新思维与问题解决能力以及全球视野与跨文化交流等方面。同时，随着数字化技术的不断发展和应用领域的拓展，未来的数字化创新人才还将面临更多的机遇和挑战。

第二节　未来数字化创新人才培育的策略

数字化时代，技术和市场都在快速变化，新兴技术如人工智能、大数据分析和云计算等不断涌现。培育数字化创新人才需要紧跟这些变化，制定相应的策略，确保人才能够理解和应用新技术，满足市场的实际需求。同时在师资、设施、资金等教育资源投入下，合适的数字化创新人才培养策略可以确保这些资源得到合理、有效的利用，避免资源的浪费和重复建设。为了使人才培养更加有针对性和实效性，确保人才培养的目标与市场需求、技术发展等紧密结合，提高人才培养的质量和效益，未来数字化创新人才培育需要政府、学校、企业和社会各方共同努力，从基础教育改革、高等教育创新、跨学科培养、创新环境建设和国际合作与交流等方面入手，建立完善的培育体系，为数字化时代的发展提供有力的人才支持。

一、创新教育发展的理念

在快速变化的数字化时代，传统的教育模式和教育理念已经难以满足社会对数字化创新人才的需求。因此，创新教育发展理念显得尤为重要，它能为数字化创新人才的培养提供全新的思路和方向。创新教育发展理念强调学生的主体性和个性化发展。在数字化时代，每个学生都拥有独特的学习方式和兴趣点，创新教育发展理念鼓励学生根据自身特点和需求进行自主学习和探索，从而培养他们的创新思维和实践能力。其次，创新教育发展理念注重跨学科融合和跨界合作，数字化创新人才需要具备跨学科的知识背景和跨界合作的能力，以应对复杂多变的现实问题。因此，创新教育发展理念鼓励教育机构打破学科壁垒，促进不同领域之间的交流与合作，为学生提供更广阔的学习视野和实践机会。

此外，创新教育发展理念还强调实践性和应用性。数字化创新人才的培养不仅仅是理论知识的传授，更重要的是实践能力和应用能力的培养。因此，创新教育发展理念鼓励教育机构与企业、行业等合作，共同开展实践教学和项目合作，让学生在实践中学习和成长。

最后，创新教育发展理念还需要与时俱进，不断适应数字化时代的发展变化。随着新技术的不断涌现和应用场景的不断拓展，数字化创新人才的需求也在不断变化。因此，创新教育发展理念需要不断更新和完善，做到以下几点，以更好地适应未来社会的需求。

首先第一点是未来的教育应更加注重学生的个体差异和学习需求，采用更加个性化和灵活的教育方式。教育者需要转变角色，从知识传授者转变为学习引导者和合作伙伴，鼓励学生自主学习、探索和创新。第二点是由于数字化创新人才需要具备跨学科的知识和技能，因此，应鼓励跨学科的学习和融合，通过整合不同学科的知识和方法，可以培养学生的综合思维能力和解决复杂问题的能力。第三点是要坚持实践导向，数字化技术日新月异，理论知识的学习是不够的，学生需要更多的实践机会来应用和检验所学知识。因此，教育理念应强调实践教学和实习的重要性，为学生提供更多的实践机会和挑战。第四点是要给学生树立终身学习的观念，数字化时代变化迅速，学习不再是一次性的过程，而是需要终身持续的过程。因此，教育理念应倡导终身学习的观念，鼓励学生不断更新知识和技能，适应社会的变化和需求。第五点是要注重学生的创新思维培养，创新是数字化时代的核心驱动力。通过激发学生的好奇心、想象力和批判性思维，可以培养他们的创新能力和解决问题的能力。第六点是教育理念也应强调合作与共享的重要性，因为数字化时代促进了全球范围内的交流，通过组织团队合作项目、开展国际交流等方式，可以培养学生的团队合作精神和跨文化交流能力。

二、改革教学方法

随着科技的进步和数字化时代的到来，传统的教学方法已经难以适应培养具备创新思维和实践能力的数字化创新人才的需求。因此，改革教学方法对于培育数字化创新人才具有至关重要的意义。

首先，改革教学方法有助于激发学生的学习兴趣和主动性。通过引入更加生动、有趣和实用的教学内容和方式，可以让学生在轻松愉快的氛围中学习，提高学习效果。同时，注重学生的参与和互动，能够培养学生的独立思考和解决问题的能力，从而激发他们的创新潜力，并有助于提升学生的实践能力和应用能力，数字化创新人才不仅需要掌握理论知识，更需要具备将理论应用于实际的能力。

随着新技术的不断涌现和应用场景的不断拓展，教学方法也需要不断更新和完善，利用数字化技术和在线教育资源，可以构建更加灵活、开放和个性化的教学模式，为学生提供更优质的学习体验和发展空间。改革教学方法可做到以下几点措施，首先第一点是引入学生进行主动学习，传统的被动学习方式已经不再适应数字化时代的需求。教学方法应更加注重学生的主动性，通过项目式学习、问题解决学习等方式，引导学生主动探究、发现和解决问题。这样可以培养学生的自主学习能力、创新思维和实践能力。第二点要注重实践与应用，数字化技术需要实践和应用才能真正掌握。教学方法应增加实践环节，如实验室实践、社会实践、企业实习等，让学生在实际操作中掌握知识和技能。同时，还可以通过与企业合作，引入真实项目，让学生在解决实际问题中锻炼实践能力。第三点要做到跨学科整合教学，数字化创新人才需要具备跨学科的知识和技能，教学方法应鼓励跨学科整合教学，将不同学科的知识和方法融合在一起，形成综合性的教学内容。这可以通过跨学科课程、跨学科项目等方式实现，以培养学生的综合思维能力和解决复杂问题的能力。第四点是要注重个性化教学，每个学生都有独特的学习需求和兴趣，应尊重学生的个性差异，提供个性化的教学资源和教学路径。可以通过在线学习平台、个性化学习计划等方式，满足学生的个性化需求，促进他们的全面发展。第五点是应注重培养学生的创新思维和创造力，通过创意教学、设计思维等方式，激发学生的创新思维和想象力。同时，还可以通过组织创新竞赛、创业实践等活动，为学生提供展示和锻炼创新能力的平台。第六点是要进行教学方法的改革，教学方法应充分利用数字化工具，如在线教育平台、虚拟现实技术、人工智能等，创新教学方式和手段，这样可以提高教学效率，增强学生的学习兴趣和参与度。

三、整合教育资源

随着数字化时代的快速发展，教育资源变得日益丰富多样，但同时也存在着分散、碎片化等问题。因此，通过整合教育资源，可以更有效地培养数字化创新人才，满足社会对于这类人才的需求。

首先，整合教育资源能够优化教学内容和课程设置。通过汇聚不同领域、不同层次的优质教育资源，可以构建更加全面、系统的课程体系，为学生提供更为丰富、深入的学习内容。同时，根据数字化创新人才的培养需求，可以针对性地设计和优化相关课程，确保教育内容与市场需求紧密相连。

其次，整合教育资源能够提升教学质量和效果。通过引入先进的教学技术、教学方法和教学手段，可以打破传统教学的局限，提高教学效率和学生的学习体验。例如，利用在线教育平台、虚拟实验室等数字化教学工具，可以为学生提供更加便捷、高效的学习途径，促进他们的自主学习和探究精神。同时还能够促进跨界合作和创新，通过整合不同领域、不同行业的资源，可以推动跨界合作和创新实践，为学生提供更多实践机会和应用场景。这种跨界合作不仅能够培养学生的综合能力和创新思维，还能够推动教育机构和企业的深度合作，实现资源共享和互利共赢。

此外，整合教育资源有助于构建数字化创新人才培育的生态系统。通过整合政府、企业、学校、社会等多方面的资源，可以形成协同育人机制，共同推动数字化创新人才的培养。这种生态系统能够为数字化创新人才提供全方位的支持和服务，包括政策支持、资金支持、实践机会等，为他们的成长和发展创造良好的环境。整合教育资源可从以下几个方面做出有效措施。

第一方面是建立多元化教育资源库，可整合各类数字化教育资源，包括在线课程、教学视频、实验模拟软件、行业案例等，形成一个多元化的教育资源库。这样可以为学生提供丰富多样的学习资源，满足他们不同的学习需求。

第二方面是加强学校与企业之间的合作，共同开发和利用教育资源。企业可以提供实践机会和真实项目，学校可以提供人才培养和科研支持。通过校企合作，可以实现资源共享、优势互补，促进数字化创新人才的培养。

第三方面是加强跨学科合作，鼓励不同学科之间的合作与交流，共同开发和整合跨学科的教育资源。这样可以为学生提供综合性的学习内容，培养他们的跨学科思维和能力。

第四方面是利用数字化平台，如在线教育平台、社交媒体等，实现教育资源的共享和传播。这样可以打破地域和时间的限制，让更多人获得优质的教育资源。

第五方面是建立教育资源共享机制，促进教育机构之间的合作与资源共享。可以通过建立教育联盟、开展合作项目等方式，实现教育资源的最大化利用。

第六方面是整合优质师资资源，加强师资培训，提高教师的数字化教学能力和创新意识。这样可以确保教师能够充分利用和整合教育资源，为学生提供高质量的教学服务。

四、培养国际视野

随着全球化的深入发展和数字化技术的广泛应用，具备国际视野的数字化创新人才在跨国合作、国际竞争等方面具有显著优势。因此，培养具备国际视野的数字化创新人才对于提升国家的国际竞争力、推动全球合作与发展具有重要意义。

首先，培养国际视野有助于数字化创新人才更好地适应全球化的工作环境。在全球化背景下，跨国合作、国际交流成为常态，具备国际视野的人才能够更好地理解和适应不同文化背景下的工作环境和合作方式。他们能够更好地与来自不同国家和地区的人员进行有效沟通与合作，推动项目的顺利实施和跨国业务的顺利开展。同时培养国际视野有助于数字化创新人才把握全球发展趋势和前沿技术，数字化技术是全球性的，其发展和应用趋势受到全球范围内的影响，具备国际视野的人才能够关注全球范围内的技术动态和市场变化，及时获取最新的技术信息和市场信息，为企业的技术创新和市场拓展提供有力支持。

此外，培养国际视野还有助于提升数字化创新人才的跨文化沟通能力和创新思维。在国际交流中，不同文化之间的碰撞和融合能够激发创新思维和灵感。具备国际视野的人才能够更好地理解和尊重不同文化之间的差异，具备更强的跨文化沟通能力，从而能够在国际舞台上更好地展示自己的才能和创意。

为了培养具备国际视野的数字化创新人才，我们可以采取以下几点策略：

第一，加强与国际一流教育机构和企业的交流与合作，引入国际先进的数字化教育资源和教学方法。同时，鼓励学生参与国际交流项目，如交换生项目、国际实习等，拓宽他们的国际视野和跨文化交流能力。

第二，在学校教育中加入跨文化教育的内容，培养学生对不同文化背景的理解和尊重。此外，还可以开展跨文化培训活动，如国际文化节、语言交流活动等，提高学生的跨文化沟通能力。

第三，引导学生关注全球性问题，如气候变化、数字经济、人工智能伦理等，培养他们的全球意识和责任感。通过讨论和研究这些问题，学生可以更好地理解数字化技术在全球范围内的应用和影响。

第四，建立一支具备国际视野和跨文化教学能力的师资队伍。鼓励教师参与国际学术交流和研究合作，提高他们的国际化水平。同时，可以聘请外籍教师或国际专家来校授课或开设讲座，为学生提供更多元化的学习体验。

第五，参考国际先进的教育认证和标准，如 STEM 教育、国际学士学位等，来提升教育质量和国际竞争力。通过与国际接轨的教育认证和标准，可以增强学生的国际竞争力和就业机会。

第六，利用数字化技术和工具，如在线教育平台、虚拟实验室等，打破地域限制，促进国际间的教育交流与合作。这样可以为学生提供更多元化的学习资源和机会，促进他们的国际视野的拓展。

五、持续学习与自我更新

在数字化时代，技术和信息更新迅速，只有不断学习和更新自己的知识和技能，才能跟上时代的步伐，保持竞争力。持续学习与自我更新有助于数字化创新人才适应快速变化的技术环境，数字化领域的技术更新换代非常迅速，新的技术、新的工具、新的平台不断涌现，如果数字化创新人才停止学习，他们的知识和技能很快就会过时，难以适应新的工作环境和需求。因此，通过持续学习，他们可以及时了解并掌握最新的技术动态和趋势，保持对新技术和新应用的敏感度和洞察力。

其次，持续学习与自我更新能够提升数字化创新人才的综合素质和创新能力。数字化创新人才不仅需要掌握专业技术知识，还需要具备创新思维、跨界融合能力、团队协作能力等多方面的素质。通过持续学习，他们可以拓宽自己的知识视野，增强自己的综合素质，提升创新能力。同时，持续学习也有助于他们形成自主学习的习惯，不断挖掘自身潜力，实现自我超越。

此外，持续学习与自我更新还有助于数字化创新人才应对职业发展的挑战。随着技术的不断发展和市场的不断变化，数字化创新人才的职业发展道路也会面临各种挑战和机遇。通过持续学习，他们可以不断提升自己的职业竞争力，把握职业发展的机遇，实现职业生涯的可持续发展。要培养学生们持续学习与自我更新能力，可采取以下几点措施：

第一，教育者应着重于培养学生的自主学习能力，使他们能够主动地、有目的地寻求新知识，掌握新技能。这包括教导学生如何有效地利用在线资源、图书馆和其他学习工具，以及如何制定学习计划和管理学习时间。

第二，教育者和家长应向学生传达终身学习的理念，使他们认识到学习是一个持续的过程，不仅限于学校阶段。通过强调学习的连续性和终身性，可以鼓励学生保持对新知识的兴趣和好奇心。

第三，数字化时代的特点之一是快速变化，因此，教育者需要帮助学生培养适应变化的能力，包括快速学习新技能、灵活应对新挑战、持续调整自己的职业规划等。这可以通过模拟真实世界的场景、提供多元化的学习体验等方式实现。

第四，教育者应通过案例分析、项目式学习等方式，培养学生的批判性思维和问题解决能力，使他们能够在面对新问题时迅速找到解决方案。

第五，学校和教育机构应为学生提供持续的学习资源和支持，如在线课程、学习社区、导师制度等。这些资源和支持可以帮助学生保持学习的连续性和深度，促进他们的自我更新和发展。

第六，教育者应鼓励学生定期回顾自己的学习过程、评估自己的学习效果，并根据反馈调整学习策略。通过反思和自我评估，学生可以更好地认识自己的学习需求和进步方向。

六、制度与政策保障

在推动数字化创新人才培育的过程中，政府、教育机构、企业和社会各界需要共同努力，通过制定和实施相关制度与政策，为数字化创新人才的成长和发展提供有力保障、有助于优化数字化创新人才培育的环境、促进数字化创新人才培育的规范化和标准化、有助于激发数字化创新人才的积极性和创造力。

在具体实施制度与政策保障时，需要关注以下几个方面，首先，第一方面是政府应制定明确的教育政策，以推动数字化创新人才的培养。这些政策应关注数字化教育的目标、内容、方法以及评估标准，确保教育系统与数字化时代的需求相契合。第二方面是政府和企业应建立激励机制，鼓励高校、研究机构和企业加大对数字化创新人才培养的投入。例如，提供资金支持、税收减免、项目合作等，以激发各方参与数字化教育的积极性。第三方面是政府应制定和完善与数字化教育相关的法规，规范数字化教育市场，保障教育质量和学生的权益。同时，加强监管力度，确保各项政策的有效实施。第四方面是政府应联合行业、企业和教育机构，制定数字化教育的标准和规范，包括教学内容、教学方法、评估标准等，这有助于确保数字化教育的质量和效果，提高数字化创新人才的培养水平。第五方面是政府应推动高校、研究机构和企业之间的产学研合作，促进数字化教育资源的共享和创新成果的转化。通过合作，可以共同开发数字化教育课程、教材和教学平台，提高数字化教育的质量和效率。第六方面是应关注数字化教育的公平性，确保不同地区、不同背景的学生都能获得优质的数字化教育资源。通过加大投入、优化资源配置、建立多元化的教育支持体系等方式，实现教育公平的目标。

未来数字化创新人才培育的策略应当是一个综合性的框架，包括教育理念创新、教学方法改革、教育资源整合、国际视野培养、持续学习与自我更新以及制度与政策保障等多个方面。通过实施这些策略，我们可以为数字化时代培养出具备创新精神、全球视野和跨文化交流能力的优秀人才。

参考文献

［1］习近平．加快数字中国建设．中国日报网．2023.04.28.

［2］习近平在中共中央政治局第十一次集体学习时强调加快发展新质生产力 扎实推进高质量发展［N］.人民日报，2024-02-02（001）.

［3］中央经济工作会议在北京举行［N］.人民日报，2023-12-13（0010）.

［4］习近平．不断做强做优做大我国数字经济［J］.求是，2022，（2）：4-8.

［5］陈希．按照党的教育方针培养拔尖创新人才［J］.中国高等教育，2002（23）：7-9.

［6］怀进鹏．携手推动数字教育应用、共享与创新—在2024世界数字教育大会上的主旨演讲．教育部．2024.02.01.

［7］怀进鹏．将实施人工智能赋能行动，促进智能技术与教育教学、科学研究深度融合．教育部．2024.02.01

［8］怀进鹏．构建高质量人才培养体系，实现"人人皆可成才"［J］.上海教育，2024（09）：6-7.

［9］张伟．怀进鹏：自主培养拔尖创新人才［N］.中国高新技术产业导报，2024-03-11（004）.DOI：10.28264/n.cnki.ngjcd.2024.000133.

［10］国务院．国务院关于印发新一代人工智能发展规划的通知［Z］.2017-07-08.

［11］国务院关于加强数字政府建设的指导意见．2022.06.23.

［12］中共山东省委、山东省人民政府关于加快数字经济高质量发展的意

见.2023.12.28.

[13]山东省人民政府关于印发山东省"十四五"数字强省建设规划的通知.2021.07.21.

[14]人力资源社会保障部等9部门印发《加快数字人才培育支撑数字经济发展行动方案（2024—2026年）》的通知.2024.04.02.

[15]山东省人力资源社会保障厅、省工业和信息化厅、省大数据局印发《加强人才工作服务数字经济高质量发展的若干措施》.2022.10.12.

[16]谭铁牛.人工智能的历史、现状和未来[J].智慧中国，2019（S1）：87-91.

[17]刘嘉豪，曾海军，金婉莹，等.人工智能赋能高等教育：逻辑理路、典型场景与实践进路[J/OL].[2024-04-30].西安交通大学学报（社会科学版），1-15.

[18]加快数字人才培育 助力数字经济赋能新质生产力发展.人民网.2024.04.19.

[19]世界慕课与在线教育联盟秘书处：《无限的可能：世界高等教育数字化发展报告》，高等教育出版社2023年版，第2-3页.

[20]世界慕课与在线教育联盟秘书处：《无限的可能：世界高等教育数字化发展报告》，高等教育出版社2023年版，第3-6页.

[21]夏文斌.数字经济与创新人才培养探析[J].大学与学科，2022.

[22]人瑞人才德勤中国.产业数字人才研究与发展报告（2023）[M].北京：社会科学文献出版社，2003.

[23]苗笛，朱平.高校辅导员隐性职业素质结构要素的提升与优化——基于胜任力模型的分析[J].高校辅导员学刊，2023，15（02）：17-21+96.

[24]亚伯拉罕.马斯洛.《马斯洛需求层次理论：动机与人格》[M].第1版.北京：中国青年出版社，2022年.

[25]许梦珂.三螺旋理论视角下大学生创新创业问题研究[D].郑州大

学，2019.

［26］续梅.以高等教育数字化转型推动教育强国建设［J］.国家教育行政学院学报，2023，（10）：15-22+52.

［27］阚兴艳.数字化人力资源管理人才培养研究［C］.中国国际科技促进会国际院士联合体工作委员会.2023年财经与管理国际学术论坛论文集（四）.山东省临沂市莒南县商务局，2023：3.

［28］北京市人力资源和社会保障局.北京市数字技术技能人才培养实施方案.2023-07-07.

［29］上海市人民政府办公厅关于印发《上海市全面推进城市数字化转型"十四五"规划》的通知［J］.上海市人民政府公报，2021，（24）：3-12.

［30］刘仁有，任锁平.职业院校数字校园建设动因、内涵和路径［J］.教育与职业，2023，（07）：54-58.

［31］李楠.产教融合背景下高校创新创业人才培养体系构建策略［J］.科教导刊，2023，（19）：27-29.

［32］黄辉.广东省"数字政府2.0"建设的现实困境、成因与优化路径［D］.广西民族大学，2023.

［33］葛淳棉，广东省科技创新人才培养机制研究.广东省，华南理工大学，2022-03-11.

［34］于超.基于内容分析法的广东省科技创新人才政策分析［D］.华南理工大学，2018.

［35］王牧华，全晓洁.美国研究型大学本科拔尖创新人才培养及启示［J］.教育研究，2014，35（12）：149-155.

［36］侯蕾蕾.中美大学创新人才培养模式比较研究［D］.淮北师范大学，2014.

［37］徐侠侠.习近平关于创新人才重要论述研究［D］.西安理工大学，2020.

［38］孙晓莉.工业4.0背景下德国应用型人才培养新模式探索［J］.职

业教育研究，2017（10）：87-92.

［39］胡雯.数字化转型背景下德国青年科技人才培养的经验启示［J］.中国科技人才，2021，（02）：8-15.

［40］伍慧萍.德国职业教育的数字化转型：战略规划、项目布局与效果评估［J］.外国教育研究，2021，48（04）：76-88.

［41］谢滨瑶.新文科背景下国际传播人才培养的理念与路径分析［J］.新闻研究导刊，2023，14（12）：51-53.

［42］李文静，吴全全.德国"职业教育4.0"数字化建设的背景与举措［J］.比较教育研究，2021，43（05）：98-104.

［43］王姝莉，黄漫婷，胡小勇.美国、欧盟、德国、法国和俄罗斯教育数字化转型分析［J］.中国教育信息化，2022，28（06）：13-19.

［44］郎彦辉.德国中小企业数字化转型：经验与启示［J］.服务外包，2022，（11）：60-62.

［45］邢赛鹏，陈琴弦，陶梅生.基于产学研合作教育的应用型本科"双能＋双证"人才培养模式与机制［J］.现代教育管理，2015，（04）：86-90.

［46］孙梦竹.基于劳动经济视角的企业人力资源管理策略探讨［J］.时代经贸，2023，20（07）：111-113.

［47］白晓玉.数字化时代下的数字人才培育与引进策略［C］//山西省中大教育研究院.第七届创新教育学术会议论文集.贺州学院；，2023：2

［48］陈昊天等.创新人才培养视角下的大学生实践教学管理研究［J］.投资与合作，2023，（09）：208-210.

［49］牛亚飞.浅谈高职院校工商管理专业创业型人才培养模式［J］.科技经济市场，2016，（12）：143-144.

［50］郭伟萍.企业职业技能培训中存在的问题及策略分析［J］.企业改革与管理，2023，（13）：84-86.

［51］于浩.信息时代未来职业人才素养展望及培养路径探索［J］.继续教育研究，2023，（09）：97-102.

［52］苗琦：英国联合信息系统委员会（JISC）资源建设探析［J］.农业图书情报学刊，2018年第3期.

［53］为推动数字化转型日本产官学联合培养数字化人才.人民网－日本频道.2023-05-15.

［54］构建贯通培养体系——日本创新人才教育面面观.光明日报［N］.2021-06-24.

［55］李佐军等.适应数字化时代需要加快培育造就数字人才_光明网.2022.

［56］薛利晨.《2011—2021年我国职业教育第三方评价研究现状考察与思考》.《教育与职业》，2023，（07）：91-98.

［57］杨磊，朱德全.核心素养课程开发评价：以泰勒模式为参照［J］.教学与管理，2019（33）：71-74.

［58］贾君枝，张贵香.智慧图书馆建设视角下馆员元数据核心能力构建［J/OL］.中国图书馆学报：1-16［2024-03-21］.

［59］芮文璐，王蜀，韩奇.数字化转型背景下创新人才培养模式的评价机制探索［J］.通信世界，2023（17）：27-29.

［60］张学强，郭鉴.20世纪20年代教育测验在中国传播的回顾与反思［J］.中国考试，2022，（04）：74-81.

［61］李俊峰.价值向度视域下教育评价的历史演进与现实逻辑［J］.南通大学学报（社会科学版），2024，40（01）：149-158.

［62］王志远，朱德全.“破”中有“立”：新时代教育评价改革的理性逻辑［J］.清华大学教育研究，2024，45（01）：99-109.

［63］许芬艳.大类招生背景下高职院校学生考核评价体系构建研究［J］.现代商贸工业，2024，45（08）：113-115.

后　记

　　本书是 2023 年度山东省社会科学规划研究项目（青年项目）《山东省数字化创新人才培育体系构建研究（23DJYJ13）》的研究成果，是在"山东省数字化创新人才培育体系构建研究"报告基础上撰写而成的。课题组经过一年半的不懈努力，于 2024 年 6 月完成预定的研究任务。

　　本书的编撰，得到了山东省社会科学规划办公室、山东省人民出版社的大力支持，并承蒙国务院特贴专家、山东省有突出贡献的中青年专家、山东经营管理研究会会长帅相志教授为之作序，在此一并表示感谢。帅相志教授在序言中指出：该书以数字化创新人才培育体系的构建为研究对象，在梳理基本概念与支撑理论的基础上，借鉴国内外数字化创新人才培育的经验和措施，构建科学化、合理化、动态化、系统化、智能化、协同化的数字化创新人才培育体系，进一步明确数字化创新人才培育的目标、模式，数字化创新人才考核评价的内容和方法，提出了数字化创新人才培育体系的分类实施路径、方法和对策建议，为我国数字化创新人才的培育提供理论支撑和实施策略。该书可为政府相关部门、高等学校、教育培育机构等单位提供重要的参考和借鉴。

　　全书由李泉慧副教授、杨梅教授、帅相志教授负责总体设计、组织和统编定稿，刘玉琴教授参与统稿工作。本书各部分撰写的主要人员有：第一章，何玥；第二章，申小翠；第三章，刘玉琴；第四章，申小翠、纪暖暖、刘玉琴；第五章，李泉慧、刘玉琴、纪暖暖、何玥、申小翠；第六章，杨梅；第七章，申小翠、许鑫；第八章，纪暖暖；第九章，纪暖暖、许鑫。

本书从研究问题的角度，构建的数字化创新人才培育体系以及所提出的促进数字化创新人才发展的对策建议，均带有探索性质，其中某些观点可能有不妥之处，敬请广大读者和同行不吝赐教。

著者

2024 年 6 月